GENIALE BETRÜGER

失控的野心

德国支付巨头Wirecard的兴衰与启迪

[德] 菲利克斯·霍尔特曼（Felix Holtermann）◎ 著　　江剑琴 ◎ 译

中国友谊出版公司

图书在版编目（CIP）数据

失控的野心：德国支付巨头Wirecard的兴衰与启迪 /（德）菲利克斯·霍尔特曼著；江剑琴译. -- 北京：中国友谊出版公司，2022.11

ISBN 978-7-5057-5557-4

Ⅰ．①失… Ⅱ．①菲… ②江… Ⅲ．①第三方支付－金融企业－企业管理－研究－德国 Ⅳ．① F835.163

中国版本图书馆CIP数据核字（2022）第167305号

© Westend Verlag GmbH, Frankfurt 2021
Simplified Chinese Version published in arrangement with Westend Verlag through Flieder-Verlag GmbH

书名	失控的野心：德国支付巨头Wirecard的兴衰与启迪
作者	[德] 菲利克斯·霍尔特曼
译者	江剑琴
出版	中国友谊出版公司
制版	杭州真凯图文设计有限公司
印刷	杭州钱江彩色印务有限公司
规格	880×1230毫米 32开 10.25印张 240千字
版次	2022年11月第1版
印次	2022年11月第1次印刷
书号	ISBN 978-7-5057-5557-4
定价	78.00元
地址	北京市朝阳区西坝河南里17号楼
邮编	100028
电话	（010）64678009

目 录

第 1 章　**逃亡之路**　001
　　战后最大的经济丑闻　010

第 2 章　**Wirecard 的崛起和败落**　015
　　从无到有的崛起之路——色情与谎言　017
　　大盈利时期——不正经的合作伙伴、风险性的增长　026
　　以诈骗作为商业模式——系统的漏洞　041
　　白日梦破碎——残酷的现实　072

第 3 章　**德国：一个心甘情愿被愚弄的金融体系**　083
　　批评者——怀疑过，却选择沉默　085
　　投资者和媒体——"愚蠢的德国钱"　100

税务和检察人员——欢迎来到洗钱天堂　　117

第 4 章　监管失职：内部机关无一可免责　　133

有名无实的监事会　　135

审计人员——高薪聘请，忠心为主　　155

银行家和分析师——置身金融赌场，自己却一无所知　191

第 5 章　最高级别的帮凶：为 Wirecard 服务的政客　　211

监管机构——逆向行驶，从中牟利　　213

政客——Wirecard 在慕尼黑、维也纳、柏林都有朋友　240

特工——暗中为 Wirecard 提供保护　　261

第 6 章　哪些真相已浮出水面，哪些秘密仍不为人知：Wirecard 败落后的调查进程　　287

受害者 CEO 的故事　　291

马库斯·布劳恩的另一副面孔　　292

双重真相　　297

破产处置，员工离职　　298

初步结果　　300

许多问题仍然没有答案　　303

有组织的不负责任的行为　　305

第 7 章	Wirecard 是整个德国金融体系的问题：	
	现在需要做出哪些改变？	309

致　谢　　　　　　　　　　　　　　　　　　319

本书涉及的人物职务及案件调查进展，均截至 2021 年 3 月，不再逐一说明。

第 1 章

逃亡之路

"我如果不跑，就会进监狱。"在逃的理查德·达布罗夫斯基（Richard Dabrowski）在给一位密友的信息中写道，"我目前的处境十分艰难，行动自由受到严重限制。"

"限制"，多么有意思的一个词，对于理查德·达布罗夫斯基来说，这是怎样的一种感觉？很多年以来，他的生活不受任何限制。他主要在慕尼黑、迪拜和新加坡活动，出行乘坐私人飞机，住的都是滨海湾金沙或文华东方一类的五星级酒店。他的朋友都是商业大亨、政治精英和情报特工。兴致来了，他就在东非莫桑比克梦幻海岛的海滩上待上几天。付钱的时候就拿出他卡号4596 0332 6126 2060的真金信用卡。

达布罗夫斯基的世界里没有规则。他不像普通人要考虑收入和支出，要遵守法律和道德，他想干什么就干什么。他可以决定所有的事情，可以到处炫耀，尽情地享受生活。直到有一天，他的世界同他老板的世界一起崩塌了。当他在手机通信软件Telegram上发出开头这条信息时，他已经逃亡5个星期了。他的脸很快就会出现在国际通缉令上。

理查德·达布罗夫斯基其实是个化名。真正的理查德·达布罗夫斯基是美国联合部队参谋学院安全研究课程的老师。位于美国弗吉尼亚州的联合部队参谋学院，是美国武装部队的精英训练营。这个盗用达布罗夫斯基身份的人在Telegram聊天时，用的也是他的照片——一张穿制服的肖像。这个小偷可能从未见过达布罗夫斯基，只是利用他的身份。达布罗夫斯基和全世界一样都被他欺骗和利用了。

这个骗子的真实身份是扬·马萨利克（Jan Marsalek）。他出生于奥地利维也纳，2020年夏天年满40岁。2020年6月18日之前，他一直担任Wirecard的首席运营官（COO）。Wirecard是一家提供支付服务的公司，位于德国慕尼黑附近的阿什海姆地区。在马萨利克担任Wirecard执行董事的10年间，他主要负责销售和亚洲业务。据称，正是亚洲业务给Wirecard集团带来了年复一年的巨额增长，也使得首席执行官（CEO）马库斯·布劳恩（Markus Braun）在股市中不切实际的目标得以实现。

布劳恩于2020年7月底因涉嫌商业团伙诈骗、挪用公款和其他严重经济犯罪被捕，涉案金额高达十几亿欧元。Wirecard在2020年6月18日表示，集团有一笔占资产负债表总额1/4的19亿欧元的亚洲款项"不翼而飞"。但这笔款项很可能压根就从未存在过。至此，Wirecard终于要为自己的行为买单了。

布劳恩被捕，马萨利克逃跑。马萨利克曾跟同事说，他要到菲律宾去寻找失踪款项的下落。他在被Wirecard解雇后，也确实第二天就乘坐私人飞机到了白俄罗斯的明斯克，后来又到了莫斯科附近。其间，俄罗斯联邦对外情报局为他提供了帮助。

在德国，人们对马萨利克逃跑之后的事情一无所知，也完全无法想象。虽然说以前也出现过公司的董事突然被解雇的情况，但是从来没有DAX指数所包含的公司高管在一夜之间凭空消失的。几周后，马萨利克就被列入了欧洲警察署"头号通缉犯"名单。不过，马萨利克已经和以前的心腹开始制订计划了。

马萨利克的心腹之一是戈兰·库德诺维奇（Goran Cudnovic，化名），商人，做过旅游公司管理层和初创公司投资人。他和马萨利克是2000年前后在慕尼黑高档俱乐部Pacha的派对上认识的。库德诺维奇先是给马萨利克当顾问，2017年开始则全职加入马萨利克的团队。两个人想共同创办互联网公司，并将其上市。

库德诺维奇提供他的创业才能和人脉，马萨利克提供资金，这就是他们之间的交易。

库德诺维奇没有参与Wirecard的财务造假案件，但是他对马萨利克的副业了解甚多。Wirecard集团破产之后，库德诺维奇是马萨利克最后的心腹之一。被国际刑警全球通缉后，马萨利克通过电话和网络与库德诺维奇联系。他们之间的交流揭示了马萨利克不为人知的一面，也暴露了他接下来的计划。

这两个男人之间的关系究竟有多紧密，从他们的Telegram上就能看出来。马萨利克使用的代号是理查德·达布罗夫斯基和卡里姆·加斯米（Karim Gasmi）。库德诺维奇则给自己起名丹尼尔·克雷格（Daniel Craig），也就是《007》系列电影主演的名字。

"如果你想聊聊的话就告诉我。"马萨利克在2020年7月23日即逃跑4周后写道。"好的。"库德诺维奇回道，"但是现在我们能说的话题很少了。"

他们曾经有很多话题可以聊。他们在慕尼黑摄政王街61号的别墅里建造了一个小型的商业帝国，主要经营一家名叫IMS的投资公司。

在马萨利克消失之前的两年时间里，他几乎天天都在这幢别墅里工作，中午去旁边的高级餐厅Käfer吃午饭，只有在很少的情况下才会乘坐出租车去Wirecard位于阿什海姆的总部，虽然两地之间仅有10分钟车程。东亚地区交易款项的假账是在总部做的，但真正的控制权掌握在慕尼黑别墅里的马萨利克手中。

2020年夏天，马萨利克似乎在生活的真真假假中迷失了方向。

"早上好！请告诉我接下来我应该做什么，能做什么。我们要不要打个电话？"马萨利克在2020年7月24日问道。库德诺维奇建议下午晚些时候通话。德国当地时间下午3点50分，马萨利克在回复的信息中写道："我这里已经有点晚了。"

德国的下午4点是菲律宾的晚上11点。哪怕是对自己的心腹，马萨利克仍然保持着伪装，假装自己身处遥远的时区，然而他事实上压根就不在菲律宾。马萨利克在逃跑时动用了所有的手段。他贿赂了菲律宾的海关官员，为他在数据库里伪造了入境信息，令数据显示他于2020年7月23日到达菲律宾，警方查看了机场录像后才解开了谜团。

不管马萨利克现在身处何处，他目前肯定是安全的，而且还在谋划着自己的未来。从他和库德诺维奇的聊天记录中可以看出，二人仍然坚信可以从Wirecard的废墟中挖出一些东西。"我认为我们今天应该说清楚，接下来怎么做。"库德诺维奇在7月27日的信息中写道，"我正在解决所有问题，拯救可以拯救的一切。但是没有资金会很难办。"

他们两个人投资的一些初创企业需要新鲜的资金。这些企业大概是他们利用从Wirecard中分出来的钱弄起来的，如果他们能够让这些企业成功上市，那就有得赚了。

"要想计划顺利进行，目前缺少以下金额。"库德诺维奇计算了一下。IMS欠几个初创公司500万欧元，欠别墅的房东300万欧元，欠Wirecard 140万欧元，还欠马萨利克本人340万欧元，另外还需要100万欧元用于经营支出。问题是IMS已经没有钱了。在此之前，马萨利克一直能保证定期有钱汇入，但是他逃跑之后就没有资金来源了。

"如果你能尽快将这些钱汇给我，一切就都没问题了……也可以汇比特币……我可以立即套现。"库德诺维奇写道。

马萨利克曾经醉醺醺地夸下海口，说自己能弄到3亿欧元。现在亡命天涯的他却拒绝让步。他表示必须先找到一种新的方式，让他在逃亡中也能够掌控自己的公司。"我认为要解决的不仅仅是钱的问题，还有一些结构性的问题也需要明确。"虽然马萨利克可能正承受着巨大的压力，但他的措辞仍然十分讲究。

几周的等待之后，库德诺维奇开始失去耐心了："结构性的问题当然要解决。但是首先需要钱，把我肩上的担子卸掉，然后我们才能着手去改变公司的结构。"马萨利克回复道："我认为二者应该同时进行。"库德诺维奇："我担心现在为时已晚了。"

马萨利克试图安抚库德诺维奇的情绪。他建议库德诺维奇辞去IMS公司总经理和所有者的职务，作为代理人和股东继续待在公司。他对库德诺维奇说："这样你就没有风险了。"

扬·马萨利克虽然名列欧洲"头号通缉犯"，但是他的商业头脑依然十分清醒。他所提的建议其实就相当于直接剥夺了库德诺维奇的财产。根据官方的登记信息，IMS 100%属于库德诺维奇。但他们两人之间还秘密签署了一项信托协议，根据这一协议，马萨利克持有"IMS资本合伙公司75%的股份"。这些股份由库德诺维奇进行信托管理。马萨利克没有向公证处交存合同，这样他就可以在暗处做生意了。

检方推断，马萨利克在过去几年间从Wirecard拨出了上亿欧元的资金。其中一小部分直接流入IMS的初创公司，还有一小部分通过两家土耳其公司转到IMS。另外，Wirecard还为马萨利克的初创企业提供数百万欧元的贷款，并以咨询服务为由向其支付费用。

这一切看似天衣无缝，但是在2020年夏天Wirecard破产和马萨利克消失之后，IMS也濒临崩溃了。

"你把我留在这里，让我背上上千万欧元的债务，不管我的死活……这并不是什么好玩的事情。"7月27日，库德诺维奇抱怨道。于是马萨利克提出了另一个选择：去坐牢。"坐牢对现在的情况能有什么好处呢？我不太理解你这个建议是什么意思。"

库德诺维奇气炸了。"过去这些年，你们在詹姆斯那些人的帮助下盗窃了数十亿欧元。"他提到马萨利克的另一位密友詹姆斯·亨利·奥沙利文（James Henry O'Sullivan）。Wirecard的一些大动作都是他和马萨利克一起谋划的，他们也一起抽干了集团的钱。

"我们这些人给你们当傀儡，让公司有一个堂而皇之的名头，现在你们就置我们于水深火热之中。"库德诺维奇骂道。

"到处都是我的名字，公司都在我的名下……总之，我现在需要1000万欧元。你把钱给我，我把债还了，然后我们再来讨论公司结构的问题。要么接下来几个月我就自己解决，看看公司还剩下什么，看看我会遭受什么损失。那就很简单了……"

但事情对于马萨利克来说并不简单。库德诺维奇是打算把他踢出去吗？马萨利克——这位Wirecard的前高管——第一次失去了理智："你怎么能先找我要钱，然后再跟我谈公司未来的结构问题呢？我希望你能理解我，这两件事情必须同时解决。"

马萨利克也开始威胁："另外，你把自己称作'傀儡'，我觉得是不合适的。是你先向Wirecard收取咨询费用的，洗钱的办法也是你琢磨出来的,还有其他很多事情。你自己公司的钱是哪里来的,就不用我说了(笑脸表情)。"

马萨利克说的这笔钱,指的是IMS给库德诺维奇的一笔特别股息,这是Wirecard给库德诺维奇结算的咨询服务费用。在2019年3月到2020年6月,库德诺维奇确实因为帮助Wirecard获取客户、开发业务,得到过16万欧元的佣金,但是他向检察院否认参与了洗钱活动。

"我真的很想拯救包括GetNow在内的那些公司,它们值得被拯救。但是只有我们一起才能做到。"马萨利克在信息中写道,他的语气又缓和下来了,"一直以来,只要我能帮的,我都帮你了……什么解决办法我都可以接受。但你必须要知道,我们的合作不能仅仅建立在信任的基础上。我相信,我们双方之间现在已经没有信任了。"马萨利克向库德诺维奇保证道:"明天我们打个电话吧,冷静地谈一谈。我相信我们能找到解决办法的!"

事实上,他们并没有找到共同的解决方案。一直到2020年8月,马萨利克还是没有给库德诺维奇汇去他需要的款项。同时,与马萨利克有联系的土耳其公司还要求得到近2000万欧元的赔偿。逃亡中的马萨利克有没有在努力筹集新的资金?

2020年夏末,那几家土耳其公司起诉了库德诺维奇并提出了刑事指控,他的私人资产被扣押,一直到2021年3月,慕尼黑法院才解除禁令。2020年10月底,库德诺维奇还被拘留了18天。

库德诺维奇被捕期间,检察院还搜查了他和马萨利克以前共同居住的别墅。但是他们没有发现任何重要的证据。在库德诺维奇被捕前几周,有人进入摄政王街61号的这栋别墅,清空了马萨利克的办公室。但没有破门而入的迹象,肇事者是使用钥匙通过地下室进入大楼的。

库德诺维奇在2020年8月31日指控马萨利克，说他和他那些弄情报的朋友才是幕后黑手。马萨利克没有做出回应。"他们是从地下室进去的？"他还问道。他给库德诺维奇发了最后一条简短的信息，然后就把"理查德·达布罗夫斯基"这个聊天账号删除了，这条信息的内容是："一切都太奇怪了。"

战后最大的经济丑闻

Wirecard事件有许多离奇之处：马萨利克的别墅被神秘人闯入；高管，还有他们的众多帮凶在德国及境外的所作所为骇人听闻；Wirecard集团的整个发展历程也很富有传奇性，以前，它受到过许多人的追捧，承载着许多人的希望。

Wirecard事件是"二战"之后德国最大的一起经济丑闻。它是一家位于慕尼黑附近阿什海姆地区的支付服务商，在短短20年内，从一家名不见经传的金融初创公司发展成为国际科技巨头，将德国商业银行赶出DAX指数，市值甚至超过了德意志银行。Wirecard的股票大受投资者的喜爱，银行家向其管理层献尽殷勤，政客也竭尽全力为其提供保护和支持。然而，这一切在7天之内都不复存在了。

公司前CEO及多名高管被拘留，其他高管不是竞相逃跑就是离奇死亡，情报机构也卷入其中。检察院正在加紧调查，预计将于2021年下半年提起诉讼。目前已经可以确定，Wirecard的客户有一半是伪造的，其总资产也有1/4是伪造的。高达240亿欧元的股票市值凭空蒸发，许多散户投资者面临着毕生积蓄损失的风险。

怎么会发生这样的事情呢？各方对此事件各执一词，争论不休，有两种说法相互对立。

一种是让人比较放心的说法。这种观点认为Wirecard事件是市场经济中一个公司层面的案件。一伙骗子抢了巴伐利亚的一家新经济初创公司。他们先是提供支付服务，以及为投资、赌博、色情行业合法或不合法的交易洗钱。随后他们意识到，还有一种来钱更容易的方法：不需要对真正的实体业务进行投资，只需要在股市中"讲好故事"，就能从股东、银行和基金那里获得新鲜的资金。他们用这些钱来填补资金空缺，还将成百上千万欧元装进了自己的口袋。这群骗子骗过了所有的监管人员、投资者和政客，然而现在他们也面临着应得的惩罚。案件就此了结。

相比之下，另一种说法让人不安，却也更加接近事实的真相。Wirecard事件不仅仅是一个犯罪团伙在阿什海姆这个小地方胡作非为而已，它是德国"二战"以来最严重的一起欺诈案件。Wirecard跌落神坛，让大家看到了德国经济体系的黑暗面，动摇了金融资本主义的根基，并且向我们揭示了德国人的自信只不过是自欺欺人。这次事件是整个金融领域活生生的写照，它对德国来说应该是一个教训，让大家看到了技术崇拜的弊端、投资者的贪婪以及金融体系的腐败，它为德国人敲响了警钟，告诉人们德国的政治体制现状堪忧。

不过一切还要从头说起。Wirecard这家公司究竟是做什么的？它的商业模式其实极其简单，它所做的只不过是将数字货币从A处发送到B处。这是一个非常有前景的市场，因为现金正在逐渐消失，银行卡和手机App这些透明的支付手段正在兴起。本来银行也可以自己经营这项业务，但是金融界的领军企业维萨（VISA）和万事达（Mastercard）很早就决定不涉足支付交易。于是，一批专门负责支付业务的公司应运而生。包括Wirecard在内的这些公司专门负责数据管理，提供所谓干净的支付流程，相当于企业之间的支付宝。Wirecard似乎已经成为德国版的硅谷企业，即将为全世界所瞩目。管理者、投资者、监管人员、银行家、证券交易所、政客，包括许多记者，都在一起做着美梦。

针对Wirecard的问题，其实很早就有人提出过警告：早在2008年，就有业余分析师质疑Wirecard的数据；2015年，眼尖的投资者就指出了其财务报表中的违规行为；2019年，著名报纸《金融时报》（*Financial Times*）也发出了警告。但是压根就没有人听。批评者还受到该集团的公开威胁，不断遭到跟踪和暴力打击，不是官司缠身就是名誉被毁。而那些帮Wirecard说话和开路的、睁一只眼闭一只眼的人，都从中得到了各种各样的利益。这一切持续了20年。这个广受德国公众追捧的诈骗集团不是像慕尼黑检察院以为的2015年才出现的，而是在21世纪头几年就已经存在了。

几乎所有政府部门都是帮凶。监管机构德国联邦金融监管局（BaFin）为Wirecard提供保护，BaFin的官员凭借内部消息在股票市场赚足了钱。安永会计师事务所（Ernst&Young）的审计师最后在虚构的报表上签字，凭借咨询服务赚快钱长达10年之久。评级机构穆迪（Moody）也一直对Wirecard给出积极评价，15家大银行心甘情愿为Wirecard提供数百万欧元的贷款，德国证券交易所为Wirecard进入DAX指数敞开大门，投资杂志纷纷鼓动股民购买Wirecard的股票。无论是散户还是大额投资者，都眼巴巴地指望着从Wirecard每年30%的增长中分一杯羹。就连情报部门也没有放过Wirecard这座宝库。

与其说Wirecard利用了我们的金融体系，不如说金融体系的问题本来就存在，人们在某种程度上是"心甘情愿"受骗的。毁掉Wirecard

的,不仅仅是Wirecard相关人员对金钱和权力无止境的贪婪,还有他们的骄傲自大,他们总认为自己比别人聪明,可以将所有人玩弄于股掌之中。而决策者不是对此视而不见,就是想借机从中捞一笔。这场诈骗不是个别企业的案件,还揭示了这种商业模式的核心问题。Wirecard事件之后,市场不会就此清白如洗,当事人只会在阿什海姆的烂泥里寻找新的商机。而政府是否履行了它保护公共财产的职责?政治力量在此次事件中所扮演的角色,本书在后面会专门谈到。

目前清楚的是,所有重要的政府部门都和Wirecard事件脱不了干系。奥地利年轻的保守派总理塞巴斯蒂安·库尔茨(Sebastian Kurz)让Wirecard CEO马库斯·布劳恩给自己当顾问;右翼极端分子和情报部门的特工同Wirecard的亚洲区董事扬·马萨利克有秘密交易;德国慕尼黑和柏林的政府官员和Wirecard也有接触。某警察局前任局长为Wirecard服务,某国务秘书参加了布劳恩50岁的生日会,很多部级官员也在幕后为Wirecard办事。德国某情报部门前任负责人在总理府为Wirecard进行游说,经济和国防部前部长卡尔-特奥多尔·楚·古滕贝格(Karl-Theodor zu Guttenberg)在德国时任总理安格拉·默克尔(Angela Merkel)面前为Wirecard说话,默克尔本人也在访问北京时为Wirecard集团做过宣传。而时任财政部部长奥拉夫·朔尔茨(Olaf Scholz,社民党)也选择对Wirecard的问题睁一只眼、闭一只眼。

德国的旧经济以汽车和机械设备等为主,因此它渴望在本国国内出现一个全球性的数字金融奇迹,Wirecard似乎实现了德国人的梦想。对于Wirecard这个强大的金融集团和所谓的数字先锋,联邦政府一直采取自由放任的态度。Wirecard跌落神坛,也为我们敲响了警钟。

这是要从体制上去解决的问题。如果不用法律去限制那些胡作非为、坑蒙拐骗的人，那么还会出现下一个Wirecard，甚至更糟糕的情况。我为什么这么说？在这本书里大家会找到答案。

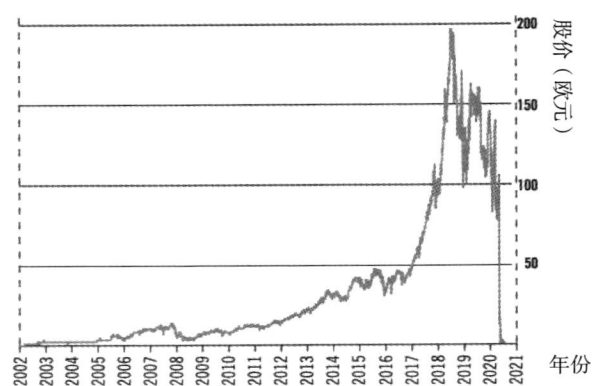

说明：2018年9月，Wirecard股价飙升至198欧元，2020年7月跌入谷底，每股的价格不足1欧元。

图1-1　Wirecard股价（2002—2020年）

在对体制性因素进行分析之前，我想先回顾一下Wirecard发展历程中的重要阶段。让我们一起看看Wirecard是如何迅速崛起的，而最后的结局又能给德国什么样的警示。

我需要强调一下：很多问题仍然悬而未决，调查仍在进行。目前还没有人被定罪，无罪推定适用于所有相关人员。但是通过证人的证词、匿名线人提供的线索、公司内部邮件及其他信息来源，我们能够大概梳理清楚Wirecard的发展历程。后面章节的内容都是基于我多年搜集的信息，不保证完整性。Wirecard事件不断有惊人的细节浮出水面，不排除未来还会有新的发现。

第 2 章

Wirecard 的崛起和败落

从无到有的崛起之路——色情与谎言

2020年6月18日,慕尼黑附近的阿什海姆,Wirecard集团总部5楼CEO办公室门口围满了人。当马库斯·布劳恩听到大量的员工聚集在他的办公室门外时,他的脸色变得惨白,双手不停地颤抖,不知所措。

上午10点43分,Wirecard公司宣布无法提交2019年的财务报表,资产负债表存在19亿欧元的缺口。员工去找老板讨说法,但布劳恩也给不出令人满意的解释。股价"自由落体式"下跌,不到一周,公司就面临倒闭。一位目击证人说:"当时的气氛十分可怕。"

布劳恩身边最亲近的员工把他堵在办公室,安保和物业人员把通往楼梯间和电梯的门都锁上了。他的贴身保镖寸步不离地守在他身边。首席产品官(CPO)苏珊娜·施泰德(Susanne Steidl)急得大哭。

但是慌乱只持续了5分钟。如果布劳恩不能迅速冷静下来,那他就不是布劳恩了。他跟手下的亲信解释说,整件事情是一个巨大的误会。晚上,他又在YouTube发表了一个声明。"目前,不排除Wirecard股份公司受到了一场相当大规模的欺诈。"他在视频中说道。然后,他的司机就开着迈巴赫把他接回家了。当车子开到他位于慕尼黑的高档住宅区博根豪森的家门口时，已经快午夜12点了。

第二天就是周五，布劳恩宣布辞职。他并非自愿辞职，监事会只给了他一个选择，就是滚蛋，可他好像还不太清楚到底发生了什么。"我进不去系统了。打电话给IT人员。"布劳恩命令他的秘书。同一层的同事都知道，一切都结束了。最后，布劳恩在合规负责人的陪同下来到地下停车场，他的司机正在一个封闭的区域等待。司机最后一次把他送回家，布劳恩再也不会踏入Wirecard总部的大门了。

在Wirecard高层工作了20年后，现在一切都结束了。布劳恩本人不愿接受这个事实。他虽然落马，但还拥有公司7%的股份。下午，他给生意上的伙伴打了电话，大多数人对他的请求感到十分惊讶——他想借钱。他的计划是完全收购Wirecard。现在Wirecard的股价大幅下跌，可以低价买入。他相信在他的管理下，公司会再度辉煌起来。"然后我们将真正地飞黄腾达！"

但事情没有按照他希望的那样发展。3天后，马库斯·布劳恩向慕尼黑检方自首并被拘留，第二天缴纳了500万欧元的保释金后被释放；2020年7月22日又再次被逮捕。一位关键证人透露，检方指控布劳恩涉嫌一系列经济犯罪，包括商业团伙欺诈、挪用公款和操纵市场。

2020年6月25日，Wirecard就已经成了一片废墟。股价不到3欧元，跟2018年秋天的最高点相比，下跌了98%。股东损失200多亿欧元。当天Wirecard集团不得不宣布破产，成为DAX指数中第一家破产的公司。全德国一半的人都在问：Wirecard到底怎么了？这一切是如何发生的？德国历史上最大的一起欺诈案，到底谁是肇事者，谁又是受害者？谁遭到了无辜的利用，谁又是其中重要的帮凶？

在高层眼中，Wirecard始终不仅仅是一个简单的支付服务提供商，更多的是一个想法、一个承诺：要通过技术尤其是通过规模，彻底改变支付服务市场。一位高管表示："这其实是一个巨大的赌注。"20年来，管理层一直以硅谷疯狂的创业文化为座右铭："弄假直到成真（Fake it till you make it）。"要想彻底了解德国战后最大的经济丑闻——Wirecard事件，也要从新经济的发源地硅谷说起。

在信息时代如何赚钱

1998年是一个转折点。执政16年后，赫尔穆特·科尔（Helmut Kohl）[1]的时代即将结束。他领导的德国联合政府[2]先是提出了"精神与道德转折"，但在经历了两德统一的阵痛后最终未能在新联邦州实现"繁荣的景象"。格哈德·施罗德（Gerhard Schroder）的红绿两党[3]在选举中获得胜利发出了一个明确的信号，即一切都将变得不同。他首次提出德国将利用"信息社会的机遇"，正如1998年社民党竞选纲领中所述，"所有的学校都要通网"，优先发展"新媒体""新信息和通信技术"。社民党在这一年的4月17日于莱比锡通过了这一纲领。

同一时期，在莱比锡往南约300公里处的慕尼黑，一家公司正着手利用即将到来的信息时代创造资本，并且已经初具雏形。那时，互联网刚刚兴起，还仅仅是用于传输信息。但是这家叫安全互联网系统有限公

---

[1] 赫尔穆特·科尔和下文的格哈德·施罗德均为德国前总理。——译者注
[2] 指由联盟党和自由民主党（自民党）组成的联合政府。联盟党由基督教民主联盟（基民盟）和基督教社会联盟（基社盟）组成。基社盟仅在巴伐利亚州存在，其他联邦州为基民盟，两个政党在联邦层面共同组成一个党团。——译者注
[3] 指社会民主党（社民党）和绿党，社民党的代表色为红色，故称红绿联盟。——译者注

司（Securitas Internet Systems GmbH）的企业却想得更远——他们想利用新的通信技术来实现价值的传递。

Wirecard集团早期的发展过程，和它20年之后的财务报表一样错综复杂。首先，它的创办日期就扑朔迷离。Wirecard官网上写的是成立于1999年，但其实创建它的想法在1998年7月3日就诞生了。这一天，Securitas在报告中向大家展示了支付平台的优点。新闻稿称："想提供安全支付交易的公司，现在可以使用Wire Card。"它的目标是在互联网上用信用卡安全地进行支付。不过报告也表示，此项技术还"只在试点项目中投入使用"。这时Wirecard这个词中间还有空格，写作Wire Card（线卡），它其实是为新经济时代——互联网时代——造出来的一个词。但是它很好地概括了公司核心的商业理念，即通过长途线路和互联网实现信用卡支付。

Wire Card的创始人拥有十分敏锐的商业嗅觉。世纪之交，互联网已逐渐兴起，但当时赚钱的只有MSN（微软公司推出的一款即时通信软件）和AOL（美国在线公司）。小供应商的日子不好过，尤其是在线安全支付是个问题。Wire Card正是为此提供了一个解决方案。

马库斯·布劳恩后来总喜欢把自己说成是Wirecard的创始人，但其实他并不是。事实上，今天的Wirecard股份有限公司前身是两家成立于1998年的公司，而且这两家公司是由两个不同的人分别创办的。

第一家公司的创始人是德特勒夫·霍本拉特（Detlev Hoppenrath）。他现在从事野营炊具的销售，但在20世纪90年代末，他其实是一名程序员，负责开发安全的互联网信息传输技术。他在Securitas开发了一个软件，能够将网上商户、客户和信用卡中心连接起来。这个软件构成了Wire Card的核心。相关的专利（专利号：DE10008280C1）至今仍能检索得到，就连Wire Card这个名字也是霍本拉特取的。

1999年，霍本拉特在这个软件的基础上成立了一个单独的公司。Wire Card股份有限公司从Securitas分了出来，霍本拉特担任CEO。Wirecard历史上最重要的两个人物——扬·马萨利克和马库斯·布劳恩，也是霍本拉特先后招进来的。20世纪90年代末，马萨利克还是维也纳附近的克洛斯特新堡联邦高中的学生，但他已经在编程上展现出了惊人的天赋。他对学校的学习不感兴趣，而是痴迷于编写代码，每天晚上都在维也纳那些新成立的公司里打工。这是他后来自己告诉我的。马萨利克和父母闹翻之后，跟霍本拉特一起来到了慕尼黑，没有参加奥地利的高中毕业考试。

Wire Card股份有限公司的第一批客户包括连锁超市SPAR和票务与现场演出行业巨头CTS Eventim。霍本拉特拒绝接受色情行业和其他灰色产业的客户。但是软件的后续开发需要耗费数百万欧元，现有的业务无法支撑高昂的开发费用。在投资者的施压下（包括技术巨头索尼），霍本拉特不得不寻求帮助。马库斯·布劳恩受命解决这个问题。

出生于教师家庭的布劳恩有着远大的抱负

1998年，出生于奥地利维也纳的布劳恩刚满29岁。他父亲是成人学校的校长，母亲是老师，家境殷实，他上的是维也纳十三区历史悠久且颇负盛名的Fichtnergasse文法学校。他姐姐长期活跃在学校的家长委员会。1998年，布劳恩从维也纳大学商业信息学专业毕业。

同年，他开始担任毕马威慕尼黑事务所的顾问。当时的同事认为他在人群中不太起眼。"他没什么存在感，也没什么突出的表现。"一位当时毕马威的审计员说道。但是布劳恩有两点让她印象深刻：一是在紧张的情况下也能保持冷静的头脑，二是他总是很敢想。

布劳恩还在工作之余攻读博士学位，研究的课题是"基于图的并行程序特征分析"。他的导师加布里埃尔·科西斯（Gabriele Kotsis）称他"很有雄心"。"这是一个不太好做的课题，布劳恩愿意做有挑战的事情。"科西斯回忆道（他现在是奥地利林茨大学的教授）。科西斯说，布劳恩比较内向，专注于自己的研究内容，和他共事也很愉快。2000年1月，布劳恩就完成了他的博士论文。

2000年10月，布劳恩从毕马威被派到霍本拉特的公司时，正是投资者切断了该公司资金来源的艰难时刻。布劳恩有着丰富的专业知识和很强的事业心，成功地让Wire Card软件得以继续开发。霍本拉特很欣赏布劳恩的果断，于是任命他为执行董事。布劳恩实施了一项成本削减计划，裁减了很多员工，但是有一个人和他相处得非常好，他就是扬·马萨利克。这个比布劳恩小10岁的瘦高个男孩，很快就成了布劳恩的左右手。

2001年，互联网泡沫破灭，大量初创企业破产，Wire Card股份有限公司也在死亡线上挣扎。这一次，救星是保罗·鲍尔–施利希特格罗尔（Paul Bauer-Schlichtegroll）。他来自慕尼黑附近，是一位很有前瞻眼光的企业家。他和霍本拉特差不多同时想到要创办一个做数字支付的公司，1998年成立了娱乐印刷媒体股份有限公司（Entertainment Print Media AG），很快又更名为电子账单系统股份有限公司（EBS）。EBS也是开发电子支付手段的，但是和霍本拉特不同的是，他很清楚在互联网发展早期哪些客户能带来收益，也不介意从一些灰色产业捞钱。

鲍尔–施利希特格罗尔认识到，在互联网发展初期，有一个行业发展最为迅速，并且迫切地需要解决支付问题，那就是色情行业。万维网的出现对于色情行业来说意味着一场巨大的变革。顾客（尤其是男性）不需要厚着脸皮去报刊亭买黄色杂志，直接在家里的电脑前就可以浏览色情内容了。最开始，顾客还不能使用信用卡支付，因为这时信用卡在德国还不普及。鲍尔–施利希特格罗尔的团队决定使用电话账单付款——通过一个所谓的网络拨号器。这些小程序会把路由器的网络拨号转接到其他更昂贵的线路，比如0190开头的线路。这样一来，一分钟的费用就不是几芬尼，而是3马克[1]或者更多。很多顾客在不知情的情况下安装了这些拨号器，在收到电话账单的时候才知道费用如此之高。但是因为羞于被别人知道自己浏览色情网站，他们通常还是会偷偷支付这笔钱。这笔生意打着法律的擦边球（或者甚至可以说已经超越了法律的边界），给EBS带来了极为可观的收入。

鲍尔–施利希特格罗尔手下还有一位高管——奥利弗·B.（Oliver B.）。当时他20岁出头，是一位年轻的银行家。2005年离开德国中央合作银行来到EBS，成功地解决了公司的财务问题，改善了账目混乱的情况。他就是公司陷入困难时的救星，是负责解决问题的人。事实上，一直到Wirecard破产前，他一直扮演着这样的角色。现在他和马库斯·布劳恩一样已被拘留。

EBS早期有一个问题：拨号器很快就被消费者保护机构和政府部门盯上了，负面新闻铺天盖地。所以鲍尔–施利希特格罗尔开始寻找其他的支付方式。他的目光落在了慕尼黑附近的一家竞争对手公司身上。这家公司虽然盈利情况并不乐观，却拥有更好的技术。它就是霍本拉特的Wire Card股份有限公司。

---

[1] 1990年以前德国使用的货币，1马克等于100芬尼。——译者注

2001年，鲍尔–施利希特格罗尔向Wire Card股份有限公司发出了收购要约。霍本拉特拒绝了，因为他不想离开自己的公司。但布劳恩却在背后跟鲍尔–施利希特格罗尔进行谈判，至少霍本拉特在笔录里是这样说的。

确切的情况仍然不清楚。但事情从这里开始变得扑朔迷离了。管理层投票决定出售软件许可。2001年11月，布劳恩和马萨利克的笔记本电脑在Wire Card办公楼被盗，里面有重要的公司数据。奇怪的是，没有任何外人闯入的痕迹，传闻是内部人员作案。不久之后，Wire Card股份有限公司就宣布破产了。这对于鲍尔–施利希特格罗尔来说无疑是一个好消息，2002年2月，EBS以低价收购了Wire Card。

在此次破产事件中，布劳恩扮演的角色饱受争议。公司前高管后来在德国周刊《明镜》（*Spiegel*）中指责他掏空了公司，促成了整个收购过程。布劳恩则称这是"无稽之谈"。霍本拉特甚至对布劳恩及其手下提出了刑事指控，但是检方几个月后就终止了调查。很多年之后，霍本拉特告诉《经济周刊》（*WirtschaftsWoche*）的记者梅兰妮·贝尔格曼（Melanie Bergermann）和沃尔克·特·哈斯博格（Volker ter Haseborg）："我们当时的技术对于后来的Wirecard来说就是摇钱树，只要接触到愿意支付高额费用的客户，这项关键技术就保证能赚钱。"

无论事实真相如何，马库斯·布劳恩成功地从Wire Card早期的动荡中走了出来，在2002年成为新公司的CEO。2005年1月，Wire Card通过反向收购，也就是"走后门"的形式上市。壳公司是电话服务商信息天才股份有限公司（Infogenie AG），它也是新经济狂潮中众多失败的公司之一。Infogenie被收购并更名为Wire Card。在互联网泡沫破灭之后，反向收购是一种简单快捷的上市方式。

上市之后，鲍尔-施利希特格罗尔先是转到监事会，不久便完全退出了。他和布劳恩发生了争执，布劳恩以辞去CEO职位相威胁，后来鲍尔-施利希特格罗尔以优惠的价格给了布劳恩大批股份。至此，布劳恩独揽大权，一直到最后他都持有Wirecard 7%的股份。

美丽的表象和真实的扩张

2005年前后，Wire Card给出的官方数据看起来增长势头一直大好，这也是Wirecard集团自始至终秉承的一个宣传策略。2006年6月，公司名称中的空格被正式删除，全新的Wirecard股份有限公司被纳入德国证券交易所DAX指数。

早在2000年，Wire Card就展现出了要对外展示自己良好面貌的强烈意愿。这一年，公司的营业额为300万欧元。这并不是一个特别大的数目，但是他们的计划远不止于此。在向媒体发布的新闻稿中，他们早就把自己吹得天花乱坠："Wire Card，一家领先的金融服务提供商，在亚洲设立了首个分支机构。"分支机构的设立地点是中国香港，"Wire Card将从中国香港直接向迅速扩大的亚洲市场销售其产品和服务"，韩国、中国和日本市场的开发正在"具体"的筹备中。Wire Card具备"战略性的优势"，可以"在亚洲地区的市场占据领导地位"。

然而事实上，直到2020年Wirecard倒闭，它都从来没有占领过韩国、中国内地和日本市场。它的扩张仅仅局限于东南亚地区。但是从这个例子中可以看出Wirecard一直采用的模式：公司官方的自我宣传始终都比实际的运营情况要红火得多。

Wirecard很早就在迪拜设立了一个子公司——2004年成立的

Cardsystems FZ-LLC公司，这家公司后来还发挥了重要作用。在德国，Wirecard的股价飞涨，2002年才0.41欧元/股，10年时间就涨到了近19欧元/股。

　　Wirecard成功的秘诀里还有一条：它很乐意为那些老牌银行不愿意接收的客户提供服务。最开始，Wirecard为色情行业提供支付服务，但是2003年德国收紧了网络拨号器相关政策，商家必须向顾客说明费用明细。另外，两家最大的信用卡公司VISA和Mastercard都阻止向色情行业付款。

　　这一举措几乎使Wirecard走到了毁灭的边缘，2003年，它的销售额下降了40%。但是该公司发出的新闻稿却称，"在其他利基市场获取的客户"拯救了公司的命运。向这些客户提供服务，需要建立一个新的体系来掩人耳目。这也注定了Wirecard后来走向没落的命运。

大盈利时期——不正经的合作伙伴、风险性的增长

　　"你听到了吗？听到了吗？"电话里，"投资顾问"肖恩（Sean）激动地说道，背景里还能听到人群鼓掌、欢呼的声音，"别人都狠狠地赚了一笔，就你没买，皮特！"电话这头的客户皮特·阿勒（Peter Ahler，化名）还清楚地记得他听到这些话时的感觉。"我当时觉得，如果我不买，就好像错过了什么天大的好事。"他回忆道。

　　阿勒把他的全部积蓄——总共8万欧元——都投到了PrestigeFM这个在线投资平台上，还把贷款来的3万欧元也投了进去。"投资顾问"的话不停地在他耳边回响："交易绝对安全！如果出什么问题，都算到我头上。"这个自称股市专家的"投资顾问"身在伦敦，每天都要强调

自己对金融领域了如指掌。可最后还是出了问题。

当阿勒拒绝遵从"顾问"的建议再投9万欧元时，难以置信的事情发生了：他在投资平台上的投资额迅速贬值，最后，所有的钱都没了。如今这位61岁的柏林人已经知道了，他并非在股市里栽了跟头，而是和其他10万多欧洲人一样，被一个国际诈骗团伙给骗了。

这些人专门通过电话和网络对二元期权、比特币和其他金融产品进行虚假销售。这些投资网站根本没有实际的交易，只是用伪造的交易报告不断劝说受害者往里投钱。据估计，这些网络犯罪分子每个月能骗取的金额高达1亿欧元。

2019年2月，警方掌握了这个诈骗团伙的规模，侦查人员一直在努力调查。他们在德国、奥地利、保加利亚和捷克搜查了一些可疑人员的住所，逮捕了嫌疑人并封锁了他们的账户。其中一位可能是幕后黑手的男性，被发现死在德国萨尔布吕肯的监狱里。

然而调查人员不仅在奥地利维也纳和保加利亚索菲亚抓到了诈骗团伙的头目，还注意到为他们处理支付的机构。很久以来，多家银行和金融机构都在帮助他们转移钱款，并从中收取费用。他们都选择了视而不见，还是说根本就默许了这一场诈骗？不管怎么说，都是因为有他们的帮助，诈骗活动才能进行下去。德国《商报》（*Handelsblatt*）的研究显示，有一家公司不断地出现在调查人员的视野当中，它就是著名的DAX指数公司Wirecard。几位检察官也证实Wirecard确实参与其中，但是直到Wirecard倒闭之后，德国检方才真正对Wirecard总部进行搜查。初步结果显示，Wirecard在诈骗团伙的支付处理中扮演了核心角色。

德国汉堡的托马斯·梅里安（Thomas Merian，化名）回忆，在他转到外汇交易平台Option888网站的4万欧元中，最开始有6000欧元是从信用卡中扣的。信用卡额度用完以后,"投资顾问"让他换一种支付方式:"通过银行转账把钱汇给我们吧。转账反正更方便,你操作起来也更快。"最后梅里安听从了"顾问"的建议。2016年5月3日,梅里安转了5000欧元;5月18日,转了3000欧元;5月27日,转了1.25万欧元;6月9日,转了1万欧元。收款方一直是牵牛星娱乐股份有限公司(Altair Entertainment N. V.),地址是加勒比海库拉索岛的威廉斯塔德0000号。银行转账单上也显示了开户行"德国阿什海姆,Einsteinring 35号,Wirecard"。梅里安连那些钱的影子都再也见不到了。他和很多人一样,都成了Wirecard的商业伙伴——诈骗团伙的受害者。这些情况在Wirecard倒闭前一年才被公开。

隐秘的赌博款项

21世纪初的头几年里,整个Wirecard集团在外界眼中的形象一直是井然有序、欣欣向荣的。根据Wirecard自己的说法,公司2005年在马库斯·布劳恩的领导下获得了2000多家新的企业客户,其中包括科技巨头索尼、欧洲地区体育博彩业的领头品牌Betandwin和德国商业电视台ProSiebenSat.1。据说这些公司均使用Wirecard的平台进行支付处理和信用检查。

但是公司内部非常清楚,从索尼等公司身上赚不了什么大钱,这些利润都很低,这一时期真正能带来大额利润的是赌博业的客户。因为21世纪初赌博业的发展十分迅速,而这一行业又没有安全的支付方式,政府和监管部门也总盯着他们。Wirecard可以为他们提供一个"解决方案",这个"解决方案"导致了后来十几亿欧元的财务欺诈案。

21世纪初的博彩行业和色情行业有着许多的共同之处。对于博彩业来说，互联网也是业务增长的催化剂。人们不需要再去昏暗的游戏厅或国营赌场，只需要在家里点点鼠标就可以参与赌博。据估计，2006—2012年，全世界在线赌博的营业额从120亿美元增长到了200亿美元，其中大约一半发生在美国。但是两家最大的信用卡公司VISA和Mastercard都把在线博彩业列入了"高风险业务"。原因很简单：在很多国家，博彩业是由国家垄断的，私人赌场被禁止或者有严格的管理规定。但是对于网络虚拟空间的赌博行为，还没有单独的一套规则，所以早些年很多公司都是在法律的灰色地带中运作的。

VISA和Mastercard还面临一个问题，就是它们都遭遇了较高的拒付率。在支付服务行业，拒付率是指顾客在使用信用卡付款之后要求撤回交易、拒绝支付的比例。在传统行业，撤销支付的情况是很少出现的。顾客购买了书籍、衣服或鲜花，只要对买的东西满意，就没有理由抱怨付款过程。但是在风险很高的互联网交易中，情况就不一样了。尤其是在博彩行业领域，输了钱之后，人们常常很想把投进去的钱再要回来。

高拒付率给VISA和Mastercard敲响了警钟，因为这会增加它们的成本。这两家公司规定，如果一家支付提供商的交易经常被撤回，它就需要缴纳罚款，严重的情况下还会被吊销执照。因此在21世纪初的时候，很多传统银行拒绝为高风险的在线业务客户提供支付服务。而Wirecard正是从这个缺口闯了出来。

为了降低拒付率，Wirecard会在高风险的赌博款项中掺入大量安全的交易款项，例如网购运动鞋或者网购鲜花的款项。这样，拒付率降低了，它就可以继续为高风险的客户提供VISA和Mastercard付款。从这些服务中，Wirecard收取了极其丰厚的报酬。普通零售商为支付处理服务，通常要付百分之几的费用，但是Wirecard向赌博业的商家收取的费用可能高达款项金额的1/3。直观地说，如果一名玩家在博彩网站支付了100美元，那么可能其中有33美元都进了Wirecard的口袋。这简直是暴利！

不过，这些业务也使得Wirecard在法律的边缘如履薄冰。因为Wirecard极度依赖美国市场，所以2006年时就曾遇到过难题。2006年10月，美国国会通过了《禁止互联网博彩法案》（UIGEA），禁止银行和支付服务提供商处理在线赌博交易。2007年年初，美国联邦调查局（FBI）逮捕了公司几个重要的高管，表明了他们对此的强硬态度。扬·马萨利克因为害怕被抓，从此之后再也没有去过美国。

美国开始打击博彩业，照理来说，Wirecard应该会和很多同行的公司一样，业绩出现明显的滑坡。事实上，Wirecard也的确受到了严重影响，这一点从公司现金流和经营性业务收入的数据上就能看出来。2007年，Wirecard的现金流量为9600万欧元，2008年第一季度为–2700万欧元，2008年全年的现金流与上一年相比减少了近一半，才4100万欧元。但是资产负债表和利润表却好像并未受到任何影响。相反，布劳恩在官方通稿中称，预计利润将增长50%以上。而Wirecard的息税前利润（EBIT）也确实从2007年的3300万欧元增长到了2008年的4900万欧元。

布劳恩是怎样做到在有这么多困难和问题的情况下，仍然保持公司的增长和利润的呢？这要归功于Wirecard这几年建立起来的精密的跨境支付处理系统。为了处理跨境支付业务，Wirecard设立了大量外国公司，其中很多在直布罗陀和维尔京群岛。那些见不得光的业务都是在这些公司处理的。另外，在为高风险客户提供支付服务时，Wirecard不再标注VISA和Mastercard推出的博彩业交易代码7995。据几位内部人士透露,这些交易会用一些不易遭到怀疑的公司作为幌子,例如一些专门开设的"花店"。为Wirecard等公司工作的德国房地产经纪人迈克尔·S.(Michael S.)也因涉及此事,于2010年在佛罗里达州被捕。

Wirecard的一位高管还曾经穿着印有"Re-Code"(重新编码)字样的T恤,出席行业博览会,而"Re-Code"代表的正是披着虚假外衣的支付账目。Wirecard的经营行为充满了疑点,《星期日法汇报》(*FAS*)2008年就曾对布劳恩提出疑问:"Wirecard有很多收入来自直布罗陀和维尔京群岛,你们在那里真的有正规的公司吗?"布劳恩的回答是:"我们的利润约有30%来自德国,70%来自欧洲其他国家,还有一小部分来自亚洲。尤其爱尔兰和直布罗陀都是'很受欢迎的地区'。"记者继续问道:"据说你们的利润主要来源于在线赌场,你们从中收取高额的费用。这样做不会有风险吗?"布劳恩回答说:"具体来说,我们处理的支付业务由以下这些行业构成:大约45%是消费品,大约35%是电子产品(其中大约20%~25%是网络游戏,10%是在线约会,5%是单机视频游戏),还有20%是旅游产品。"就算这些数字都是真的,可这仍然没有说明Wirecard的利润是从何而来的。但是布劳恩却声称"不同行业的利润是一样的"。根据后来知情人士提供的线索,这根本就是一个彻头彻尾的谎言。

因为更改交易代码,VISA和Mastercard当时就对Wirecard提出了违约处罚。Wirecard支付了几千万欧元的赔偿金。这对于当时的Wirecard来说是一笔不小的数目,因为Wirecard 2009年的利润才6000万欧元。更麻烦的是,Wirecard和这些信用卡组织的关系也岌岌可危。如果不能和VISA、Mastercard对接,Wirecard就要完蛋了。但是公众对于这个问题的严重性还一无所知。2010年度新闻发布会上,布劳恩轻描淡写地带过了这个问题，而Wirecard也找到了一个可以更好地隐藏这些肮脏业务的新工具。

成功的秘诀——第三方合作伙伴

在海外成立子公司是Wirecard成功的一个秘诀，另一个秘诀则是发展海外合作伙伴。不搞清楚这些第三方合作伙伴，或者说"第三方收单机构"（TPA），就没法理解Wirecard的故事。关于这些公司究竟起到什么作用，Wirecard一直秘而不宣。但是现在通过调查，我们已经弄清楚了这些合作网站是如何从21世纪初发展起来的。

Wirecard在迪拜找到了它的第一个合作伙伴，也在迪拜建立了它的第一家海外公司。2009年，集团又在新加坡成立了分支机构，负责亚太地区的业务。在Wirecard后来的故事中，这家新加坡分支机构扮演了最为核心的角色。另外，Wirecard在新加坡也有一个重要的第三方合作伙伴。

官方的说法是：在Wirecard自己拥有许可证的地区，比如在欧洲，它就不依赖第三方合作伙伴，零售商和网上商店直接接入"Wirecard网关"。这是一个IT平台，钱款通过该平台从买家转移到卖家手里。付款信息在买家的银行和商家的银行之间进行交换，而商家会为这项服务向Wirecard支付费用。

而在Wirecard没有获得许可证的地区，第三方合作伙伴就开始发挥作用，充当商家和Wirecard之间的中介。这种情况在支付行业并不少见。Wirecard在荷兰的竞争对手——支付公司Adyen，也在亚洲、非洲和拉丁美洲这些它自己没有许可证的地方和第三方机构合作。但是从纸面上看，Wirecard的利润是Adyen的4倍，它是怎样牟取暴利的呢？很多员工都知道这些利润的来源——Wirecard还利用第三方合作伙伴达到一些不同寻常的目的。

知情人士称，与第三方合作的主要目的是掩盖一些有问题的支付流。"整个处理过程是非常独立的。"一位高管说道。"有些业务压根就不会跟Wirecard扯上关系。"另外一位管理人员还补充道。这里面包括在线赌场、色情网站、交易网站等属于灰色或者黑色地带的业务。

这些业务是Wirecard负责亚洲地区业务的董事扬·马萨利克搭建起来的。"有马萨利克搞定这些业务，集团里大家都很开心。因为大家都知道这里面利润很高，但是大家又都不想跟它沾上关系。"一位知情人士说道。程序其实始终都是一样的，那些见不得光的网络平台和商家会被分配给不同的第三方合作机构，迪拜的由Al Alam负责，新加坡的由Senjo负责，菲律宾的由PayEasy负责，等等。由它们去跟这些高风险的客户联系，然后将支付数据筛选过滤之后发送给Wirecard，这就意味着不容易追踪每一单付款的详细信息。商家也不再直接向Wirecard支付费用，而是支付给第三方后，第三方合作伙伴再向Wirecard支付佣金。管理层认为，这样一来Wirecard的名誉就不容易受到这些不干净业务的影响，风险也更加可控。凭借和第三方合作以及对当地企业进行收购，2010年起，Wirecard在亚洲进行了大范围的扩张。

致命的欲望

Wirecard上市后，马库斯·布劳恩一直不断追求扩大规模。他在刚出任CEO时就对未来有着极其美好的想象，因为世界范围内仍有80%以上的交易使用现金支付，所以Wirecard有无尽的增长空间。他认为，为商家提供额外的服务，例如保险、贷款和数据分析等，也可以增加收入来源。2008年,他在《星期日法汇报》的一次采访中称,公司的运营状况"非常良好"。他还强调道:"Wirecard上市3年以来,从未有一个目标没有完成。"官方数据没有任何亏损。"市场给我们的回报是什么呢?就是增长。增长是最关键的。"布劳恩说道。他在公司内部提出的目标是每年至少增长30%——交易量增长30%,营业额增长30%,利润增长30%。

但是竞争也很激烈。支付处理的利润其实很低,只有通过大体量才能获得更多的利润。谁增长快,谁就赚得多。在布劳恩的带领下,Wirecard的增长速度迅猛。除了色情和博彩网站,小到成千上万的网店、线下零售商,大到奥乐齐(ALDI)这样的连锁超市,都成了Wirecard的客户。另外,Wirecard也在不断地进行科技创新,例如利用生物识别终端,通过人脸识别就可以完成支付;在数字化超市里,仅通过摄像头就可以识别商品并购买。布劳恩自己在演讲中最喜欢讲的一个例子是,如果某人度假时购买了昂贵的手提包,利用Wirecard可以直接进行分期付款,同时给包上保险;其他商家也可以立刻获取这位顾客的喜好。

布劳恩描绘的美好蓝图让他的粉丝兴奋不已,这些粉丝中有很多是个体散户。布劳恩,一位难以接近的奥地利人,却成功地将硅谷精神带到了德国。他始终关注大局发展,关心数据、人工智能、物联网等和世界未来紧密相关的技术。和被他视为偶像的那些美国技术天才一样,布劳恩也有阴暗的一面,认识他多年的同伴都认为他有"自闭症倾向"。员工们觉得他不太好接近,他只有周一到周四会出现在Wirecard总部。他和他妻子是在公司认识的,但是大家很少看到他们一起出现。布劳恩经常往返于慕尼黑、维也纳、基茨比厄尔和圣特罗佩之间,在这些地方都有房产和人脉。

他的公务用车是一辆迈巴赫。他不喜欢坐飞机，和很多人一起挤在一架飞机里，让他觉得很不舒服。如果必须要坐飞机，他会选择乘坐自己的私人飞机。他常常穿着黑色的西装和黑色的高领毛衣，打扮得就像乔布斯。不过，苹果公司创始人乔布斯在介绍新产品时给人的感觉总是很亲切，而布劳恩说话却总是技术性很强，让人有种距离感。他是个自由意志主义者，认为每个人的幸福都掌握在自己手中。他的顾问对记者说，布劳恩在剧院看歌剧演出时也曾感动得流泪，但是见过他的人都不相信。"我从未在他身上看到过一点真诚的影子。他完全是一个冷漠的人。"一名员工这样说道。他从不记得身边亲近同事的生日，也从不送人礼物。每次别人问他最近过得怎么样，他总是用同一句话回答："特别好！" Wirecard之所以"成功"，可能也是因为有这样一个充满傲气的CEO吧。

布劳恩是否真的像他辞职前声称的那样，被黑暗势力陷害了？内部人士认为，他当了近20年的CEO，对那些见不得光的业务一无所知是不太可能的。还有知情人士猜测，他在Wirecard倒闭前购入股票，其实是他最后的"迷惑手段"。这一点后面还会详细讲到。

Wirecard的一位前高管说："我从来没见过像Wirecard这样长时间保持线性增长的公司。"

他这可不是在说什么好话，因为压根没人能解释Wirecard的业绩为什么能持续保持增长。Wirecard的规模变得越大，布劳恩就越不安分。一位在Wirecard工作多年的员工回忆道："他总是能想出很多新点子，拿起电话就跟别人说：'我们还可以做保险，这个那个都可以做，你们考虑一下吧！'说完就挂掉。10分钟之后又打过去说：'呐，你们有结果了吗？'"

不停地想要更大更强，是许多企业家具备的一个特点。但是Wirecard的员工发现，布劳恩提的要求有时是和现实情况相悖的。虽然他对外总是把Wirecard营造出一种高度创新的企业形象，但事实上Wirecard银行的IT系统还是基于大众银行的服务提供商GAD提供的几十年前的解决方案。"他很久都没有关心过日常业务了。"一位前高管说。从21世纪初开始，布劳恩就给了各部门很大的自由空间，"销售这边从来没有对客户的问题说过一个'不'字。客户提的各种特殊要求把程序员都搞疯了。"他的想法在技术上要如何实施，布劳恩从来都不关心。

布劳恩——这个商业信息学博士——的管理风格非常独特。对业务经营、技术和产品开发，他似乎一点也不感兴趣。相反，他非常在意公司的财务状况以及公司的外在形象。一名员工说："他会定期打电话，叫史蒂芬·E.（Stephan E.）过去。30秒之内，这位公司的会计主管就会拿着笔记本电脑出现在他的办公室。然后他们两个人会待上好几个小时，把所有的数字都过一遍。"史蒂芬·E.现在也已被拘留。

一位内部人员是这样描述布劳恩的："我们总说，在公司里，一支铅笔掉到地上他都能听见。"在公司的形象管理上，他确实非常注重细节。"新闻稿对他来说重要得不得了。"一位前高级员工说道，"哪怕是再小的新闻稿件，他都会及时跟进，总是问：'媒体通稿已经写好了吗？'"每次签了新的合同，他总是想到在媒体上发通稿，哪怕合作伙伴其实并不希望被公开。一位前高管说："归根结底，他就是想要编造一个故事给资本市场听。"

布劳恩其实应该很早就知道公司出现的诸多问题了。Wirecard之所以在博彩业受到打击的时候还能立于不败之地，还有一个原因。在Wirecard成立的第二个10年里，它的客户中有相当多高盈利的交易门户网站，并且其中有很多显然是诈骗网站。在色情和博彩网站上，用户至少还能得到点乐趣，而在诈骗网站上就只会亏钱。布劳恩很清楚这些网站对Wirecard的作用，并且总是淡化这些问题。

落入网络黑手党的魔爪

揭露Wirecard可疑业务的是维也纳的投资者保护组织"欧洲基金复苏倡议"（EFRI）。该组织很早就盯上了Wirecard。EFRI自称和律师一起共同代表来自不同国家的780名受害者的利益，这些人都在交易门户网站被骗。2020年年初，EFRI对Wirecard提出了刑事指控，指控该公司洗钱。正是这项指控促使检方对Wirecard进行了搜查，不过这都是Wirecard破产之后的事情了。

从事投资者保护的人对Wirecard的各项活动进行了仔细的梳理，发现Wirecard"多年来一直为涉嫌欺诈的在线交易网站和非法在线赌博网站转移资金，金额相当惊人"，并且"一直逍遥法外"。受害人的损失超过2800万欧元。事实上，诈骗网站的恶劣影响比这大得多。据EFRI称，在这些诈骗活动中扮演关键角色的是"在德国拥有银行执照的Wirecard银行股份有限公司"。正因为有了Wirecard银行的帮助，成千上万的欧洲个体投资户才会被骗。

EFRI的创始人之一埃尔弗里德·西克斯特（Elfriede Sixt）说："我们已经向联邦金融监管局、慕尼黑检察院和欧洲中央银行提起了诉讼，我们怀疑Wirecard非法洗钱。因为欧洲金融服务机构的帮助，诈骗活动才能横行这么多年。很多像Wirecard这样的银行都在其中帮犯罪分子集资和提供支付服务。只有依法追究这些银行的责任，才能阻止这种网络犯罪再次发生。"

EFRI的诉讼中列出了很多可疑的业务往来。Wirecard为"涉嫌欺诈的在线交易网站经营者"提供了银行账户，经营者可以通过这些账户接收钱款并将钱款转移出去。Wirecard还帮没有营业执照的交易网站和诈骗网站"提供信用卡支付，从而将非法来源的资产混进合法的经济循环当中"。

这些人利用交易网站进行诈骗活动已经持续了很多年，但直到2019年2月奥地利内政部通报了调查结果，这些人的行径才被公之于众。确切的损失数额目前还不清楚，检方估计每个月至少有1亿欧元，有超过20万德国人成为受害者——61岁的皮特·阿勒就是其中之一。

这些网站不断地变更名字，其中最有名的包括Banc De Binary、24option、Option888、HandelFX和XtraderFX等。它们假装销售金融产品，包括股票、外汇和加密货币，承诺很高的回报。德国萨尔布吕肯州检察官办公室主要负责追查Option888的幕后黑手，其他诉讼程序分别由位于巴伐利亚州的班贝格，以及科布伦茨和科隆的中央网络犯罪办公室负责。部分犯罪人员已被拘捕，还有一些仍在继续行骗。

"Wirecard集团以各种各样的方式参与了许多平台的活动，因为它有德国银行执照，所以肯定，那些人也会首选跟它合作。"西克斯特解释道。2012—2019年，Wirecard为这些涉嫌诈骗的网站——Banc De Binary、Option888、HandelFX和24option——提供过账户，还为Algotechs、Bealgo、Any-Option和EZ Invest处理过信用卡支付。现在看来令人费解的是，检方为什么没有早些调查这些问题？资金的线索明明早就已经很清楚了，EFRI收集了网站的转账记录和Wirecard银行的账户管理文件。

2019年和2020年《商报》对这些内容进行报道时，Wirecard的反应很坚决："Wirecard从不以任何方式支持未经许可的在线交易或赌博网站。Wirecard只和持有国家颁发的有效许可证的公司合作。另外，Wirecard银行在接收在线交易和赌博领域的客户之前，均会对其进行背景调查，可疑的交易平台会被剔除。"现在我们已经清楚了，这也是一个谎言。

西克斯特说，诈骗犯很狡猾，因为"表面上看，这些在线交易平台都是为小额投资者提供证券服务的"。但事实上它们都有不正当的目的，而且只有一小部分从马耳他或塞浦路斯办理了欧盟执照。"在线交易网站中99%是诈骗网站。"西克斯特说道。西克斯特是一名审计师，以前在安永当过合伙人，已经关注金融犯罪很多年了。

托马斯·莫尔曼（Thomas Mohrmann，化名）也是其中一位受害者。来自德国弗兰肯地区的企业家莫尔曼把他公司的大部分资产都投到了HandelFX网站。前后几个月的时间里，一直有一个所谓的证券交易员在处理他的业务。莫尔曼分批转入了240万欧元，这些钱据说是拿去买股票和外汇了。最终钱全部都没了，他的公司也濒临破产。和很多受害者一样，他也搞不明白自己怎么就相信了那些骗子。"我本来是一个不太容易轻信别人的人。但是那个交易网站看起来挺正规的，而且转账时银行也提示安全，因为是转到德国的Wirecard。如果他们叫我把钱转到葡萄牙或者塞浦路斯，我肯定不会上当的。"他说道。

Wirecard的责任其实很清楚。BaFin表示："银行和支付服务商必须有合适的监控系统，甄别涉及洗钱和恐怖主义融资的可疑交易。"如出现可疑情况，它们有责任向金融情报机构（FIU）上报，并且终止交易。

但是Wirecard没有这么做。EFRI指出："在我们看来，Wirecard频繁出现在诈骗案件中可以强有力地说明，它要么压根就没有法律要求的风险管理和欺诈检测系统，要么就是它没有按照规定使用这些系统。"

EFRI调查了9个用于非法业务的Wirecard银行账户。还有一些交易是通过信用卡完成的，因此很难追踪。网上到处都有反诈骗提醒，很多门户网站一直都是当局的关注重点。2013年、2016年和2019年，加拿大、法国和意大利的监管机构都曾发出过警告，提醒大家小心24option网站，Wirecard不可能对此毫不知情，但是Wirecard却仍然继续为它提供服务。2019年10月，奥地利金融市场管理局就门户网站HandelFX发出警告，但是一家关联公司的支付仍旧通过Wirecard账户进行。直到Wirecard倒闭之后，这些业务才停止。也是在这之后，德国检方才开始对Wirecard这个"洗钱沙龙"进行调查。

马库斯·布劳恩在公众面前展示的一直是Wirecard的另一种截然不同的面貌。2019年，布劳恩在一次《商报》的采访中说，早期色情和赌博行业占据了Wirecard业务的90%，后来减少到了10%。虽然这个数字很可能是假的，但是哪怕只有10%，也足以说明Wirecard在高风险领域的参与程度之高。我们可以简单地计算一下：2008年Wirecard处理的交易总额为84亿欧元，如果色情和赌博占90%，就是75.6亿欧元；2019年前三个季度该公司报告的交易总额为1242亿欧元，如果色情和赌博占10%，也有124亿欧元。

所以，即使是按照布劳恩自己给出的比例计算，虽然Wirecard扩展了其他业务领域，但是它为高风险客户处理的交易额也是增加了，而不是下降了。而且据知情人士透露，网络色情行业后来在Wirecard的业务中不再占据重要地位,所以博彩和交易网站在2010年对于Wirecard来说,只会比以往任何时候都更加重要。

外界大部分人对这些问题视而不见,只有少数几个人例外。法兰克福大学金融研究中心主任沃尔克·布吕尔(Volker Brühl)曾公开表示:"这不仅仅是一个道德的问题。每一个支付服务商都有义务搞清楚,跟自己做生意的到底是什么人。"尤其在涉及非法交易平台时,支付服务商的责任更为重大。他在2019年就曾警告说:"Wirecard缺少按行业和客户群体划分的收入和利润的细目。最重要的是,风险客户在总业绩中究竟占有多高的比例?"

Wirecard破产之后,人们终于可以对高风险领域业务所占的比例进行准确计算了。从内部交易统计表来看,比例事实上比布劳恩所说的还要高很多。即使是在表面上看起来最好的几年,Wirecard也没有脱离那些不正经的客户。早期一些可疑的业务,如果有人对其进行过更仔细的考察,应该可以为后人发出明确的提醒信号。

以诈骗作为商业模式——系统的漏洞

扬·马萨利克有些紧张。他几乎从来不见媒体记者,而是更喜欢待在幕后。他护照上给出的身高是1.8米,但实际上没那么高。他在门口楼梯旁等待着。那是一个寒冷的冬天,但是马萨利克没有戴围巾和手套,他穿着一套剪裁考究的深色西装,外面套着一件收腰大衣,和平常一样留着寸头。

他等待的谈话对象是本书的作者——我,我们见面的日期是2020年2月的一天,Wirecard倒闭前4个月。我们本来计划的是一起在巴伐利亚宫廷酒店（慕尼黑的一家豪华酒店）喝个咖啡，没想到最后一直聊到了深夜。马萨利克说了很多。

他说话带着维也纳口音，听起来很舒服，他向我讲述了他的身世以及对行业的看法。马萨利克1980年3月15日出生于维也纳的一个小市民家庭，他父亲是捷克人。他和父母的关系不算很好，每次回维也纳看望父母时，都住在宾馆。当我问他，他的名字应该读作"马萨利克"还是"马莎利克"时，他说："随您喜欢。"当天晚上，还有一位同事给他发信息说："别相信任何一个记者！"

马萨利克是在维也纳附近的高中上的学，高考前5个月的时候决定不读了，他承认自己没有参加过高考。虽然已经过去了20年，接受我采访时的他已经是成功的DAX指数公司董事，但是说起这件事，他还是有点不好意思。谈话中他说自己比较叛逆，相比上学，他更喜欢编程和为初创公司打工。他也没考过驾照。那时候他整晚整晚地工作，饿了就吃比萨，然后就到了Wirecard。

马萨利克的出身和经历，似乎跟犯罪不怎么能联系起来，他的家人里也不乏正面榜样。他的父亲是一名企业管理人员，祖父是一名警察。纳粹统治时期，祖父汉斯·马萨利克（Hans Marsalek）在被征入德国国防军之前逃到了布拉格，加入了共产主义抵抗运动，1941年被盖世太保抓捕，送进了毛特豪森集中营。他活了下来，后来当上了奥地利反法西斯联邦协会的名誉主席，还成了一名警察。马萨利克很自豪，因为自己的家庭在关键时刻站在了对的一边。

但是马萨利克似乎没有继承到这些品质。他虽然天资聪颖，在编程方面特别有天赋，但是正如他母亲在Wirecard倒闭后的一次电话访问中所说，他也很"präpotent"——在奥地利，这个词被用来形容一个人很傲慢、蛮横不讲理。他失踪之后,家里人再也没有听到过他的消息,只有债主总是来找他。

马萨利克花的钱比赚的多。而且他总是把账单地址写成他父母家的,所以父母总是会定期收到催款单。"我们坚决和他的所作所为划清界限。"他母亲说道。她很多年都没有见过马萨利克了。她表示,有这样一个儿子不是什么好事。

马萨利克于2000年开始他在Wirecard的职业生涯。10年后,30岁的他成为执行董事会成员,负责业务运营。到他2020年6月卸任时,他已经在集团工作了整整20年,比CEO马库斯·布劳恩还要久。他自己也很乐意强调这一点。在巴伐利亚宫廷酒店接受采访时,他跟我说,他并不觉得自己是"那个马库斯"的朋友,他们私底下已经"很多年"都没有一起出去过了。他们之间是董事会主席和下属的关系,虽然他们一起共事了近20年,但是布劳恩时时都提醒着马萨利克,谁才是真正的老大。

年纪轻轻就当上高管的马萨利克在生活中很懂得享受。他花钱大手大脚,就好像钱是自己家印的一样。他刷着真金打造的信用卡,在慕尼黑著名夜店"P1"和卡扎菲的儿子们一起尽情玩乐;慕尼黑最昂贵的餐厅Tantris,他也是常客,每晚光是香槟就要喝掉几千欧元;在马克西米利安大街的奢侈品店里,他为了买一件貂皮大衣,直接将2万欧元订金甩到桌上;为了弄到一种俄罗斯的流感药,他甚至派员工乘私人飞机去莫斯科购买。

马萨利克没有孩子,但有一个在一起很多年的女朋友。他很喜欢和女朋友一起去高级餐厅Käfer吃饭,不用说,这家餐厅也是Wirecard的客户。知情人透露,空闲时他喜欢研究军事战术,还喜欢尝试在暗网上购买的各种毒品。他喜欢那些能让他在举杯痛饮之后仍然保持清醒的东西,这一点和他身边其他人不同。

作为Wirecard的运营主管,他的任务是让布劳恩那些不切实际的幻想成为现实——至少是在纸面上。不管大的经济环境怎样变化,Wirecard每年都要保持30%的增长。欧洲经济形势不好的时候,马萨利克负责的亚洲地区就必须增加销售额、利润和现金流。一位管理人员称,公司有一半的人都害怕马萨利克。一位女同事形容他很有魅力,另一位男同事说他就像一个"魅影",从来都见不着人。

当然,在我们的谈话中,马萨利克不会提Wirecard的业务和诈骗有关。不过他很诚实地提到,Wirecard的成功离不开那些高风险客户。他称:"我们每6个月都会讨论一次,要不要放弃高风险领域。"但是要放弃并不容易。"他们有些已经和我们合作18年了,没有这些客户,我都不知道我们还能不能存在。"他的坦率令人惊讶,他说直接把这些客户赶走太"马基雅维利主义"了(太没良心了)。

"你算一下就会发现,想把高风险客户换掉不是那么容易的。"原因是这些客户带来的利润要比普通客户高得多。马萨利克一直强调的是:"我们从未故意做非法生意。我们99%的客户都是干净的。"从内部人员提供的信息来看,这也是一个妥妥的谎言。

马萨利克让人感觉琢磨不透,很不真实,但也不是说他给人感觉不好、不舒服。他非常有礼貌,表达也很清楚。他跟我谈到高风险客户,谈到他们正在搭建一个叫Elastic Engine的新平台,还提到亚洲业务中的种种问题。而几个月之后,正是这些问题摧毁了Wirecard。

很显然,马萨利克身上有一种镜像效应。无论是在财经记者面前,还是在俄罗斯寡头大亨面前(他很喜欢跟这些人来往),他总是会让人有一种跟他在同一高度上的感觉。根据法律心理学家的说法,历史上很多有名的骗子都有这个特点。虽然我跟马萨利克在巴伐利亚宫廷酒店聊了好几个小时，但他仍然蒙着一层神秘的面纱。

三个警告信号

Wirecard事件中有很多谜团，有一个核心问题至今仍未找到答案：如果说Wirecard通过高风险客户赚钱不成问题，又有像ALDI超市、奥地利联邦铁路和厨具品牌WMF这样的正经客户，外部形象也很光鲜，那它究竟为什么要从2015年开始进行财务造假（检方推测可能更早以前就开始了），将自己推向深渊呢？

2010—2018年，Wirecard的营业额从2.71亿欧元增长到了20.162亿欧元，利润从7300万欧元增长到了5.6亿欧元。但是贪婪的布劳恩对此并不满足。他在公司内部的"2025战略"中提出的目标是2025年营业额达到120亿欧元，利润达到38亿欧元。执行董事会内部对布劳恩也有批评的声音。收购美国花旗银行的部分业务已经让公司不堪重负，而且高风险业务也越来越难做。"美国博彩业崩溃之后，Wirecard的业务也受到了冲击。同时它还要每年增长30%。"托比亚斯·博斯勒（Tobias Bosler）说道，"这肯定是不行的。"博斯勒是最早对Wirecard提出批评的人之一。他是个投机的投资人，专门做空，指着股价崩盘来赚钱。Wirecard把他当作敌人一样看待，但其实空头常常是最先发现问题、发出警告的那批人。

有三件事表明Wirecard最晚从2010年左右就开始走下坡路了：美国监管机构介入，债务爆表，以及资产负债表上应收账款增加。但是Wirecard用极其巧妙的方式化解了这些问题，让公众没有注意到这些警告信号。

从2015年12月的一次事件中，就能看出赌博和网络诈骗交易的业务变得越来越棘手了。美国在对诈骗网站Banc De Binary进行调查时，请求德国提供帮助，慕尼黑检方因此第一次搜查了Wirecard总部。BaFin也开始在一定范围内加强对Wirecard的关注，因此其高风险业务频频受阻。但是媒体和股市都对此一无所知，公司的执行董事会向投资人隐瞒了调查情况。

但是另外的警告信号就瞒不住了，Wirecard的债务已经爆表了。瑞士银行（UBS）的分析师汉内斯·莱特纳（Hannes Leitner）在Wirecard倒闭前就曾指出："虽然Wirecard的营业额、利润和现金流每年都在增长，但同时债务也在飞速增长。"2010—2018年，Wirecard的总负债额从2.6亿欧元扩大到了39亿欧元，9年中有6年，债务的增长超过了营业额的增长，公司的运转越来越多地依靠贷款。然而董事会很快就将外界的声音平息了下来，他们的解释是：成长型企业必须要依靠贷款才能有足够的资金去进行创新，而且Wirecard有良好的财务缓冲，经营状况也良好。

2010—2015年，Wirecard财务报表的关键数据确实一直在以两位数逐年增长，但是还有另外一个数字也在增长——对亚洲"第三方银行"的应收账款。这是第三个警告信号。金融记者海因茨-罗格·多姆斯（Heinz-Roger Dohms）在分析师托马斯·博格维尔特（Thomas Borgwerth）的帮助下揭露了此事。他们在德国《经理人杂志》（*Manager Magazin*）上发表的文章可以说是成功预言了Wirecard后来的命运。多姆斯在文章中写到了Wirecard 2015年资产负债表的"2.5亿欧元之谜"。他写道："在Wirecard集团的某个分支下一定存在……大量的应收账款，虽然从资产负债表来看，这些款项是'一直存在的'，但是却没有与之对应的负债。"

多姆斯注意到,虽然Wirecard的营业额和利润是随着应收账款稳步增长的,但是现金余额也就是实际收入的钱,却差得很远,流入的现金和毛利润的增长情况不匹配。"在过去19个季度中,有15个季度的经营现金流量远远低于息税折旧摊销前利润(EBITDA)……Wirecard是不是在应收账款变现方面存在困难?"多姆斯提出了这个问题,还将Wirecard称作"黑盒子"。

今天看来,这些高额的应收款项可能很多是伪造的。Wirecard的财务欺诈可能远远早于2015年就开始了。针对应收账款的问题,Wirecard当时也给不出令人满意的解释,但是它通过律师等向提出批评的人施压,阻止了这些报道的传播。人们依旧不知道Wirecard这个"黑盒子"里装的究竟是什么。

数字王国的主人

对于布劳恩提出的增长目标,集团内部也时不时有质疑的声音,但是员工们一次又一次地选择了服从。不管怎么说,每次欧洲市场疲软时,马萨利克带领的亚洲分部总是能实现既定的增长目标。至于亚洲发布的数据可能大部分都是伪造的,Wirecard员工是不相信的。毕竟数据都是由首席财务官(CFO)报上来的,而他在员工眼中可是体面正派的人物呢。

Wirecard负责财务的有两个人,伪造的数据是在他们知情或不知情的情况下发布出去的。其中一个叫布克哈德·莱伊(Burkhard Ley),他重点负责外国公司的收购。60岁的莱伊此前也被拘留,后来又被释放,但是他跟Wirecard事件没有完全脱离干系,检方仍在继续对他进行调查。莱伊领导Wirecard财务部门长达12年，于2017年年底离职。他甚至还担任过Wirecard银行行长。离职后，他回到家乡索林根做独立顾问，同时也继续为Wirecard做事。

多年来，莱伊一直是一个严肃、保守的形象，和雄心勃勃的布劳恩、神秘莫测的马萨利克形成鲜明对比。他从不穿修身的西装，而是喜欢更舒服的款式。他是从底层开始学习银行业务的：先是在索林根市的储蓄银行接受了传统培训；1988年到私人银行Sal. Oppenheim工作，2000年离开的时候已经做到了董事；然后他又出任慕尼黑媒体公司Kirch New Media的CFO；2006年跳槽到Wirecard，很快就成了投资人最重要的联系人。对于金融市场中那些怀疑Wirecard的人，他也束手无策。某美国大型银行很早就停止了和Wirecard的合作，其德国负责人称莱伊是一个才不配位的人。这位负责人还记得他们的一次谈话，回忆说："他的知识很有限，我根本无法想象他是一家大公司的首席财务官。"但是那些Wirecard的追随者都极其相信莱伊。很多投资人对布劳恩那一套技术官僚主义的言论不买账，却坚持相信莱伊，认为他是个严肃认真的人。莱伊2016年接受行业杂志《金融》（*Finance*）采访时强调："我们不做任何非法的生意。"据他称，Wirecard有一个风险管理系统可以避免这类事情的发生。但是公司内部邮件显示，莱伊其实密切参与了许多有问题的交易。

2015年，Wirecard围绕着应用程序"Hermes i Tickets"收购了一系列印度公司，这可能是Wirecard历史上最可疑的一次交易，后来也成为检方关注的重点，而莱伊在其中起到了关键作用。在这次收购中，Wirecard向避税天堂毛里求斯的一个"新兴市场投资基金（EMIF）1A"支付3.2亿多欧元，而EMIF刚刚在几周前才以3500万欧元的价格收购这些公司。不少人当时就觉得这笔交易非常可疑，但Wirecard始终坚持不知道基金背后是谁在操纵。马萨利克在巴伐利亚宫廷酒店对我说，Wirecard对该基金的背景没有进行充分调查，是"一个重大的疏忽"。布劳恩也曾对此公开表示歉意。但事实上当时就有人怀疑，在这次收购过程中，钱最后都进了Wirecard高管的口袋。当被问到这是否属实时，布克哈德·莱伊的辩护律师回应道："我的委托人正积极配合法律程序，他拒绝接受任何指控。"

莱伊后来虽然离开了公司，但一直到2017年，他都在Wirecard扮演重要的角色。Wirecard聘请他为顾问，年薪为90万欧元，另外还提供公务用车和奖金。Wirecard总部还为莱伊保留了一间办公室和一名助理。莱伊曾多次参加德国总理府的会谈，并和政要保持着联系。他还曾协助有争议的外国投资者收购德国枪械制造公司黑克勒-科赫（Heckler & Koch）（见第5章第3节）。

继任的CFO亚历山大·冯·克诺普（Alexander von Knoop）薪资远远低于莱伊。检方也在对克诺普进行调查，但未将他拘留。克诺普身材高大，很有贵族气质。他毕业于美国加州大学伯克利分校，在Wirecard工作了近15年，可以说完全是Wirecard培养的人。布劳恩很看重他，可能也是因为他没什么野心，对布劳恩的地位不构成威胁。克诺普的职业生涯开始于会计师事务所普华永道，担任的是顾问，然后他为Wirecard做了近10年的内部审计，还当了4年Wirecard银行的行长。虽然Wirecard集团的5000名员工中，只有大约150名在Wirecard银行工作，但它却是整个集团的核心。早在2006年年初，Wirecard就收购了以前的XCOM银行，也由此获得了参与VISA和Mastercard网络的许可。

2018年克诺普升为CFO时，很想把Wirecard财务报表中隐藏的问题弄清楚，至少几位管理层对他有这样的印象。其他一些人则称克诺普的账务工作"很混乱"。财务报表他反正是永远不可能整理清楚的，因为对于棘手的亚洲业务，他一直都是直接拿马萨利克汇总的数据填进去的。多位内部人员对此事的报告是一致的。

精妙绝伦的"财务欺诈2.0"

外界认为，对于财务报表的大规模操纵，历任CFO不可能毫不知情。Wirecard倒台的直接导火索是菲律宾一笔19亿欧元的信托资金被发现竟是空头支票，如此之大的一笔数目究竟是如何累积起来的？接下来的故事将带领我们走向Wirecard欺诈案件的核心。

2015年，Wirecard资产负债表中一笔2.5亿欧元的应收账款出了问题。德国《经理人杂志》的报道指出了此事。安永——Wirecard自己的审计机构，也对此很不满意。审计师警告说，应收款项已经越堆越多，变得越来越难审查和核实。首席财务官布克哈德·莱伊和安永的审计人员得出的解决办法是：不确定的应收款项应该转化为现金，变成安全的集团资产。这听起来跟炼金术没什么区别，事实上也的确是一个很巧妙的举措。Wirecard成功地进行了一次2.0版本的财务欺诈。

要理解其中的奥秘，可能需要先了解一点经济史的知识。财务欺诈本身并不是一件难事。比如说，诈骗者可以设立一家公司X，对外宣称自己的公司向X出售产品，开假账单，然后就可以将这些虚假的销售额和产生的利润写进财务报表。这样，好看的报表就完成了。但这个过程有一个问题——因为交易是捏造的，所以不会产生资金流动。X公司不会为所谓的产品付款，所以最后就会少了这笔钱。营业额和利润是很容易捏造的，但是实际的收入却不容易造假。

Wirecard绝不是第一家夸大财务数据的公司。但是和其他财务造假的公司不同的是，Wirecard不仅伪造了营业额和利润，还成功地伪造了硬资产，即现金。一切大概都是从2015年那笔2.5亿欧元的应收账款开始的。

根据Wirecard官方的说法，这笔款项是给第三方合作伙伴在亚洲开展业务的保证金。这些第三方公司需要有资金缓冲，以防客户大范围地撤销支付；同时，第三方合作伙伴也要付给Wirecard佣金。Wirecard和安永的财务专家的想法很简单，与其让应收款项不断堆积，不如让这些第三方公司直接用佣金填补保证金。佣金名义上归Wirecard所有，但同时也可以为其亚洲业务提供保障。

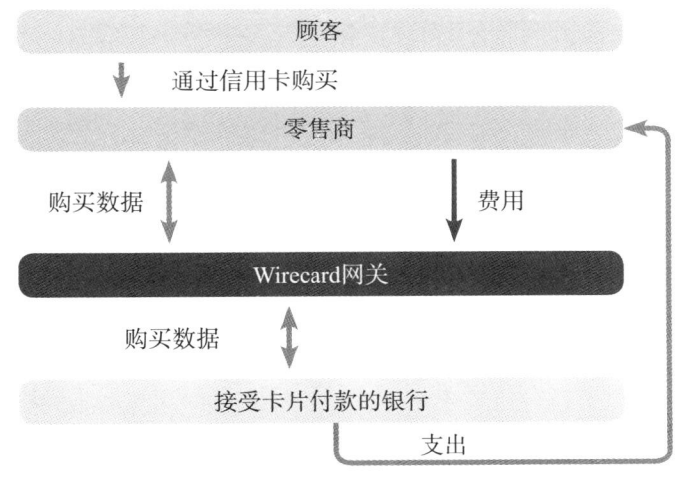

图2-1　Wirecard的欧洲业务现金流

保证金由Wirecard委托给信托管理人管理，这样它就可以作为"现金等价物"算作集团资产。安永在其中也提供了有力支持，接受了信托存款作为现金的核算方式。

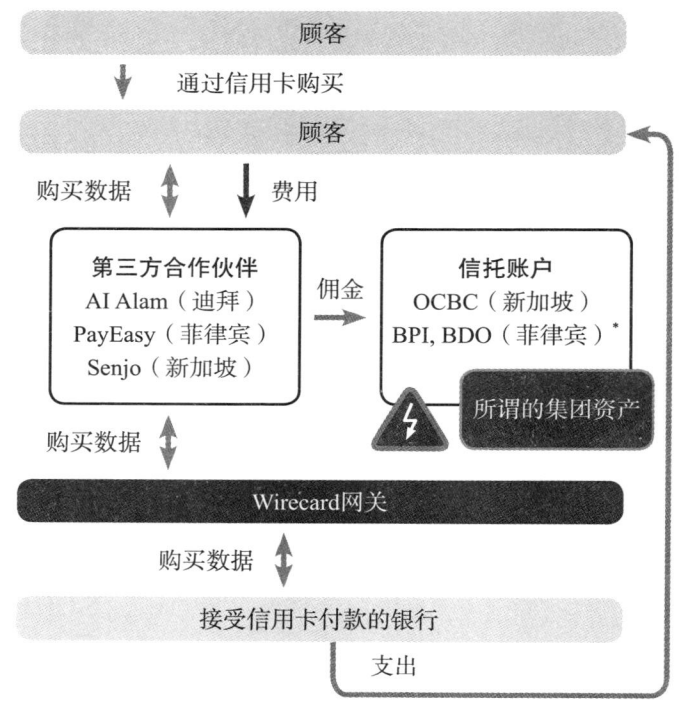

* 2019年12月起

图2-2 Wirecard亚洲业务现金流

这个计划可以说是天衣无缝。服务所带来的应收款项本来是一个高度不确定的数值,现在它就这样转化成了现金,而现金本来是最难操纵的一个数值。街角的小商店无法伪造其收银台中现金的数量,但是亚洲的信托管理人却可以为Wirecard开具假的银行对账单。这样,Wirecard就可以伪造营业额、利润以及资产。"财务欺诈2.0"就这样诞生了。

在这场精妙的欺诈案件中,有三家公司发挥了关键作用。它们是迪拜的Al Alam、新加坡的Senjo和菲律宾的PayEasy。大家都已经知道，建立第三方业务本来是为了掩盖高风险客户的交易，但是从某个时候（检方认为最晚是2015年）开始，第三方公司夸大销售额，于是这变成了妥妥的欺诈。

原本应该支付给Wirecard的佣金，流入了新加坡和菲律宾的信托账户，位于阿什海姆的Wirecard总部不能直接访问这些账户。随着所谓的亚洲业务的增长，这些"集团资产"也在增长，最后的结果就是Wirecard集团的营业额、利润和现金持有量都在持续增长——但很大程度上是虚构的。利用这些虚假的数字，Wirecard向外界讲述了一个关于增长的故事，同时也完成了一场21世纪最成功的财务欺诈。

据估计，全球有好几个地方都参与了这场案件。其中，Wirecard在新加坡的亚洲总部和它在迪拜的子公司及第三方伙伴都扮演了关键角色。

根据"吹哨人"向英国《金融时报》提供的内部报表来看，起初是从较小的数额开始的。2015年年底，Al Alam和Senjo的信托账户上分别有1000万欧元和4700万欧元。2016年年底，Al Alam有2.63亿欧元，Senjo有8400万欧元。到了2017年年中，Al Alam就已经有3.33亿欧元，Senjo也有1.04亿欧元了。这些报表还没包括PayEasy的款项。

根据内部整理，亚洲信托账户的金额呈指数级的增长。2015年年底总额加起来是5700万欧元，2016年年底就到了3.47亿欧元，2017年年中达到了4.37亿欧元。特别审计报告的机密附件显示，2017年之后，这种增长还在继续。2018年年底，新加坡的信托账户上已有10亿欧元了。2019年，据说账户被转移到菲律宾，总金额在年底已达到19亿欧元。2020年，账户空了——Wirecard倒闭了。

这一切怎么可能逃过Wirecard财务部门的眼睛呢？"如果我把我1/4的现金放在某家银行里，我一定会连银行行长的老婆叫什么名字都搞得清清楚楚。"一家德国银行的高管说道。首席财务官克诺普显然完全相信马萨利克对信托账户的余额进行了确认，而他自己并没有仔细查看交易和成本报表，这"完全让人无法理解"。"我从没见过哪个CFO允许COO对自己负责的领域进行财务核算的。要么就是这个CFO完全没能力，要么他就是知道更多的隐情。"

显然，克诺普知道集团深层次的秘密，这是毋庸置疑的，因此检方对他也有所怀疑。对公司内部账目做了10年审计，然后又当上CFO领导整个财务部门，克诺普必定知道一些内幕。或许他真的像某些人说的那样无能，但众所周知，无能并不是借口。他的前任布克哈德·莱伊的角色可能更加关键，因为这一套信托体系就是在他手下建立起来的。调查仍在继续。

审计机构安永身上也有诸多疑点（见第4章第2节）。直到骗局曝光之前，Wirecard的现金持有量一直都是通过了审计师核实的，也正是因为如此，外界才没有起疑心，Wirecard的股价才能创造历史。

2010年年初，Wirecard的股价约为10欧元。2016年，公司营业额突破10亿欧元大关。2018年夏，Wirecard股价超过195欧元，挤进了优质股行列，将老牌的德国商业银行挤出了DAX指数，到达了成功的巅峰，它的市值比德国商业银行和德意志银行加起来还要高。在粉丝眼中，Wirecard就是德国所需要的企业。旧的金融世界正在被一个新的数字巨头所取代，它掌握着技术并且有创新能力，可以和美国硅谷的公司比肩。

一直到最后，许多员工和股东都始终相信布劳恩的美好愿景真的会实现，并且还自愿充当"辅助者"。Wirecard的粉丝在网络聊天室、股市论坛和推特上对批评Wirecard的那些人狂轰滥炸，CEO也用无穷无尽的推文和媒体稿件煽风点火。2018年，Wirecard市值达到有史以来的最高位240亿欧元时，布劳恩曾说："我们绝对有潜力，在未来几年让Wirecard的市值超过1000亿欧元。"

揭秘真相的内部报告

一直到最后，Wirecard的外表都是无比光鲜亮丽的。2020年2月14日，也就是事发前4个月，布劳恩还像往常一样自豪地对外公布：Wirecard 2019年的营业额增长了38%，利润攀升了40%。同行业的竞争者辛辛苦苦也只有几个百分点的利润率，而Wirecard集团的利润率却可以达到近30%。"这是我们在盈利增长的道路上取得的一个伟大的成果。"布劳恩欣喜地说道，"这清楚地证明，我们的商业模式具有持续盈利的实力。"然而布劳恩肯定知道，这些说法与实际情况完全不相符。

公司内部的许多员工也知道官方数字存在明显问题，支付和风险部门提交的10多份所谓的交易总结报告，也揭示了真实的情况。每个月，相关部门会通过邮件将报告发送给250多名员工。仔细查阅这些报告就会发现，该公司实际处理的交易量只有管理层对外公布的一半。

知道这些情况的还有首席产品官苏珊娜·施泰德。她是Wirecard执行董事会中，布劳恩、马萨利克和克诺普之外的第四位董事。和克诺普一样，她也是一路从Wirecard内部升上来的，而且她和布劳恩、马萨利克一样都是奥地利人。施泰德先后就读于奥地利因斯布鲁克大学、丹麦奥胡斯大学和美国瓦尔帕莱索大学，学习企业经济学和心理学，还曾在菲律宾工作，帮助受到性虐待的女孩。她非常热爱滑雪，所以没有去远离山区的维也纳工作，而是选择在慕尼黑的一家咨询公司Axxion开始了她的职业生涯。这家公司专门为生产和物流开发优化软件，但是因为发展不尽如人意，最终被收购。2006年，施泰德加入了Wirecard，那时Wirecard总部还在慕尼黑附近的格拉斯布伦。施泰德当时和马萨利克共用一间办公室。

施泰德主要负责产品方面的工作，为客户提供支付服务。2018年，Wirecard的执行董事会成员从3人扩大到4人，布劳恩希望有一名女性加入，又不想要外面的人，所以就把施泰德拉了进来。她的工作重点一直是美国，也担任Wirecard美国子公司的总经理（2017年Wirecard收购了花旗银行的预付信用卡业务）。美国业务盈利不错，且不像亚洲业务那么复杂。

进入董事会之后，施泰德开始负责整个产品的开发，同时负责其中一个最大的项目，即Wirecard 2017年从花旗银行接管的2万家东南亚商户。这个项目在公司内部被命名为"阿斯兰"（Aslan），它所消耗的时间和成本超出了所有人的预期。在外界看来，身材娇小的施泰德是Wirecard最受欢迎的高管，她很乐意与人交谈，因此经常被派去面对记者、参加展会。而公司内部很多员工则指责她受到高层的偏袒，工作中很多重要的任务都未能完成。

施泰德有一点备受诟病，就是她只关注她想关注的东西。比如马萨利克在亚洲的所作所为，她就毫不关心。"她知道亚洲有很多不干净的业务，但是她不想管。"一位前管理层人员说道。对于布劳恩和马萨利克来说，施泰德没有什么危险性。但她实际上是有理由对二人质疑和提出批评的，因为她负责Wirecard的服务器和阿什海姆的支付系统，可以说集团的技术核心都由她掌管。从内部交易报告中施泰德肯定能看出来，Wirecard公司已经从根本上出现了问题。

对集团内部的人员来说，"支付和风险月报"（Payment & Risk Monthly Reporting）是一个很重要的信息来源，会被广泛查阅。报告以幻灯片（PPT）文件的形式在每个月月初发布，其中包括交易数据和重大IT项目的关键信息。250多名员工——其中包括很多技术人员和像施泰德这样的管理人员——都可以随时查阅这些真实数据。将它们和布劳恩向投资者及公众说的数据一比较，就能看到差异。

在"月报"中，各部门会汇报业务情况。其中最重要的大概要数"交易计数和欧元成交额"。报告中会列出Wirecard的十大商户的本月交易次数和处理的金额，以及年度预测。

2020年2月是Wirecard集团的最后一个正常月份。同年3月新冠危机来临，6月份Wirecard宣布破产。所以说2月的月报十分关键。以成交金额计算的十大商户包括维兹航空（Wizz Air）、阿曼航空（Oman Aviation）、荷兰皇家航空（KLM）、旅行社FTI Touristik和购物平台QVC等。奥地利联邦铁路的交易次数虽然也在前10之列，但是欧元成交额没有达到前10。成交额主要还是来源于高风险客户。隐藏在Fenix、Direx NV、SKS365 Malta、Fortrade或者Freedom Finance Cyprus这些名字背后的，其实都是在线赌场、诈骗交易和色情网站。

排在第一位的英国线上金融平台Revolut占了总交易额的35%。2020年2月，Wirecard交易总额近72%来自十大商户，这个月"所有商家的交易总额"达到86亿欧元。Wirecard内部预测，2020年一年的交易总额将达到868亿欧元。在此之前的2019年12月的报告显示，2019年全年的实际交易量为613亿欧元。

这些数字是Wirecard破产之后，《商报》公布出来的。文章揭露了Wirecard对外公布的数字和真实数字之间的巨大差异，公司2019年官方公布的交易额几乎是实际交易额的两倍。根据Wirecard发布的季度报告，它在2019年前9个月就已经达到了1242亿欧元的交易额。第四季度没有发布官方数据，但是按照持续的增长速度计算，Wirecard全年处理的交易金额应该会达到1650亿欧元，这几乎是公司内部预测的2020年交易金额的两倍。显然，Wirecard很可能有一半以上的业务是伪造的。

Wirecard怎么能对外公布如此之高的交易金额呢？"这种对外和对内报告之间的巨大差异，哪怕是对公司内部员工来说，也是没道理的。"一位了解这些报告的内部人士说，"我们都知道，如果没有在线赌博业，我们的利润会是多么糟糕。尽管如此，只要仔细看一下每个月的月报，就会发现其中肯定还有问题。"关于扬·马萨利克的亚洲业务以及那些第三方机构，一位高管是这样说的："马萨利克管理的部分对我们来说一直都像一个'黑盒子'。"没有人清楚里面装的究竟是什么，"这是一个很严重的错误"。

沉默联盟

大家究竟是为什么没有质疑Wirecard呢？内部人士认为，这是公司隐瞒高风险支付带来的直接后果（见第2章第2节）。第三方机构的客户，也就是那属于法律灰色乃至黑色地带的赌博、色情和投资网站，出于"道德和法律的原因"不能出现在官方账目中，这在Wirecard总部是一个公开的秘密。"集团里没人想知道，马萨利克那边具体在做什么，反正他会带来业务和利润就是了。但是所有人都在猜测，他负责的业务可能不干净。"一位管理人员说道。

结果就是，没有人会过问马萨利克报的数字。虽然他会按时向Wirecard总部上报关键的财务指标，但是亚洲地区的业务结构到底是怎么样的，资金如何流动，以及马萨利克究竟跟哪些人有往来，都是不为人所知的。"在亚洲赚的钱，都会留在亚洲。没有人对此提出任何疑问。"这就意味着，这场财务欺诈背后的头目可以肆无忌惮、胡作非为。哪怕是在倒闭前几个月，Wirecard已经遭受很多攻击的时候，这些人还是选择了沉默。

以月报为例。"施泰德应该能从实际的交易额中看出，官方的数字是不对的。Wirecard平台是由她负责的，交易额出现了一半的亏空，她怎么能不管呢？"一位管理人员批评道。有人提出，理论上马萨利克也有可能通过自己单独的平台进行操作，但这位管理人员认为这种说法是站不住脚的，因为马萨利克没有技术方面的资源，"所有的技术人员都在施泰德手下，马萨利克在这方面没什么人手。施泰德应该强硬起来，问问马萨利克那一半交易额究竟去哪儿了。"

就拿交易转移来说，施泰德最晚在应该2019年12月悬崖勒马的。新来的监事会主席托马斯·艾克尔曼（Thomas Eichelmann）强烈要求把亚洲的交易额转移到Wirecard自己的平台上来。但他当然不会知道，这些交易额压根就不存在。根据Wirecard官方的说法，2019年曾进行过一次这样的转移，将第三方机构处理的支付数据反映到Wirecard的平台上，这样审计师就会看到相应的交易报告。但是从月报中可以看出，直到2019年12月，这笔交易额也根本没有转移到Wirecard的平台上。

再说新冠肺炎疫情。早在病毒暴发之前，Wirecard就一直很依赖少数几个高风险的客户，并且处理的付款金额远比对外公开的要少，但是2020年3月和4月的数据与实际情况差得就更远了。那期间很多国家在经济上都采取了激进的封锁措施，同行业的竞争对手像Adyen和PayPal都对接下来的业务完全没有把握，不敢做任何的预测。Wirecard的老总布劳恩却表示，Wirecard没有受到新冠危机的影响。他在2020年3月底时说："我们不认为病毒会对Wirecard有长期的消极影响。"计划的季度目标和2020全年的预估利润保持不变。但公司内部，大家都知道这是不可能的。3月和4月的内部月报清晰地显示了疫情带来的影响，"细分的商户报告显示新冠危机带来了业务的大幅缩水"。

感兴趣的人可以详细了解一下Wirecard亏损的情况。"Revolut——我们的头部商家，交易数量和金额都减少了60%。"报告中称。"其他某些行业的情况也类似，例如交通运输业（德国共享出行服务商MyTaxi和奥地利联邦铁路交易也都减少了70%~80%。）。"零售业有小幅度的增长，如ALDI超市（10%），在线赌博领域有大幅度的增长，如Direct NV（70%），但是这些增长改变不了总体的下滑趋势。Wirecard专业部门的报告称，业务量下滑了40%。

2020年6月初，Wirecard领导层决定停止招人并拒绝给员工加薪。"我知道，这令我们大家很失望，尤其是他们对此并没有给出进一步的解释。"一名管理人员给他手下的员工这样写道。很可能"谣言"在当时就已经传开了，不过这时候还没有人意识到问题的严重性，大家都认为疫情应该不至于威胁到Wirecard的生存。员工对于涨薪无望表示大失所望，一名员工这样说道："公司一直宣称可以顺利度过新冠危机，那这些做法又是为什么呢？"

像往常一样，CFO克诺普表达了他的乐观态度。2020年2月时他还表示："精准的投资和积极的成本管理在2019年已经为我们带来了可观的息税折旧摊销前利润。另外我们还期待2020年我们的现金流会更加强劲。"这究竟是谎言,还是痴心妄想?有些同事为克诺普和施泰德开脱:亚洲那边一直是自己向财务部门提交数字的,而他们把虚构的第三方业务报成实际的交易;但是这些交易不会进入月报,所以相关部门对此也就不会过问。也有同事认为,克诺普和施泰德二人对数据严重不一致的情况保持沉默,是不可原谅的。目前检方正在对二人进行调查,但二人仍是自由身。他们的律师也没有发表意见。

一直到倒闭之前,Wirecard的业务都在有条不紊地进行着——至少官方的说法是这样。对警告信号,董事、部门主管、管控人员、监事会和安永的审计人员都选择视而不见,保持沉默。大家的沉默使得一个人如鱼得水、肆意妄为——他就是马萨利克。

三重欺诈

扬·马萨利克不仅是这起围绕着亚洲信托账户十几亿欧元欺诈案的组织者,而且他和他的同谋还从中捞取了大量的私人利益。Wirecard倒闭前的最后5年时间里,他一边给Wirecard注入财务泡沫,一边一步一步抽干了公司的钱。现在人们只能找到他的律师,而律师也拒绝发表任何意见。

最后几年里,马萨利克很少待在Wirecard总部,虽然他在那的办公室装修得十分奢华。他的办公室在大楼的东南角,面积非常大,连同前厅和会议室,约有110平方米。布劳恩和克诺普的办公室面积都只有他的一半。办公室里摆放着马萨利克的外国友人送的各种纪念品——普京脸的套娃、俄罗斯皮毛帽子、伏特加酒瓶,还有一个真人大小的特朗普人形立牌。

马萨利克丝毫不排斥灰色业务。他还曾在利比亚等国家寻求投资机会。知情者称，他在利比亚的两家水泥厂拥有股份，并且还计划建立一支安全部队（见第5章第3节）。2017年叙利亚战争期间，他还曾前往刚在俄军的帮助下从恐怖组织手中获得解放的巴尔米拉。马萨利克刚到机场就被俄罗斯士兵嘲笑了一番，因为他全身配备着一看就很值钱的防护装备——头盔、防弹背心、迷彩服。俄罗斯士兵对此的评价是："你穿成这样会被第一个射死。因为别人一看就知道，你是我们这最重要的人。"于是马萨利克换上了破旧的俄罗斯装备，后来还跟人吹嘘自己试着发射了一枚"铁拳"（反坦克榴弹）。马萨利克一直跟俄方保持着紧密的联系，他还参与资助了俄罗斯的即时通信应用程序Telegram，在Wirecard集团内部也积极推广Telegram的使用。

凭借Wirecard，没读完高中的马萨利克过上了毫无节制的生活。他一手编造了十几亿欧元的财务假象，为Wirecard神话般的崛起推波助澜，吸引了许多投资者和贷款方向Wirecard不断投入越来越多的资金。就这样，Wirecard成了罪人；但同时，马萨利克也把Wirecard变成了受害者。在Wirecard倒闭前的几年里，马萨利克和他的同党从公司弄走了上亿欧元。

他们主要通过三种途径从Wirecard弄钱。第一种是高价购买公司。Wirecard 10年来一直在疯狂地收购，收购总价值高达12亿欧元，这些收购正是由马萨利克主导的。第二种是向亚洲的第三方伙伴提供贷款，这些贷款从未得到偿还。截至2020年3月31日，共有近5亿欧元以这种方式从Wirecard流出。第三种是以为Wirecard提供咨询或其他服务为由，向其他公司支付费用（实际上常常连合同都没有），总计超过1.25亿欧元。三种途径交织在一起，先收购，再借贷，然后再为莫须有的服务支付费用。

Wirecard主要的第三方合作伙伴有迪拜的Al Alam、新加坡的Senjo和菲律宾的PayEasy。临近Wirecard倒闭，又有3家Senjo周边的公司加入了进来，它们是OCAP、Kalixa和Ruprecht。这些公司听起来分散在各处，但其实是很小的一个圈子。Wirecard的大部分第三方合作伙伴都跟一个男人有关，他就是詹姆斯·亨利·奥沙利文，许多不光彩的交易都是由这个英国人一手操纵的，他是我们了解Wirecard欺诈案的关键。

奥沙利文在Wirecard没有担任正式职务。一名管理人员说，别人向他介绍奥沙利文时说他是一位"成功的生意人""国际支付业务的大佬"。他很少出现在阿什海姆。在Wirecard的通讯录中，奥沙利文被列为自由雇员，有一个不是Wirecard公司官方邮箱的邮箱地址，资料照片用的是大毒枭巴勃罗·埃斯科瓦尔（Pablo Escobar）的照片——这又是马萨利克的一个冷幽默。

马萨利克和比他大6岁的奥沙利文是密友，他们在阿什海姆的千里之外共同谋划了很多阴谋。奥沙利文，这个彪悍的英国人以放荡的生活方式而闻名。他在新加坡滨海湾金沙酒店楼顶的顶级餐厅用餐，俯瞰海港的美景。照片上，他跟马萨利克、马丁·W.（Martin W.，后来帮助马萨利克逃跑），还有马萨利克的私人助理一起享用牛排，唱卡拉OK。为了节省时间，奥沙利文在短途出差时会乘坐直升机，长途旅行时乘坐私人飞机。他有时候住在摩纳哥的一艘游艇上。据说整个庞大的Senjo集团都由他指挥，他的办公室里只有三个人，除了他自己，还有一个叫卡洛斯·H.（Carlos H.）的人。

2014年11月，为了庆祝40岁生日，奥沙利文举办了一场让人仿若置身天堂般的派对。他把Wirecard的律师、管理人员和高层领导都邀请到了本盖鲁阿岛——东非莫桑比克共和国海岸边一座梦幻般的小岛上。

扬·马萨利克和他的女朋友也在邀请名单之列。奥沙利文让马萨利克带一些笔给当地的孩子们，再带一些香槟在派对上喝。奥沙利文为了庆祝生日而租下来的豪华度假村Azura Retreats旅馆就在海滩上，棕榈树下，蔚蓝的大海旁。奥沙利文的助理在派对举办的1个月前就提醒宾客，需要蹚一小段及膝深的水才能到达酒店。不过这对于马萨利克来说完全不成问题，因为他会乘直升机去。

奢华的派对正对马萨利克的胃口。2014年，马萨利克还专门邀请奥沙利文飞到慕尼黑跟他一起庆祝啤酒节。2015年，他们一起乘坐Learjet 45XR飞机[1]穿越了南非。2014年，有一次奥沙利文想在雅加达和马萨利克见面，为此他还发邮件让一名印度尼西亚员工给他找一个适合"春游商务旅行"的酒店。

事实上，Wirecard很多重要的人脉都依靠奥沙利文在其中牵线搭桥。财务董事布克哈德·莱伊曾在公司称赞奥沙利文"个人知名度很高"，而且"为人正直毋庸置疑"。奥沙利文先是给Wirecard介绍了一些重要客户，包括后来破产了的英国廉价航空公司君主航空（Monarch Airlines）。2015年，他和马萨利克一起飞到印度金奈，谋划了可能是Wirecard历史上最可疑的一次收购——在Wirecard之前，用毛里求斯的EMIF收购了"Hermes i Tickets"相关企业。据某个和马萨利克关系密切的人透露，EMIF背后是谁，大家都很清楚——就是奥沙利文。公司内部邮件和法庭文件也证实了这一点：奥沙利文代表EMIF方进行了谈判。在某个微醺的晚上，奥沙利文曾向身边的人吹嘘自己马上就"身价

---

[1] Learjet 45XR是一款专门按照超轻型公务机用户的需求打造的飞机，拥有超轻型商务飞机中最舒适的机舱。——译者注

10亿"了。因此内部人员猜测,马萨利克应该也从中获取了一笔利益。某种程度上说,大概是马萨利克将钱放在EMIF,由奥沙利文进行信托管理,但此事无从考证。奥沙利文已经躲了起来,不回应任何询问。新加坡检方目前正在对他进行调查。

光是2011—2019年,Wirecard就进行了17次收购,其中很多公司都是高价收购的,但它们至少是真实的公司,也有正规的许可证。但是涉及贷款时,情况就不同了。许多迹象表明,Wirecard向第三方合作伙伴提供贷款并不是为了刺激实际的业务增长,而主要是马萨利克为了从Wirecard榨取更多的钱。

这种行为开始的时间点已经获得了准确查证——2018年11月底。那时Wirecard正面临很大的压力。这一年9月Wirecard刚进入DAX指数,股价接近200欧元。布劳恩想让Wirecard的市值翻两番,但股市走向并没有按照他的想法发展,11月底,股价跌回了130欧元,比刚进入DAX指数的时候少了1/3。必须得想个办法了。11月20日,4名执行董事做出了一个重要的决定:在战略目标的框架下,扩大"商家现金预付款"(MCA)计划。这意味着Wirecard未来将能够向合作伙伴提供5亿欧元,以促进自身业务的发展。接收这些现金的是亚洲的第三方合作伙伴。对外的说法是,Wirecard在这些国家没有许可证,所以必须依靠第三方。但私底下,这些公司会为Wirecard带来大量利润丰厚的客户,而这些客户压根就不会出现在官方账目里。公司内部的解释是,MCA计划能够让这个过程变得更加简单。

第三方公司利用MCA计划的经费把钱借给商家,吸引零售商和网上商店,将它们和自己绑定在一起。当顾客用VISA卡或Mastercard卡购物时,商家通常需要等一段时间才能拿到顾客的钱。但是Wirecard会立即给他们付款。MCA计划收效甚佳。2019年，Wirecard官方公布的营业额增长了38%，达到28亿欧元；利润增长了40%，达到7.85亿欧元。

第三方合作伙伴对于Wirecard来说的重要性也与日俱增。至少从2016年开始，Wirecard集团的利润就全部来自少数几家Wirecard分公司，而这些分公司85%以上的收入来自自己资助的第三方合作伙伴。

为了促进业务的发展，第三方公司从Wirecard获得了数百万欧元的资金，而且资金往来的速度也变得越来越快。"如果一家第三方公司承诺会给我们带来10亿欧元的交易量，我们就要先转给对方1000万欧元。"Wirecard的一位管理人员回忆道，"后来，保证金的数额越来越大。"这种看似安全的机制显然只是一种表象而已，在这些款项的背后，隐藏着一个根本的问题：钱的数量并不会因为转移来转移去而变得更多。

破产报告中称："至少从2016年年底开始，Wirecard就向TPA以及和Senjo关系密切的OCAP公司提供这种形式的贷款。"2017年和2018年，Wirecard向OCAP提供贷款超2500万欧元。除了OCAP，2018年Wirecard向其他公司提供的贷款金额超过1.15亿欧元。截至2020年5月31日，Wirecard向第三方合作伙伴共提供贷款近5亿欧元。2020年3月27日，也就是倒闭前3个月时，Wirecard还向OCAP转了一笔1亿欧元的贷款。财务部门提醒董事会，这应该是公司最后一笔大额流动资金了。事实上也确实如此。

从Wirecard借来这么多钱的OCAP，究竟是怎样的一家公司？2018年以前，OCAP一直是从事石油产品批发及提供船舶管理有关服务的，后来发生了一次所有权变更，在Wirecard工作多年的马萨利克的亲信卡洛斯·H.成了老板。他改变了OCAP的经营模式。自从他接手之后，OCAP就开始为在线商家提供临时融资。光是2018年，OCAP就从Wirecard获得了1.15亿欧元的资金。但这些钱不是直接来自Wirecard总部，而是来自Wirecard的新加坡子公司。而Wirecard新加坡子公司的负责人是布里吉特·H.（Brigitte H.），卡洛斯·H.的妻子。OCAP到底是否为Wirecard提供过服务，目前尚不清楚。H.夫妇对此问题没有回应。新加坡警方已经没收了他们的德国护照，二人相当于被软禁在新加坡。

Wirecard和OCAP之间没有合同，表明OCAP需要为Wirecard介绍客户。调查人员认为，H.夫妇是一个大型资金流转回路中的重要一环，他们的存在可以方便相关人员在各处需要资金时及时取得。仅在2019年第三季度，Wirecard就向5个子公司及多家第三方伙伴提供了高达3亿欧元的贷款，其中就包括Al Alam。

Al Alam位于迪拜，可能是所有TPA中最知名的一家。这家公司形迹可疑，媒体曾用大量篇幅对其进行过报道。据称，该公司为Wirecard推进了巨额业务，但是不管媒体如何追问，董事会成员也说不出具体是什么业务。Al Alam的负责人是奥利弗·B.。他2005年起在Wirecard集团工作，帮助建立了Wirecard银行，并作为中东地区子公司Cardsystems的总经理，与迪拜的第三方合作伙伴一起管理业务。根据官方报表，中东地区为Wirecard贡献的利润是巨大的。和Cardsystems有着紧密联系的Al Alam公司有时竟能占到Wirecard总利润的一半以上——至少在纸面上是这样（见第4章第3节）。德国《经济周刊》（*WirtschaftsWoche*）称，Al Alam由奥利弗·B.和其他人共同领导。2020年春季，Al Alam停止运营，它的业务很快就被一个新的公司——Ruprecht——替代了。"布劳恩说，他需要Ruprecht来接替Al Alam的业务，因为Wirecard自己在当地没有执照。"一位监事会成员说道。

事实上，整个过程都是欺诈案的一部分，至少奥利弗·B.后来是这样交代的。Wirecard倒闭后，他向检方自首，供出了很多内幕。调查人员扣押了他的资产，其中包括列支敦士登的一个基金会，奥利弗·B.是该基金会的受益人。基金会的名字叫黎凡特（Levantine），资产610万欧元。从这个基金会可以看出，马萨利克等人从几年前就未雨绸缪，以便"某一天"到来的时候能有所准备。当被问及此事时，奥利弗·B.和他的律师均未作出回应。

在最后几年，马萨利克等人显然可以畅通无阻地通过这些手段捞钱，公司高层对此没有任何限制。他们也不断地想出新的方法，把钱偷运出阿什海姆。Wirecard会计部门的一个内部名单上列出了24家公司，这些公司可能都与马萨利克有关，可见马萨利克的朋党有多么肆无忌惮。这些公司很多都有代号，比如叫Bijlipay、Goomo、MPS Munich PS、Istratos、GetNow或者IMS。2017年成立的IMS尤其值得注意，马萨利克的许多私人投资都是通过IMS管理的。部分的投资大概是为了转移资金，其他的则是为了扶持有前途的初创企业。Wirecard就像奶牛一样，不断地给这些幼崽喂奶。名单上的公司从Wirecard获得的贷款金额从100万欧元到2000万欧元不等，不过个别公司否认了对Wirecard存在欠款。根据名单，Wirecard为这些公司总共输送了1.25多亿欧元。

在互联网和各大企业信息数据库中，基本上查不到关于这些公司的信息，也看不出它们具体从事什么业务。比如，Comepay虽然是一家美国佛罗里达的公司，但却主要活跃在俄罗斯，而俄罗斯正是马萨利克经常去的地方之一。从人员构成上也能发现很多关联。比如IMS的老板就是马萨利克的心腹，而且他同时也在一家叫Atraves的公司里担任重要角色。这家公司从2019年3月到2020年6月，从Wirecard获得了16

万欧元，由头是帮助Wirecard获取客户和发展业务，但它究竟有没有为Wirecard提供过这些服务，就不得而知了。

IMS的老板和Acomodeo公司也有关联。Acomodeo现已破产，它原本是一家为商务旅客提供公寓住宿的公司，从Wirecard获得了一笔250万欧元的贷款，另外还获得了20万欧元，据说是开发成本补贴。名单上的其他公司获取资金的方式不是通过贷款，而是通过账单直接收款。IMS从Wirecard拿到了150多万欧元，GetNow拿到了35万欧元，Goomo甚至拿到了410万欧元。

很多账款连合同都没有，却都获得了支付。面对审计人员的审查，马萨利克直接利用董事的身份置之不理。当他手下的员工提出要看一下相关文件时，马萨利克总是推脱搪塞，还威胁他们说，如果不按照他的指示汇钱，就要当心"后果"。他简直胆大包天、毫无顾忌。内部邮件和文件显示，2016年，Wirecard曾经为维尔京群岛一家名叫Cottisford的公司担保过一笔1000万欧元的贷款，而这家公司正是马萨利克的派对朋友奥沙利文的公司。公司迟迟没有还款，Wirecard银行董事莱纳·韦克斯勒（Rainer Wexeler）抗议道："监事会今天正式批准了这笔贷款，但是他们并不觉得这很'好玩'……你能不能把奥沙利文的私人地址给我，并且给我发一下他的业务数据，告诉我他和Wirecard公司的具体关联？"马萨利克对此置若罔闻，不久贷款就在莱伊的同意下支付了，并且还"长期"有效。

集团老总马库斯·布劳恩也是一样的独断专行。Wirecard的股份约有7%归他所有，其中近一半（410万股）在2017年被他以3.5亿欧元的总价抵押给了德意志银行。作为回报，布劳恩从德意志银行获得了一份1.5亿欧元的贷款协议，够他享受生活了。马萨利克也从中获益。2019

年2月,一份怀疑他们洗钱的报道称:2017年年底,布劳恩以共同投资为由,借给马萨利克整整5000万欧元,没有要求任何担保权益。不过布劳恩称这笔投资跟Wirecard没有任何关系。

德意志银行在2019年年底、2020年年初终止了与布劳恩的业务往来,这时布劳恩正需要钱。2020年年初,布劳恩从Wirecard银行的一家子银行支出了一笔3500万欧元的贷款,并在事后才告知监事会。新任监事会主席不停地催促布劳恩还钱,布劳恩却一拖再拖。监事会要求的逾期利息和罚息,他也是后来才补交的。

2020年3月底,Wirecard又向新加坡的OCAP授权了1亿欧元的贷款。当被问及此事时,布劳恩的律师说这笔贷款是通过董事会和监事会批准的。检方调查结果显示,OCAP把一部分钱转移到了立陶宛的Ruprecht公司,而这家公司同样也归奥沙利文所有。Ruprecht又将3500万欧元转到了一家控股公司,然后控股公司将钱转到了马萨利克在裕信银行的账户上。据说利用这笔钱,马萨利克偿还了大部分从布劳恩那里借的私人贷款,而且根据《南德意志报》(*Süddeutsche Zeitung*)的报道,恰恰就是布劳恩在Wirecard银行的贷款到期的那一天。

也就是说,Wirecard的钱可能最后都进了布劳恩的口袋。律师称布劳恩对钱的来源并不知情,并且马萨利克还欠他1400万欧元(包括利息)。

一位在Wirecard集团工作多年的高管说:"Wirecard就像一个桶,周围布满了大大小小的洞,最后里面的水就漏得一点都不剩了。"

"黑豹计划"

Wirecard事件的助燃剂,一是资金,二是"敢想"。2019年,也就是倒闭前不久，Wirecard的领导层还在做着美梦——收购德意志银行。Wirecard的管理人员甚至联系了德意志银行CEO克里斯蒂安·索英（Christian Sewing），但是合作在初步洽谈的时候就以失败告终了。"合作的内容很不具体，而且都是假设性的，没有实质深度。"索英在后来谈到和马库斯·布劳恩的会面时，如是说道。

然而据内部人士透露，Wirecard并不想停止这次收购计划。于是他们开始考虑恶意收购。这个计划起先代号是"路易十三"，后来又改为"黑豹计划"。最初的计划就已经大概描述了收购的资本条件、主要参与人员以及收购之后的打算。麦肯锡不顾与德意志银行的多年情义，在对方不知情的情况下起草了一份可行性分析报告。根据该报告，德意志银行若和金融科技巨头Wirecard结合，在2025年之前，每年可以获得60亿欧元的利润。

这份机密报告里满是咨询行业的套话。里面写道："新公司必须按照超大规模科技巨头的模式来建立。"麦肯锡咨询师口中的"超大规模科技巨头"是指急速发展的IT集团，和传统的德意志银行已经没有什么关系了。报告中称："技术转型要遵守严格的规则，重点在于全球范围内的业务增长。"根据麦肯锡的说法，其中包括"通过增长创造价值""盈利只是第二位的"，这完全和Wirecard以前的模式一样。

对于Wirecard来说，这简直是个完美的计划。因为在德意志银行庞大的资产负债表中，亚洲业务缺的19亿欧元就可以很容易隐藏起来了。Wirecard的股价一旦达到140欧元，它就会启动收购计划，可惜这个美梦永远不会实现了。

白日梦破碎——残酷的现实

2020年6月18日星期四的早晨，弗洛里安·施瓦茨（Florian Schwarz，化名）还坚信自己的决定是对的。他在Wirecard的股票里投入了几千欧元，前一天晚上股价还涨到了104欧元。很多股民都在这一天等待Wirecard公布年度数据以及安永发布审计报告。他们满心欢喜地期待股价大涨。

到了周四上午，股价没涨，施瓦茨的心跳倒是加速到了极限。Wirecard并没有像往常一样在上午10点开新闻发布会，而是拖到了下午。网上的股市论坛里，已经有一小批股民出于担忧卖掉了股票。施瓦茨也动摇了，不过最后还是决定坚持不卖。"那是我最愚蠢的一个决定，直到今天我还在后悔。"他说道。

在集团内部，董事会和监事会应该至少提前两天就知道实际情况了。集团领导层的马库斯·布劳恩等人和安永的审计师进行了激烈讨论。原因很简单，安永终于对那笔19亿欧元的款项产生了怀疑，怀疑这笔钱究竟是不是真的在菲律宾的两家银行里。集团方反复确认说，这笔钱确实在4个信托账户中。安永非公开的否定意见审计报告显示，新闻发布会几周前，安永就要求通过转账来测试这笔钱是否真实存在，但一直未收到转账。安永总共要求了4次，要求的转账金额为1.1亿欧元，但是菲律宾那边始终没有把钱转过来，一会儿说受托人不放款，一会儿又说是中央银行或说是新冠病毒的原因。

2020年6月16日，两家菲律宾银行中先有一家宣布Wirecard提供的银行对账单是伪造的，原话用的是spurious（假的、欺骗性的）这个词。第二天，另一家银行也承认了。"当第一家银行宣布银行对账单是伪造的时候，我第一次开始明确地怀疑Wirecard公司参与了犯罪。"监事会主席托马斯·艾克尔曼回忆道。安永别无选择，不能签发审计报告。6月18日，Wirecard向公众通报了存在伪造款项的可能性。

在此之前，Wirecard总部已经闹翻了天。CEO马库斯·布劳恩在17日晚上还向艾克尔曼表示，一切都会弄清楚的。扬·马萨利克假装和马尼拉的信托管理人马克·托伦蒂诺（Mark Tolentino）发电子邮件，并承诺艾克尔曼会全速弄清此事。托伦蒂诺发出了多封电子邮件，他在给CFO克诺普的邮件中写道："我非常理解，在目前的情况下人们对我们有所怀疑。但我可以向您保证，账户金额是存在的。"布劳恩也给他的心腹打了电话，表示钱应该周一之前就会出现。根据在场人员描述，在那决定性的几个小时里，布劳恩本人一直在跟审计人员交涉。他反复向他们施压，但是安永的人没有松口。

6月18日上午，新任监事会主席托马斯·艾克尔曼耐心耗尽，让Wirecard立刻给出说法。布劳恩还在等马尼拉那边传来什么消息能解救他于水深火热之中，然而监事会的律师警告说，根据法律，Wirecard有义务向投资者公开公司信息，所谓的临时公告在周二以后已经逾期，任何进一步的拖延都是违法的。当布劳恩再次请求多等一会儿时，克诺普和艾克尔曼怒斥道："够了。"10点43分，集团通报了安永的审计结果，股价一下跌到了39欧元。

"目前，不排除Wirecard已经成为一起规模相当大的欺诈案件的受害方。"布劳恩在星期四晚间的声明中说道。这份可疑的声明随后被发布到了YouTube上。亚洲区董事扬·马萨利克被解雇，不知所终。布劳恩旁边只有脸色惨白的苏珊娜·施泰德和惊愕无比的亚历山大·冯·克诺普。

另外还有当天刚上任的首席合规官詹姆斯·弗里斯（James Freis）。弗里斯是德国证券交易所的前首席律师，是被艾克尔曼招来收拾Wirecard的烂摊子的。第二天，他将取代布劳恩成为集团总裁。但是现在的Wirecard已经无可救药了，弗里斯也将会是Wirecard的最后一任CEO。

不过直到周五上午，布劳恩都还在做最后的挣扎。信托资金的问题仍然没有得到解决，他称辞职"对公司没有好处"。但是艾克尔曼的态度很强硬。"我已经受够了。"他吼道。他让布劳恩10分钟之内要么自己走，要么被开除。9分钟之后，布劳恩宣布辞职。随后他来到地下停车场，最后一次坐上了他的迈巴赫公务车。

CEO布劳恩已经成为历史，但是他直到最后仍然是Wirecard的大股东。2020年春季以来，布劳恩的贷款银行不再是德意志银行，而是奥尔登堡州立银行。据《金融时报》报道，布劳恩在这家银行有1.2亿欧元的信贷额度，并已经支用了一半。银行为了降低损失，便敦促布劳恩出售抵押在银行的股票。6月18日、19日，布劳恩抛出了500万股Wirecard股票，筹集了1.55亿欧元。抛出时的平均股价在30欧元。

6月22日星期一，布劳恩被捕。Wirecard集团管理层也已经焦头烂额了。如果Wirecard在周五之前拿不出审计合格的年度报表，15家大银行超过17.5亿欧元的信用额度就将不再有效（见第4章第3节）。身为新的领导层，弗里斯等人赶忙和银行交涉，请求他们宽限一些时间。当BaFin冻结了Wirecard集团的剩余资金之后，弗里斯就彻底看不到出路了。财务欺诈已经够严重了，拖延破产也于事无补。6月25日星期四，Wirecard最终宣布破产，股价跌至2.5欧元。

120多亿欧元的股票市值就这样在7天之内化为乌有。弗洛里安·施瓦茨投的钱也亏光了。"我从来没想过会这样。"他说道,"为什么吃亏的总是我们这些散户呢?Wirecard明明是一家DAX指数公司,由世界上最大的会计师事务所之一进行审计,而且一直在BaFin的监管之下运营。怎么会发生这样的事情呢?"

这是很多人都在问的问题。在DAX的历史上,从来没有出现过类似的丑闻。这么多年来,Wirecard一直被视为德国在科技领域的希望之光,大家都觉得它会成为第二个思爱普(SAP)。它一路的辉煌就这样崩塌了。

Wirecard的故事告诉我们,再大的企业也有可能倒闭。但是一家DAX指数公司在几天之内就蒸发掉,这在德国简直是不可想象的。后来人们慢慢发现,Wirecard在2018年被列入优质股行列之后,经营和管理模式却仍然像一个中小型企业。

在Wirecard经常可以看到这种类型的经理人——在Wirecard供职多年,不挑剔,对老板忠诚,言听计从。就连在监事会,也很少能听到反对的声音(见第4章第1节)。10多年来,监事会主席一直是伍尔夫·马蒂亚斯(Wulf Matthias)。他是法兰克福人,以前在银行工作,是布劳恩的忠实伙伴。帮助马蒂亚斯一起管理监事会事务的是史蒂芬·克莱斯蒂尔(Stefan Klestil),他是奥地利前总统托马斯·克莱斯蒂尔(Thomas Klestil)的儿子,也是一名技术投资人。在克莱斯蒂尔的基金里,马库斯·布劳恩也投入了私人资金。他们之间的关系错综复杂,也很难进行切实的调查和监管。要不是媒体将他们的事情曝光出来,可能这些行径还会持续很久。

《金融时报》和"线卡屋"

在揭露Wirecard欺诈案件的过程中，英国《金融时报》及记者丹·麦克伦（Dan McCrum）搜集的信息起到了关键作用。早在2015年，麦克伦就曾对Wirecard产生质疑并提出批评。但是他在2019年1月起发表的一系列文章才最终揭示了Wirecard的丑陋行径。系列报道以一篇题为"线卡屋"（House of Wirecard）的文章打头阵，内容颇为翔实。文章标题隐射了美国电视剧《纸牌屋》（*House of Cards*）。在麦克伦眼中，Wirecard集团就像电视剧中的纸牌屋一样。

在一系列大约40篇文章中，麦克伦和他《金融时报》的同事对Wirecard轮番质疑。他们指出Wirecard涉嫌欺诈、洗钱和财务操纵，并且这一切都是从位于新加坡的亚洲总部开始的。

《金融时报》对Wirecard展开调查的导火索是Wirecard新加坡公司一名员工的举报。这名员工在合规部门——也就是确保公司活动符合法律和商业法规的部门——工作。他的举报影响非常之大，以至于Wirecard不得不委托新加坡颇负盛名的立杰律师事务所对此进行调查。《金融时报》对这次调查的中期报告进行了报道。

立杰律师事务所发现，Wirecard的管理人员通过伪造和倒签合同隐瞒交易，夸大营业额。他们在内部的一次汇报中指出了可能存在欺诈的现金流，而这些款项都是Wirecard的亚洲主管埃多·库尼亚万（Edo Kurniawan）直接吩咐的。然而Wirecard把这些指控压了下去。立杰事务所最终的报告中虽然指出了百万欧元的虚报金额，但是却称这些问题很容易修正，并且该报告从未公开发表。

关于Wirecard欺诈行径的调查和报道不了了之，因为Wirecard反咬一口,说那些反对者是为了获取经济利益而诬陷Wirecard,这其实也是老掉牙的套路了(见第3章第1节)。根据Wirecard的说法,这些人在把新闻放出来之前提前通知对冲基金,让它们押注股价下跌。慕尼黑检方听信了Wirecard的说法,BaFin也站在了Wirecard这边,实施了为期两个月的卖空禁令,这在德国股市历史上是绝无仅有的(见第5章第1节)。

Wirecard似乎又一次挽回了声誉。英国投资人气得直跳脚,但股价却依然走势平稳。德国当局甚至还针对《金融时报》的两名记者展开了刑事调查,怀疑他们和空头勾结。Wirecard宣称掌握了"无可辩驳的证据",但这起针对《金融时报》记者的指控,最终因为没有有效的证据来源而不了了之。

此后不久,丹·麦克伦又发表了多篇文章。其中2019年10月的文章在Wirecard事件中最为关键,它聚焦讨论了Wirecard和第三方合作伙伴的重要业务往来。麦克伦称,Wirecard集团的财务报表不透明,并且在亚洲和阿拉伯地区的合作伙伴也十分可疑。文章写道,2016年,Wirecard集团的利润约有一半来自迪拜一家名叫Al Alam的公司。《金融时报》联系了34位客户——根据一份内部文件,这些客户的业务应该是通过Al Alam进行的。调查结果令人震惊,这些客户中有一半从未听说过Al Alam这个名字,其余的选择保持沉默,剩下的要么压根就联系不上,要么就是说早就已经停止和Al Alam的业务往来了。和Al Alam对接的是已经改名为Cardsystems的Wirecard迪拜子公司,该公司只有一名员工,就是奥利弗·B.,而每个月的交易额却能达到上亿欧元。

Wirecard进行了最后一次反击,宣称这些指控都是无稽之谈,肯定又是做空的人在后面捣鬼;有30多万名签约客户连接到Wirecard的技术平台,所有的支付都是通过Wirecard处理的。"我可以向您保证,我们所有的业务关系都是真实的。"2019年11月初,布劳恩对德国《商报》表示。他称迪拜子公司作为集团的一部分,也是由安永进行审计的。对于那34名客户,布劳恩的解释是:那些压根就不是真实商户的名字,每一个名字背后都是上千个个人客户组成的"客户集群"。

软银集团和特别审计

然而,布劳恩又魔术般地从帽子里变出了一只兔子,它就是日本大型科技投资商软银集团。软银集团的投资人和管理层通过可转换债券向Wirecard提供了9亿欧元。评级机构穆迪此前将Wirecard评为Baa3等级,即"投资信用一般"。但软银的公告发出之后,Wirecard股价果然如预料中上涨。大家期待着软银利用自己的科技版图为Wirecard带来新的客户。

2019年10月18日的一条信息显示,软银的投资人也向Wirecard施加了压力,要求Wirecard澄清《金融时报》的指控。"你好,马库斯。"信息中写道,"为了简单起见,我们在后面列出了你和董事会需要采取的措施以及需要确认的内容,请即刻执行。"软银在下文中列出了6点,其中包括任命一个调查小组,允许小组成员获取所有文件,以及从四大会计师事务所中委任一家(但不能再是安永)进行审计,并将审计结果公开。"2018年经审计的财务报表公布以后,针对Wirecard的质疑依然不断,而我们在Wirecard有投资,因此我们想要敦促Wirecard进行一次外部独立审计。"软银投资顾问公司的一位发言人后来解释道。托马斯·艾克尔曼领导下的监事会也在施加压力。艾克尔曼以前是德国证券交易所的董事,2019年夏天才加入Wirecard监事会。在专横的布劳恩面前,他是第一个敢站出来反对的人。艾克尔曼也要求针对《金融时报》的指控进行特别审计，还提出审计过程一定要严格。

迫于压力，董事会不得不委任毕马威对Wirecard 2016—2018年的财务报表进行一次特别审计。这次审计果然很有必要。根据德国《商报》2019年11月的一篇报道，由于文件缺失等原因，新加坡安永拒绝为Wirecard的亚洲子公司开具审计报告。审计人员采用的措辞颇为严厉："我们既无法确认年度财务报表的适当性、完整性和正确性，也无法估计公司根据年度报表所需要做出调整的程度。"这个结果对于Wirecard来说无疑是一个不祥之兆，也预示了后面会发生的事情。

毕马威的特别审计给了Wirecard最后一击。审计小组由大约40名专家组成。不同于多年来安永的睁一只眼闭一只眼，这次毕马威审得格外仔细，而且也专门寻找了恶意欺诈、资产损失、贪污腐败和财务操纵的证据。其中信托账户显得尤为可疑。2019年10月，数据专家开始搜检这些账户的支付流向。据称，一个月内就出现了2亿条数据记录。

"布劳恩也许还没有意识到，这一次审计有多么深入。"艾克尔曼后来说道，"我还记得，布劳恩曾多次提出终止这次特别审计，要求提交本年度的财务报表。因为他说这样继续下去只会对公司造成很大的负担。但我说终止审计不可能，谈都不用谈。"

一拖再拖之后，特别审计报告终于在2020年4月公布。这份长达74页的报告对于Wirecard来说简直就是一场灾难。审计人员虽然没有找到财务报表造假的证据，但是Wirecard在迪拜、爱尔兰和阿什海姆的公司和第三方合作伙伴之间的销售收入受到了质疑。报告表示因为存在"调查障碍"，对于Wirecard 2016—2018年的财务状况无法做出准确的论断；而新加坡信托账户上10亿欧元的集团资产，报告也表示无法确认存在；2016—2018年的交易数据、第三方合作伙伴和商家之间的合同，以及信托账户的账单和银行对账单都没有。报告结果公开后，Wirecard的股价在当天收盘时直接暴跌了26%。

Wirecard已经岌岌可危，撑不过几个星期了。BaFin指控布劳恩及全部董事会成员涉嫌操纵市场，对Wirecard一直极其温柔的BaFin，现在也开始怀疑Wirecard在毕马威审计期间提供了误导性的信息，并借此操纵股票价格。然而一直到2020年6月，布劳恩还在鼓动大家购买Wirecard的股票。布劳恩很多商界的朋友和身边的同事都购买了Wirecard的股票。当朋友们问布劳恩，Wirecard是不是出现了问题时，他说没有。他告诉他们，波动只是暂时的，股价很快就会回到200欧元，然而事实却并非如此。

《经济周刊》和《商报》的调查表明，那些所谓的信托受托公司实际上都是相当不靠谱的。原本新加坡的信托受托公司西塔代勒（Citadelle）正在接受审查，马尼拉的信托管理人马克·托伦蒂诺是一名因违规行为而被解雇的公务员，他曾经和菲律宾总统罗德里戈·杜特尔特（Rodrigo Duterte）有过良好的关系。

据称Wirecard 2018年年底在新加坡信托账户里的10亿欧元，到2019年年底已经变成了19亿欧元。但是在毕马威特别审计之后，给Wirecard做年度审计的安永审计师也终于警惕起来，要求确认这笔钱是否真实存在。于是灾难开始了。2020年3月，安永审计师去马尼拉调查时，当地的BPI银行和BDO银行的代表虽然都交出了相应的银行对账单，Wirecard也向有关记者提供了这些银行对账单，但是问题却出现了。为了测试钱款是否真实存在，安永要求两家银行分别转账1.1亿欧元，但钱款均未到账，后来证实银行对账单也是伪造的。这时Wirecard已经彻底没救了。丹·麦克伦说的没错，"线卡屋"倒了。无数股民亏光了积蓄，众多员工丢了工作，他们心中为Wirecard工作的自豪感也荡然无存。但是还有很多疑问有待解答。

在Wirecard的这场巨大的谎言中，是否存在更深层次的真相？一些业内人士认为，整场欺诈并不是事先计划好的。Wirecard的领导层是因为一次又一次的小把戏都取得了成功，一步一步被推着往前走的，就好像整个体系都为他们敞开了大门，铺好了路一样。他们个个赚得盆满钵满，最后Wirecard突然倒下的时候，他们自己都没反应过来。还有一些人则认为他们从一开始就做着金融资本家的美梦，每一步都在他们的战略计划之中。一位高管解释说，集团夸大财务数字，是为了显示自己的能力和重要性，以期赢得亚马逊、优步等大客户。如果这些大的互联网公司的交易都可以通过Wirecard平台支付，那么缺失的19亿欧元就可以填补上了。为了达到这一目标，就必须实现快速增长。"20年来，Wirecard的目标只有一个，那就是以最快的速度长成池塘里最大的那条鱼。"他说道，"这其实是一个巨大的赌注。"2020年6月Wirecard宣布破产，这场赌博终究是输了，附带的损害是巨大的。

巨大的附带损害

"简直是耻辱"，一场"彻彻底底的灾难"，BaFin时任主席费利克斯·胡菲尔德（Felix Hufeld）在Wirecard倒闭后说道："我们简直惊呆了，从未有过DAX指数公司出现过这样的情况。"2020年这个夏天，Wirecard的大客户ALDI、德国电信、沃达丰和荷兰皇家航空等因为担心自己的钱出问题，纷纷换到其他平台进行支付处理，这更加使得Wirecard的衰落成为板上钉钉的事实。

德国金融界简直丢脸丢到家了。这几年其实不断有空头、"吹哨人"和像《金融时报》那样的媒体针就Wirecard向大家发出过警告,但是BaFin却没当回事(见第5章第1节)。直到今天,它还在为2019年发布的卖空禁令辩护,让人感觉它似乎和Wirecard是一伙的。起初,时任德国财政部部长奥拉夫·朔尔茨还护着BaFin,称它"尽到了自己的责任",不过他很快就变了口径,说必须"尽快发现并纠正错误"。

Wirecard出事之后,许多德国初创企业面临资金来源枯竭的问题。哪个外国投资者还愿意给德国公司投资呢?在伦敦和纽约,人们都说德国监管部门、政府和审计机构没一个靠得住。

安永的审计人员也被狂轰滥炸,遭到口诛笔伐。因为Wirecard事件中的失误,安永自己的生存都成了问题(见第4章第2节)。财务报表中的营业额和利润是相对比较容易被操纵的,而现金则不然,为什么安永没有早些与受托人核实钱款是否真的存在?"有明显的迹象表明,这是一场精心设计的、复杂的骗局,涉及来自世界各地不同机构的诸多人员,目的很明确,就是为了欺骗。"安永德国事务所为自己辩解道。但是这样的解释很难让人信服。安永在这场欺诈中究竟扮演了怎样的角色?人们对此也产生了越来越多的怀疑。

从审计人员、监管人员到政府部门、银行、投资人以及整个金融体系,早就应该警觉起来的。为什么最早提出批评的人的言论没有引起重视,为什么关键人员都出现了失职,或者说,这起德国战后最大的欺诈案件,究竟为什么这么多年都没有被发现?接下来几章将会揭晓这些问题的答案。

第 3 章
德国：一个心甘情愿被愚弄的金融体系

批评者——怀疑过，却选择沉默

那是2008年7月一个晴朗的夏日，托比亚斯·博斯勒正在慕尼黑的办公室里办公。他的办公室位于Platzl广场，这里有著名的Hofbräuhaus啤酒屋、Schuhbecks调味品专卖店，还能听见圣彼得教堂的钟声。置身这里，你可能会觉得岁月一片静好，一切井然有序。位于市郊工业区的Wirecard离这里很远，远到两者之间似乎没有任何联系。然而这一天发生的事情，却给托比亚斯·博斯勒带来了久久挥之不去的影响。博斯勒是一名空头，也就是说，他通过看跌股票价格来赚钱。他还是学生的时候就曾为投资者保护协会（SdK）工作，揭发过一些小型的财务丑闻。"我对于财务报表中不对劲的地方，有一种敏锐的直觉。"博斯勒说道。

他盯上Wirecard已经有段时间了。美国当局当时正严厉打击与在线赌博有关的业务，博斯勒认为Wirecard不可能不受影响。他很清楚在线赌博业务对于Wirecard的重要性，于是看准了它的股价会下跌。然而Wirecard集团的人听到风声，得知他对Wirecard持怀疑态度并建立了空头头寸后，做出了剧烈的反应。

博斯勒接到了一位熟人的电话，是Wirecard内部的律师打来的。律师说他只是来提醒博斯勒的，但博斯勒却在这次对话中感受到了威胁的意味。律师跟博斯勒说，很快会有人来找他。事实上，没过一会儿，就有几名彪形大汉冲上楼梯来到博斯勒办公室的门口，其中包括著名的拳击手Ö，他是Wirecard律师的业务伙伴。"他们穿着一身黑色，上衣的扣子都散着，袖子也卷了上去，露着胸毛和大金链子。"博斯勒回忆道。

Ö把他按到了墙上，鼻尖对着鼻尖，然后挥起拳头，从博斯勒脸上晃过去，捶向了旁边的墙面。Ö警告说，博斯勒的行为可能会让他在Wirecard的股票中损失很多钱，其他人也威胁道："在土耳其，不用1000欧元就可以弄死一个人。"博斯勒同楼层的同事发现不对劲赶来之后，这群人才撤了出去。

直到今天，博斯勒在谈起这次恐吓时，声音还是止不住地颤抖。"我当时甚至在想，我是不是走错了片场？我只是一个普通的股票分析师，一个普通的股票投资人。虽然我在这行做得挺久了，但还从来没碰到过打手来办公室找麻烦的情况。"他的同事报了警。"警察后来问我发生了什么。我说明了情况，他们又问我是否想要起诉。然后我说，这我得先考虑一下。"博斯勒说道。深思熟虑之后，他决定和这件事保持距离。"我没有起诉，因为我就是害怕。"他后来说道。这名拳击手其实是惯犯，有很多犯罪记录。

博斯勒后来在另一个案件中被判操纵股价罪。2012年，法院的判决中提到：博斯勒在给股市的信息中没有充分指出，他自己也在投资这些股票。"里面有风险警告，参与人员自己持有股票。"博斯勒为自己辩解道,"但是法院认为这远远不够。"据博斯勒后来称,为了给长达数年的诉讼程序一个了结,他最终决定接受法律判决——坐牢。他认为,司法机构当时是想要杀鸡儆猴,并强调自己并不是因为做空Wirecard被定罪。在遭遇拳击手上门威胁及后来的几次打击之后,博斯勒再也没有和Wirecard沾上过关系,也停止了在分析报告中警告大家谨慎投资Wirecard。不过现在回过头来看,他的判断其实是对的。

空头、测试、沉默

"老实说,我当时就想到了这是一个骗局。"博斯勒如今在提到Wirecard在21世纪初的情况时说道,"整个行业都知道Wirecard为美国那些扑克网站提供支持。起初还没什么问题,但2006年10月,这些业务在美国都被禁止了。"博斯勒表示,照理说,"Wirecard应该会损失90%的利润,因为在线博彩领域的利润率是最高的"。

事实却并非如此。Wirecard的现金流确实减少了,2007年,全年的现金流为9600万欧元,到2008年第一季度只有2700万欧元,但是它的利润却持续增长,达到了4900万欧元。

2010年,同样的事情又发生了。这一年,为Wirecard工作的迈克尔·S.在美国佛罗里达州被捕(见第2章第2节)。在线博彩网站的支付业务停滞,影响到了Wirecard的现金流。Wirecard的现金流从2009年的6600万欧元直接跌到了2010年的–2400万欧元。2011年虽然恢复到了4500万欧元,但仍然低于以前的数值。然而,利润却再一次走高。Wirecard公布的息税前利润为:2009年5600万欧元、2010年6700万欧元、2011年更是达到了近7600万欧元。

博斯勒推断,Wirecard肯定找到了某种"规避机制",在其他地方为那些网站提供了支付支持。也就是说，它不再通过Wirecard内部的系统，而是借助海外子公司或第三方公司。"而这种行为恰恰是违法的。"博斯勒说道。

博斯勒开始了一次试验："我们当时找了一个熟人，他是美国人，照理说，他不能往赌博网站上转钱，因为这是法律禁止的。但事实上他试了之后却发现是可以转的。""有意思的是，信用卡账单上的收款方并不是那个赌博网站，而是法国一家卖手机的网店。"博斯勒回忆道。其他的很多交易中，账单上显示的收款方则是花店，赌博行业大规模的违法支付都是通过这些所谓的网店进行的。"也就是说，Mastercard和VISA等大型信用卡公司都被Wirecard恶意欺骗了。"博斯勒说。只不过很少有人注意到这一点。事实上，Wirecard为此向VISA和Mastercard支付了数千万欧元的合同罚款，也就是说，它的利润大部分都交了罚款，但是公众却对此一无所知。

虽然博斯勒在2008年没有对Wirecard派来的拳击手提出起诉，但在2010年，他却直接指控Wirecard集团董事会洗钱，且洗钱金额高达"数十亿欧元"。可是慕尼黑检方的调查却一无所获，负责洗钱案件的年轻检察官（现在已经是巴伐利亚州某部长办公室的负责人了）跟调查博斯勒操纵股价案件的检察官保持着频繁的交流，两人都不敢对Wirecard采取什么有力行动。

当时网络论坛"华尔街在线"（Wallstreet Online）上流传着Mastercard给Wirecard的一封信，信中指出Wirecard因为在账单中假报其他公司的名字而向其支付罚金。博斯勒在他的指控中援引了这封信，但是检方没敢深入调查其中原委。"就2010年5月5日的指控，经协商……决定，既不针对'华尔街在线'，也不针对Mastercard公司展开调查。"案件文件中这样写道。"他们担心事情会闹得尽人皆知!"直到今天博斯勒都觉得这简直可以称得上是一起丑闻,"检方根本没有严肃对待这些重要的指控,相反还像一只胆小的兔子一样躲在后面,不敢面对凶猛的蟒蛇。"

事实上,慕尼黑当局很担心真的深入调查下去会有损Wirecard这个德国科技之星的形象。看到检方宽松的态度之后,Wirecard变得更加肆无忌惮。

博斯勒认为,2010年之后Wirecard不仅赚脏钱,而且还无中生有,伪造营业额。所谓的在海外成立子公司、和第三方伙伴合作,其实都是为了掩人耳目。"成立子公司、建立合作都需要消耗巨大的人力和财力。直接编造一家完全不存在的公司,然后说自己跟它合作赚了100万欧元的利润则简单得多。什么都不用做,只需要对外宣称赚了这么多钱,然后伪造一份银行对账单就可以了。"博斯勒说,"这对于Wirecard来说是轻而易举的事情。"

教育家和色情拨号器

后来几年里,又有很多人观察到了Wirecard的问题。其中有和托比亚斯·博斯勒一样的空头,也有SdK的积极分子,还有一些匿名发表文章揭露Wirecard内幕的投资人。一些分析师也开始对Wirecard起疑心,建议不要购买Wirecard的股票;还有一些记者,如《经理人杂志》的海因茨–罗格·多姆斯就详细分析了Wirecard 2015年的财务报表。很多对Wirecard质疑和提出批评的人都被列入了Wirecard集团内部的"黑名单",他们的声音没有被公众听到。

对于批评的声音,Wirecard总是采取同一个模式进行应对。当有人指责Wirecard高层以不正当的手段获取个人利益时，Wirecard就宣称自己才是受害的一方。也不是一有批评的声音，Wirecard就会派打手和探子过去，但这些人都遭到了Wirecard的强烈抵制，并且有时候德国当局还会帮助Wirecard对这些人进行压制。

在最早对Wirecard展开观察的人中，有一个人很特别。他就是托马斯·布鲁纳（Thomas Brunner，化名）。他是一名教育工作者，从事问题儿童的教育工作。空闲时间，他喜欢研究各种公司，在消费者保护论坛和其他志同道合的网友一起交流自己的看法。2003年8月，他的侄子收到了一份高昂的电话费账单，这让他注意到了Wirecard这家为色情行业提供支付服务的年轻公司。

布鲁纳说，这种网络拨号软件根本就是"欺骗消费者"。这些所谓的拨号器未经用户同意就转接到昂贵的0190开头的线路，包括"那种最恶心的色情网站"。

从这以后，布鲁纳就盯上了Wirecard，并且在接下来几年里他一直关注着，他搜集的新闻报道、集团公告和其他文件后来也成了其他记者的重要信息来源。虽然布鲁纳只是把追踪Wirecard的相关讯息当作一种爱好，但是很多时候他甚至比金融监管机构的工作人员知道得还要多。

在和Wirecard打交道的这么多年里，布鲁纳购买了一股Wirecard的股票——为的是能够参加一年一度的股东大会。他后来把股票卖掉的时候还赚了一点点钱，不过他把这些钱都捐了出去。"Wirecard的钱，我一分都不想要。"他说道。

布鲁纳在消费者保护论坛上有一批志同道合的朋友。是他们的质疑第一次将Wirecard置于舆论压力之下。2008年，Wirecard公布的营业额为2000万欧元。在德国最大的股票论坛"华尔街在线"上，布鲁纳的一位熟人不仅对Wirecard的业务战略提出批评，还质疑了Wirecard的财务结算结果。他指出Wirecard参与了美国非法赌博网站的洗钱活动；公司业务情况的汇报并不透明；现金流量归类有误；而且所报资产中哪一部分属于Wirecard，哪一部分属于客户，也很不清楚。

此外，他还提出了一些其他问题，比如Wirecard在临近结算日时进行了一些可疑的交易；如果说公司的现金持有量和利润真的像对外宣称的那么高，为什么还要不断地从外面借入新的资金呢？

这篇文章造成了很大的影响。布鲁纳的这位朋友收到了慕尼黑检方的传讯，表面上说是请他作证，但调查人员却告诉布鲁纳的朋友，Wirecard想弄清他的身份，然后再把他告个永无翻身之日。于是他把论坛上的帖子删除并躲了起来。布鲁纳至今仍然十分恼火："怎么会有这样的事情？一个普通的论坛用户怎么能因为一个帖子就被请到检察院去呢？Wirecard到底是怎样的一家公司，要如此打击一切批评的声音？"

但是2008年，这篇帖子仍然在网上传播。SdK副主席马库斯·施特劳布（Markus Straub）注意到了这篇帖子（托比亚斯·博斯勒也曾为该协会工作）。他公开批评Wirecard和私人银行Sal. Oppenheim共同操纵财务报表。Wirecard的股价立马暴跌了70%。

Wirecard迅速对此做出回应（并且在接下来的几年里，他们还会反复用同样的策略进行回应）。Wirecard指责施特劳布通过内部交易将钱捞进自己的口袋，还怀疑他与对冲基金合作。不久，SdK和Sal. Oppenheim的相关人员遭到指控，罪名是涉嫌操纵市场。3年之后，施特劳布和SdK的另一名成员在另一起案件中被定了罪。一有政府部门找Wirecard麻烦时，Wirecard的法务负责人就会反复提起这些例子。

批评者的名声就这样被毁了，但是批评的声音并没有停止。不过随后几年里,这些人都只敢匿名活动了。

在托比亚斯·博斯勒对Wirecard提出刑事指控的同一年,Wirecard还受到了来自另一方面的阻力。2010年4月,小型金融新闻网站GoMoPa再次指责Wirecard为非法赌博网站洗钱,Wirecard的股价又跌了30%多。监事会介入调查,但是这次调查同样不了了之。

在随后的一年里,一再有人指控Wirecard涉嫌欺诈。例如,2016年,名不见经传的空头投资分析机构Zatarra发布的报告,2018年突然出现的南方调查报告基金会发布的报告,激起了大家对Wirecard财务报表的广泛怀疑。然而Wirecard还是和往常一样,宣称那些批评的人涉嫌和对冲基金共同操纵股价。

Wirecard手伸得长、管得宽

SdK的名声至今仍受这一丑闻的影响。2019年圣诞节前(也就是Wirecard倒闭的半年前),协会一年一度发布的《股市黑皮书》上竟然没有出现Wirecard的名字,这让众多媒体记者感到震惊。以往总是以批评不留情面而著称的SdK,在Wirecard的事情上竟然嘴软了。协会主席丹尼尔·鲍尔(Daniel Bauer)最终迫于压力发表了一个声明,提到了12年前的那些事。"当时我们协会都差不多要完蛋了。"鲍尔回忆道。因此2008年之后,SdK就再也没有在Wirecard的事情上发表过自己的看法。"跟Wirecard打交道让我们感到非常不舒服。"

随后几年中,许多记者、投资人和对Wirecard持怀疑态度的人,都没有逃出Wirecard的魔爪。无论多小的事,Wirecard的律师都会找上门来,一些关键的投资人和记者甚至还会被跟踪。

2016年,Zatarra的报告出来之后,一家侦探事务所制订了一个跟踪计划,其中列出了许多目标人物的名字以及计划采取的监视手段,包括监听电话等。这些在德国都是违法的。计划具体由谁制定,不得而知。目标人物有《金融时报》的记者丹·麦克伦,以及法兰克福汇报出版社《金融》杂志主编迈克尔·赫德斯图克(Michael Hedtstück)——他曾质疑Wirecard的成功,并早在2016年就指出了Wirecard的关键问题。赫德斯图克批评Wirecard集团"不透明",存在"非法交易"、高溢价并购,并且股东权益中无形资产占据"非常高的份额"。他因此很快就被Wirecard盯上了。跟踪计划中称,赫德斯图克"对Wirecard多次进行了'负面'报道"。

Wirecard起初否认自己和这个跟踪计划有任何关系,2019年才对《商报》的提问做出回应,称:"令人遗憾的是",在2016年的另一起案件中,公司委托的安全顾问"自作主张"发起了跟踪行动。负责调查此事的律师事务所在一份文件中是这样写的:"我们证实……Zatarra的报告公布之后,私探对有关人员进行了有限且合法的监视。"据说监视只是为了确保投资人弗雷泽·佩林(Fraser Perring)在接收某份文件时在场。后来在调查中发现佩林其实是空头。Wirecard强调,这种行为"仅此一次",不符合公司政策。

但事实上,此后几年里Wirecard和它手下的人丝毫没有收敛。2019年12月《金融时报》报道称,利比亚一位名叫拉米·埃尔·奥贝迪(Rami El Obeidi)的前高级情报人员在2019年曾调查过炒作Wirecard股价下跌的对冲基金。据说,奥贝迪是Wirecard的股东之一。《金融时报》报道奥贝迪在伦敦和曼彻斯特两家侦探机构的帮助下,对众多投资者进行了监视,其中重点监视对象包括对冲基金经理克里斯平·奥迪(Crispin Odey)和股票投机者尼克·G.(Nick G.),Zatarra那篇报告的几个撰写人也榜上有名。报道称,奥贝迪这么做是为了寻找Wirecard股价被恶意操纵的证据。

2019年7月,Wirecard在给英国《金融时报》的一封信件中称,它找到了"无可辩驳的证据,表明《金融时报》的工作人员与空头之间存在合作关系"。信中称有秘密录音证明尼克·G.与《金融时报》有联系,很可能就是奥贝迪监视了尼克·G.并让人录了音。Wirecard的人不可能对此一无所知。

早在2019年,外界就有人怀疑这些监视活动就是Wirecard指使的。比如法兰克福大学金融研究中心主任沃尔克·布吕尔就认为,侦探在Wirecard不知情的情况下擅自采取监视行动是"不现实的"。"哪怕是没有什么名气的侦探事务所,也不敢擅自采取这样的行动。这一定是和委托人商议后的决定。哪怕是为了保护自己的声誉,也一定得先和委托人商议。"布吕尔解释道。事实证明他说的是对的。Wirecard倒闭之后,调查得到的内部邮件和佣金报表表明,有一大批顾问和事务所为Wirecard工作,抹黑那些批评Wirecard的人,维护Wirecard的良好声誉。

头号死敌弗雷泽·佩林

Wirecard唯一公开承认的就是2016年的那一次监视活动,监视目标是英国人弗雷泽·佩林,他算得上是Wirecard的批评者中最活跃的一个了。据他自己所说,他因为Wirecard的事情受到过393次死亡威胁。最开始,佩林是匿名活动的,他参与了Zatarra那份报告的撰写。如今他自己经营着一家名叫Viceroy的分析公司,除了Wirecard,他还在2017年攻击了德国家具零售巨头施坦因霍夫(Steinhoff)集团,指出的很多问题也都是对的。在针对施坦因霍夫的那起案件中,检方介入了调查,导致公司股价暴跌,投资者损失惨重。2021年,佩林又开始针对巴登巴登的一家融资租赁公司展开调查。

佩林来自英格兰东南部的坎特伯雷,曾做过10多年的社工。2012年他没了工作,于是就开始分析各家公司的财务报表,然后进行投资。他自称全职做投资的头3个月,比之前做社工10年赚的钱都多。他在Wirecard身上赚了很多钱,而且也真是很沉得住气。虽然Zatarra的报告发表之后Wirecard的股价就跌了1/4,但是还要等到4年之后,Wirecard才会最终倒闭。

"我虽然没有工商管理之类的学位,"佩林后来说道,"但是我对金融问题有一种敏锐的直觉,可以发现恶意操纵的迹象。我们所做的这些事情不是谁都做得来的。我们非常肯定地发现了Wirecard是在诈骗。"在Zatarra的报告发表之前,他花了长达5个月的时间搜集信息,而且主要是在亚洲查找证据。"我们在中国香港、新西兰和塞浦路斯都进行了调查,几乎可以说考察了Wirecard的方方面面。而我们所到之处,处处都有问题。"

Zatarra那份100页的报告不是由佩林一个人独自完成的,和他合作的还有英国分析师兼空头马修·厄尔(Matthew Earl)。他们一起研究了Wirecard对外公开的财务报表、年度股东大会的会议记录、高层管理人员和董事的简历,以及亚洲子公司的财务报表。他们的结论很清晰:Wirecard参与了大规模的洗钱活动,并且高溢价收购了多家公司。

"那些人就是骗子。"佩林在谈到Wirecard管理层时说道。集团的很多活动都有犯罪的成分,"而且他们收购的公司和股份总有一些可疑的成分,真的令我很震惊"。他在分析报告中也喜欢用一些激烈的词汇，有时候听起来会夸张一些。

和博斯勒一样，佩林也认为Wirecard高层很早就开始使用一些不正当的手段了。"在我们看来是这样的：他们从一开始就织了一张谎言的网，而且后来越织越大，越织越密。有些谎言甚至是自相矛盾的。他们始终都在骗人。他们的座右铭是：'只要不说出真相，就可以蒙混过关。'据我们估计，他们的这些行径至少已经持续18年之久了。"

撰写Zatarra报告的那几个人一方面揭露了Wirecard的秘密，另一方面自己也在做空Wirecard的股票。这让Wirecard很容易抓到他们的把柄，尤其是在德国。佩林指控Wirecard之后，不仅被Wirecard集团起诉，还遭到了BaFin的指控。"我觉得他们简直是疯了。"佩林说道，"我们把本该他们做的工作都做了，BaFin应该感谢我们才是。"

然而对佩林和厄尔采取行动的不仅仅是BaFin。Wirecard派出了私人侦探，股东也对他们进行了威胁。慕尼黑检方认为佩林涉嫌操纵股价，对其展开了调查，直到佩林向一个慈善机构支付了5位数的捐款，案件才被撤销，他也才免于处罚。Wirecard的目的达到了，佩林在德国相关部门的名声已经完全被搞臭了。

佩林说，相关部门的行为真是不知廉耻，Zatarra的报告中尽管有一些措辞可能过于尖锐，但内容是完全准确的。匿名发表报告之前建立空头头寸是合法的，毕竟撰写这些报告也需要做大量的工作。"你要拿时机说事的话，什么时候才是公开一家公司犯罪和欺诈行为的合适时机呢？我们应该怎么做才是对的？难道要等到这家公司已经无人问津的时候再发布报告吗？""想想看，每一次有Wirecard不好的事情出来，哪一次不是推荐购买的报道满天飞？"佩林讽刺那些对Wirecard大肆吹捧的金融分析师们（见第4章第3节）。"我们总共收集到了42篇推荐购入

Wirecard股票的文章，有多少人差点信了那些人的鬼话？一直到最后，开普勒盛富证券（Kepler Cheuvreux）等机构的分析师还在说Wirecard股价可以达到200欧元。"

你可以不认同弗雷泽·佩林的做法，但必须承认他所做的贡献。在Wirecard事件中，他的结论确实是对的。他的经历很好地让我们看到了，这么多年来Wirecard是怎样让批评者闭嘴的。批评者把Wirecard当成猎物，没想到自己却沦为Wirecard的猎物。Wirecard总是诬陷他们为了获取自身利益而抹黑Wirecard，在德国这样一个喜欢存钱、对股市持怀疑态度的国家，它通过这种手段获得了很多人的信任。2008年的投资者保护协会事件中，Wirecard第一次这么做就大获成功，后来一直到2020年Wirecard倒闭，投资者保护协会都没再说过Wirecard一句坏话。有了第一次的经验之后，再碰到批评的声音，Wirecard就继续使用这一策略，并且还对策略进行了细化和完善。

2018年CEO布劳恩在接受采访时说，多年以来，一直有人恶意散布谣言抹黑Wirecard并趁机投机倒把。"我总是说，没必要在意这些事情。股市可能会出现短期的波动，但是从中长期来看我们一点也不担心，我们强劲的业务表现一定会在股价上反映出来。"

"我们近期发现了一些可疑的情况。"集团的一位发言人在2019年秋天时才透露，而此时毕马威的特别审计明明已经进行多时了。10多年来，Wirecard一直是对冲基金的目标。这些基金将赌注押在股票下跌上，在背后搞一些见不得人的勾当。所以当媒体提出新的疑问时，大家也见怪不怪了。Wirecard用这种方法成功地转移了人们的注意力，监管和检查机构也一路为它保驾护航。

起诉《金融时报》

Wirecard如此这般对反对者进行打压,英国《金融时报》的丹·麦克伦和斯蒂凡妮·帕尔马(Stefania Palma)对此深有感触。2019年年初,他们刚发出几篇批评性的报道,Wirecard就对《金融时报》涉嫌操纵市场的行为提出了刑事指控。2019年3月,Wirecard集团还向慕尼黑地方法院提出民事诉讼,起诉《金融时报》和麦克伦本人。

起诉的理由是,《金融时报》的记者可能与空头投机者相互勾结。本书作者有幸在2019年4月查看过本案的起诉状——当时我必须承诺不引用其中的任何内容,才被允许查看。起诉书中,Wirecard方的律师可以说是架起了大炮对被告一顿狂轰滥炸。起诉书中写道:"本案是记者与投机者恶劣勾结的一个典型例子,严重损害了投资人的利益。丹·麦克伦在文章中引用了非公开文件,并且存在不实引用和误导性表述,歪曲了事实,目的是在媒体上引起骚动,使Wirecard股价暴跌。"

起诉书措辞尖锐、不留情面,但却没有提出任何确凿的证据,只提到一个伦敦的投资人举报说他的股票经纪人提醒他,《金融时报》马上会发表一篇对Wirecard不利的文章,让他押注Wirecard股价下跌——《金融时报》后来也确实发表了文章。除此之外,就没有其他证据了。

此外,Wirecard还指责《金融时报》"披露和利用商业机密",并提到欧盟有《商业秘密保护指令》。但事实上,该指令对于调查记者和"吹哨人"有具体的保护条款。而且《金融时报》发表和Wirecard有关的文章时,这项欧盟指令还未被纳入德国法律体系中。

尽管如此,Wirecard还是派出了律师。起诉旨在让《金融时报》撤稿,并对股东进行赔偿。Wirecard称,《金融时报》的文章"以未经证实的虚假指控诽谤Wirecard员工","我们将利用一切可行的法律手段保护我们的公司,尤其是保护员工的个人权利"。《金融时报》的回应十分坚决:"Wirecard所有针对我报记者操纵市场、不实报道的指控都是毫无根据的。"

2019年7月,矛盾进一步激化。据《商报》揭露,布劳恩写信要求《金融时报》停止发表任何与Wirecard有关的文章,并宣称掌握了"无可辩驳的证据,表明《金融时报》的工作人员与空头存在合作关系"。这样命令媒体停止报道的做法在DAX历史上是史无前例的。布劳恩所说的证据,其实是私人侦探2019年7月在空头尼克·G.的办公室录的音。录音中,尼克·G.吹嘘自己听到了《金融时报》会发表一系列关于Wirecard的文章的内部消息,并提到自己以前多次做空都大获成功。另外还有证据表明《金融时报》的调查主管保罗·墨菲（Paul Murphy）和尼克·G.也有密切联系。Wirecard倒闭后,《金融时报》记者麦克伦在文章中写道,保罗·墨菲此前确实在尼克·G.面前提到过他正在处理和Wirecard相关的工作,但并没有谈到具体的文章发表事宜。

针对Wirecard提出的指控,《金融时报》也请了一家外部律师事务所介入调查。调查工作在2019年10月初全部完成,没有发现记者和投机者勾结的证据。报纸总编莱昂内尔·巴伯（Lionel Barber）表示:"我们始终和我们的记者站在一起。"

《金融时报》为记者提供了最有力的支持。丹·麦克伦是少数几个没有被Wirecard吓倒的人之一。Wirecard这台"诈骗机器"这么多年一直顺风顺水,"多亏"了麦克伦搜集整理的资料,它才终于在2020年6月撑不下去了。

为Wirecard保驾护航的还有一个重要角色——审计。布劳恩始终把

Wirecard描绘得坚如磐石，宣称从总公司到海外子公司都通过了仔细的审查。在无数次回应媒体采访和分析师来电询问时，布劳恩总是说同一句话："一切都通过了审计。"

事实上，2008年网络投资论坛和SdK高层对Wirecard的质疑，正是被安永（人们心中值得信赖的、最大的会计师事务所之一）给挡回去的。

当时给Wirecard做审计的原本是另一家规模较小的事务所。质疑的声音出来之后，Wirecard就聘请安永对财务报表进行了一次特别审计。审计结果让大家欢呼雀跃。官方声明称，审计人员提到"个别的点有些许问题"，但是"总体而言，没有迹象表明财务报表中存在误导性信息"。从此之后，安永就接管了Wirecard的审计工作，从2009年到2019年，长达11年之久。一直到2018年，每年的审计结果都是一样的：数字已确认，无保留意见（见第4章第2节）。

多年以来，Wirecard审计证明在手，批评者完全激不起一点波澜。德国投资者和官方部门都认为这些怀疑的言论有损Wirecard和德国的形象，而做空的人本身就很可疑。Wirecard有敌人，但更多的是朋友，他们对布劳恩的鬼话坚信不疑，从未对Wirecard不可思议的成功起过半点疑心，始终相信Wirecard的一分一厘都经过了严格的审计。Wirecard的帮凶遍布金融市场的各个角落，大小投资人和媒体都难辞其咎。

投资者和媒体——"愚蠢的德国钱"

咚、咚、咚、咚——2019年6月的一天，AC/DC乐队经典歌曲《地狱钟声》（*Hell's Bells*）响起，约2000名股东来到慕尼黑展览中心参加

Wirecard年度股东大会。台上站着的是马库斯·布劳恩，Wirecard近20年来一直由他掌舵。在场的不少人通过Wirecard的股票发了财。

台上既没有演讲台，也没有椅子，他就那么站着，说话的声音不算很大。他往常总喜欢穿深色高领毛衣和休闲西装，像苹果公司的传奇人物史蒂夫·乔布斯那样。今天，他却身着正式西装，打着领带。不过就算不穿高领毛衣，布劳恩仍然散发着富有远见卓识的思想家光环。布劳恩说，自2005年以来，Wirecard实现了年均36%的增长，并说："并且我对于未来也很乐观，相信这个增长率在接下来的10—15年也仍然可以保持下去！"

大会开始前，布劳恩不由得咽了一下口水，会堂里的景象让他很受触动——现场有2000名股东，而去年还只有500人。

布劳恩侃侃而谈，畅想着未来。"数字化是全球的趋势。"他说道，"移动互联网贸易和线下贸易不是势不两立的关系，未来的发展趋势是所有的系统都将连接起来。现在人们为了满足生活中的需求，要下载各种各样的App，各种平台纷繁杂乱，搞得人经常忘记自己在某个平台的登录密码。但在不久的将来，密码会被用户DNA所取代，顾客可以在一个统一的平台购买一切所需物品。这就是'统一商务'（Unified Commerce）的概念。所有的一切都要从顾客的角度出发，破坏性创新将会成为常态。"

布劳恩的讲话里既有陈词滥调的成分，又夹杂着硅谷流行热词，还包含了一些他自己对未来的幻想。他讲了1个多小时，投资者们也都听得很认真。

中场休息的时候，大家都涌向布劳恩，他就好像"新经济"的婚礼上的新郎。Wirecard的一位粉丝说，他把自己全部的养老金都投到了Wirecard股票里；另一个人说把自己女儿存的钱都换成了Wirecard股票；还有一个人借款买了Wirecard股票，希望能大赚一笔。布劳恩微笑着看着这些年轻人的面庞，说道："投资Wirecard是不会错的！"

在"旧经济"体系下的德国，Wirecard CEO布劳恩的这些花言巧语迷惑了一大批投资人和记者。2018年，布劳恩在采访中承诺会将Wirecard的股票市值翻两番，业务量在接下来几年里提高30倍。"我们将继续快速增长，这当然也会反映在股价上。我们绝对有潜力在未来几年里使Wirecard的市场价值达到1000亿欧元以上。"布劳恩宣称。

Wirecard的增长不仅依靠企业客户，还依靠私人客户。私人客户主要是金融应用程序"Boon Planet"带来的。2019年以来，任何人都可以在这个App上拥有一个自己的Wirecard账户。按照布劳恩的计划，未来不久人们就可以通过这个账号贷款、购买保险甚至购买地铁票。他想通过"Boon Planet"在2025年之前"赢得数亿银行客户"。

每股2000欧元？对于布劳恩来说，以Wirecard惊人的增长率，每股2000欧元完全是有可能的。"现在我们的股价已经超过180欧元了。"大概股价真的达到2000欧元的那一天，还是会有人说Wirecard的股票被高估了。"决定权最终在投资者自己手上，我们的增长势头一直都很强劲。"吹牛大师布劳恩说道。

在一次电视采访中，他甚至说得更加夸张："我们的目标是成为最大的DAX指数公司。"也就是说，Wirecard想要超过SAP。SAP是目前德国最有价值的公司，其市值远远超过1000亿欧元，2019年的营业额近280亿欧元，员工人数超过10万。而同年Wirecard官方的营业额仅有28亿欧元（见图3-1），员工仅5000人。不过布劳恩对自己的目标坚信不疑，他说："我是一个病态的乐观主义者。"

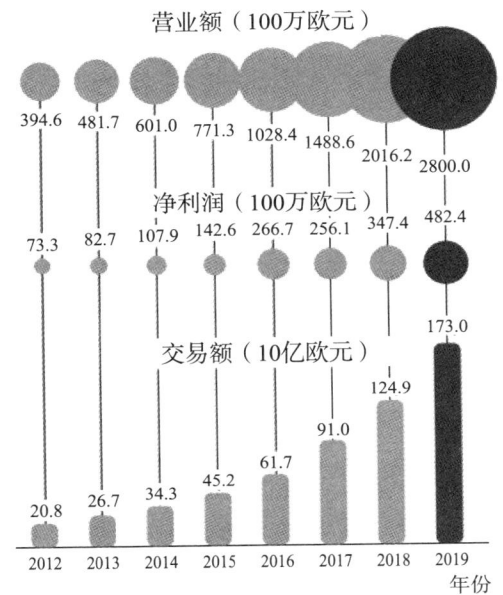

图3-1 Wirecard发布的数据

极度乐观的氛围也感染着年度大会上的股东朋友。大部分投资者决定支持布劳恩,支持Wirecard这个"德国制造"的全球性数字化大公司。他们都相信在未来,Wirecard会让每一个人都富起来。然而,当时的憧憬有多美好,后来的现实就有多残酷。

德国人致命的从众心理

并没有坚实的业务基础,却在几年内就成为股民心目中的宠儿,Wirecard并不是第一个这样的例子。在德国,炒股并不盛行,人们不太愿意购买股票,而那些少数决定投资的人通常都有很强的从众心理。伦敦和纽约金融界对德国小投资者有一种专门的戏称——"愚蠢的德国钱"（stupid German money）。

一个著名的例子是德国电信。德国电信的股票在1996—2000年分三期发行。《犯罪现场》[1]中的警官曼的扮演者弗雷德·克鲁格（Manfred Krug）在广告中大肆鼓动大家购买德国电信的股票，并将其称为"国民股票"。"我昨天才去了银行，你也可以像我一样。只要你明天去买，就肯定能赚到钱。"克鲁格在电视里说道，"电信公司现在上市了，我也会跟随它的步伐。那么你呢？"后来，这位演员沉痛地为自己的行为道了歉。

当时德国电信集团CEO罗恩·萨默（Ron Sommer）甚至更加夸张，他把电信的股票比作"可继承的补充养老金"。这导致德国爆发了一阵真正的炒股热潮。许多小股民希望在"新经济"的泡沫中，通过购买电信公司的股票在互联网红利中分一杯羹，指望着不费吹灰之力就从数字化传输和全球化发展中获利。

然而，大多数人的美梦并没有成真。2000年第三期2亿股德国电信的股票以每股66.5欧元的价格发行。虽然股价短暂地涨到了103欧元，达到历史巅峰，但随后就开始暴跌，至今没有恢复过来。现在德国电信的股价徘徊在15欧元上下，股民只能白白承受损失。不过有一点可以让人稍微感到安慰——电信公司多年来一直有稳定的分红。Wirecard就更糟糕了，它每股的分红从来没有超过20欧分。

Wirecard股票的情况让很多人想起了当年德国电信的那股热潮，Wirecard也和德国电信一样，一开始就夸下了很多海口。

"市场还处在萌芽状态。"马库斯·布劳恩在接受《资本》

---

[1] 犯罪侦探剧，德国国民大剧，1970年起已播出1000余集。——译者注

（Capital）杂志采访时说道，"未来是属于支付服务商的，这里面还有很大的发展空间。目前全世界所有的支付交易只有20%是电子化的，大概只有2%采取了完全数字化的方式。过去一年，Wirecard处理的交易金额为910亿欧元。这在全球每年百万亿级的资金流动面前算得了什么呢？"

布劳恩给投资者描绘了一个充满机会的世界，就好像2000年之后，整个世界就在等待着这家德国公司的到来一样。传统的银行正逐渐退出支付处理业务，将这个领域留给新的数字化玩家。例如，德意志银行就将子公司"德国信用卡服务"（Deutsche Card Services，拥有80名员工，为企业客户提供信用卡服务）出售给了美国公司Evo Payments（一家全球性的商业收单机构和支付处理机构）。很多其他银行也采取了类似的措施，专注银行投资业务而没有看到支付处理市场的增长前景。但在金融危机之后我们就能看到，这其实是一个错误的决定。

支付处理的缺口正在逐渐打开，PayPal、Adyen和Wirecard等公司蜂拥而入。凭借每年30%~40%的盈利增长，Wirecard将会是"未来10年表现最好的科技股之一"——布劳恩承诺道。按照布劳恩的说法，每股20欧分的分红确实不值一提，但公司股价有着很好的上升前景。他在《资本》杂志的采访中强调："我们是一只成长型股票。分红不是最主要的。股东们应该放眼于未来。我们对股东说的是：如果你想长期参与我们的增长而不是图分红，那么就请购买我们的股票。"

Wirecard共发行了1.23亿股股票，其中有多少最终落入德国散户投资者手中，不得而知。在证券交易所论坛上，这只股票迅速成为热门股票。布劳恩承诺的，正是许多散户股民所期望的，即从公司的快速增长中获利。然而问题是，很多人根本就不了解Wirecard的商业模式到底是什么样的，而且外界对Wirecard存在的问题也没有采取纠正措施。

和2000年那股"新经济"炒作热潮一样，在Wirecard事件中，有一个机构完全没有起到作用，它就是德国媒体，特别是股市媒体。媒体通常喜欢把自己当作散户投资者的代言人，因此也常常是金融市场的眼中钉。但是在Wirecard事件中，媒体却扮演了一个极其不光彩的角色。

编辑最喜欢的股票

在金融媒体界，大型纸媒《焦点财富》（*Focus Money*）是一个特别的存在。它的分析常常华而不实，靠与众不同的观点夺人眼球，而且经常建议大家购买黄金。《焦点财富》从一开始就是Wirecard的粉丝，编辑几乎一期不落地推荐购买Wirecard的股票，2010年还称Wirecard创造了"史无前例的增长"。不过，鼓吹购买Wirecard股票的远不只《焦点财富》这一家媒体。

在线门户网站"股东"（Der Aktionär）也很早就称Wirecard的股票"非常强劲"，并且多年来一直忠心耿耿地支持这只股票。即使是在Wirecard事件被揭露，股价已经跌得损失惨重之后，网站编辑还认为这是"低价买入的大好时机"。2020年2月，该网站还在说，"我们仍然坚定不移地认为Wirecard会重返辉煌""Wirecard仍然是我们的首选推荐""目标股价是200欧元"等。"股东"的编辑对Wirecard的狂热喜爱在其他很多投资论坛也引起了强烈的反响。

"金融走势"（Finanztrends）网站认为Wirecard是出了名的估值过低的股票，网站文章对此曾写道："我们认为这是真正的好消息。"2019年5月空头撤出的时候，网站写道："下一次暴涨是否就要来临？此刻Wirecard的股东脸上正洋溢着灿烂的笑容。"在另外一篇文章里,网站编辑整理了"购买Wirecard股票的20个不可抗拒的理由"。

传统媒体也不遗余力地吹嘘Wirecard。《奥格斯堡汇报》(*Augsburger Allgemeine*)声情并茂地向读者讲述了Wirecard成功的故事:"从色情业务支付商到股市明星,Wirecard如何一步一步走到今天?"《南德意志报》将Wirecard选为"年度股票"。《南德意志报》指责Zatarra报告中提出的批评是"不严密的""可疑的"。2018年Wirecard进入DAX指数后,《商报》还将马库斯·布劳恩评为"年度腾飞之星"。

2019年其实已经有关于Wirecard亚洲可疑交易的讨论了,可是《世界报》(*Die Welt*)还是忠实地写道,"Wirecard毕竟是一个好的兆头",因为"德国人本来对股票是不太热衷的。但是在Wirecard的故事中却恰恰相反。2019年,德国人和朋友聚会时终于又重新谈论起股票交易来。这是一件好事,每个人都应该按照自己的想法处置自己的钱"。"Wirecard股票让大家看到,股市是可以很有意思的,而不一定像很多消费者权益倡导者所说的那样冷酷无情。"《世界报》还进一步猜测:"也许有些人会花钱去买马里奥·巴特(Mario Barth)和海伦娜·菲舍尔(Helene Fischer)的演出门票。但是拿这些钱去买Wirecard的股票,让财富跟着Wirecard一起暴风式增长,显然才是更好的选择。同时你还可以了解到上市公司在方方面面能有多大的影响力。"

是的,对Wirecard进行投资,对很多小股民确实有很大的启发意义。就连知名度很高的《法兰克福汇报》(*Frankfurter Allgemeine Zeitung*)在2019年5月也欣喜地表示:"分析师们对Wirecard的股票是如此信任。"又接着写道:"专门从事互联网支付的服务提供商Wirecard已将对其财务报表的指责抛诸脑后。股价在上涨,亚洲市场的业务也才刚刚开始提速。"直到2019年11月,《法兰克福汇报》才紧急刹车,并郑重地说:"Wirecard是DAX的耻辱。"

一直以来,看好Wirecard的不止报纸和杂志。2018年,德国电视一台(ARD)主持人安雅·科尔(Anja Kohl)在一档股市节目中说:"像Wirecard这样的公司正在涉足数字货币业务,而传统银行正逐渐落后。"黑森广播电视台(Hessischer Rundfunk)的一个节目中也说:"Wirecard的市值超过了20亿欧元。这家拥有5000名员工的公司,却创造了巨大的股票市场价值。"

这一切最终都只是空中楼阁。其实在Wirecard彻底倒闭之前财经记者就应该清楚,巨大的股票市场价值不是Wirecard集团自己创造的,而是源自投资者对Wirecard股票的狂热追求。

即使是在后期,优质媒体的口风已经发生变化时,还有一部分媒体仍然在鼓动读者购买Wirecard的股票。每当Wirecard面临逆境时,股市门户[1]总会站出来挡在前面。它们总把自己营造成小投资者的保镖,然而在Wirecard事件中,它们更像是Wirecard公关的爪牙。每当市场出现问题时,这些网站就会出面解决。网站4investors在2019年秋还欢欣鼓舞地写道:"众多专家认为股价很快就会反弹!"

著名财经网站Onvista写道:"投资者们,请注意!Wirecard股价即将暴涨的3个理由!"而这篇文章发表的时候,已经是《金融时报》对Wirecard提出严重指控大半年之后了。"周日证券"(Börse am Sonntag)在2019年10月甚至还预测Wirecard股价会翻倍:"公司的增长不会受到影响,'2025年战略'中提出的目标听起来充满希望。"不久《商报》报道了Wirecard新加坡审计未通过一事,此后《经济周刊》

---

[1] 这些门户通常有自己的网站和移动终端App。——译者注

《南德意志报》和《明镜》周刊对Wirecard的批评也多了起来。

在有些人看来,这些表示怀疑的文章更加剧了人们对Wirecard集团的吹捧,自称"达克斯先生"(Mr. Dax)的前证券交易员迪克·穆勒(Dirk Müller)就是如此。他在电视采访中为Wirecard站台,说Wirecard"从一开始"就是他最喜欢的一只股票,他的基金也投资了这只股票。"它最近在各种媒体中被写得一塌糊涂——Wirecard要破产了什么的。"穆勒模仿着批评者的语气夸张地说道。当被问到Wirecard是否确实存在丑闻时,穆勒说:"压根就没有丑闻,这是无中生有捏造出来的。那些人只不过是想压低Wirecard的股价。"

然后他还好好地夸了Wirecard一番:"还好我们自己做了功课,而不是只听信报纸上的那些东西。自己分析之后就会知道,报纸上说的都是狗屁。我们细致地考察过Wirecard的每一个细节,都是干干净净的。这只股票的估值太低了。"穆勒让大家赶快加仓,说Wirecard"当然会"一切顺利。

毁掉的是小股民,高兴的是对冲基金

股市媒体如此不遗余力地吹捧Wirecard,必然会带来相应的后果。21世纪前10年,Wirecard在投资者中掀起了一股很大的热潮。这些投资者在市场里充当Wirecard的鹰派,将怀疑者从推特赶出去,在股市论坛的评论区对怀疑的言论进行猛烈攻击。

写文章批评Wirecard的记者会瞬间成为网暴的目标。我某天早上就曾在编辑部收到过一个包裹,里面是污秽不堪的内衣、短裤,暗讽我和做空者是一伙的。我收到的很多信件包含侮辱性内容,有些写要向警方和BaFin举报我操纵市场,有些甚至对我发出死亡威胁。

慕尼黑律师丹妮拉·贝格多特（Daniela Bergdolt）很清楚，有些投资者为了从Wirecard股票中获利而变得无比贪婪、盲目，以至于完全看不清现实了。贝格多特是投资法方面的专家，曾处理过大众汽车等大公司的案件。作为德国私人投资者保护协会（Deutschen Schutzvereinigung für Wertpapierbesitz）的副主席，她是这个事件为数不多的独立观察者之一，并且很早就对Wirecard提出过批评。贝格多特还清楚地记得Wirecard的忠实粉丝是如何对待她的。

"2019年6月，我参加了Wirecard的股东大会。会上我发表了一场激烈的演讲，我说我不理解Wirecard的商业模式是如何赚到这么多钱的，以及公司为什么要将新加坡的欺诈指控简单地掩盖过去。"贝格多特说，"我提出了一些关键的问题。我的演讲结束后，全场一片寂静。"

先是监事会主席伍尔夫·马蒂亚斯仔细打量了她一番，他不知道是否应该感谢她做这样一个演讲。"然后股东们走到我面前，对我清楚地说道：'根本不知道你在这里说些什么，贝格多特女士。你简直是数字化时代的尼安德特人[1]！'"大家的不满情绪都沸腾起来，投资者的脸都气红了，不停地咒骂贝格多特，说她在毁掉一个伟大的公司。贝格多特说，那些人差点就要跟她打起来。

很多人投资Wirecard，都是因为贪图股市的快速收益，而他们最终的命运是无比悲惨的。很多股民把毕生积蓄都押在了Wirecard上面，把养老的钱都输光了。他们为自己对Wirecard的坚定信仰付出了惨痛的代价。股民基本上都是男性，不少人面临着一无所有的境地，婚姻破裂，

---

[1] 尼安德特人是一群生存于旧石器时代的史前人类。——译者注

有的甚至因此产生自杀的想法。他们知道，通过破产程序和起诉路径追回损失是不太可能了。

许多投资者甚至是在不知情的情况下投资了Wirecard。作为DAX指数公司，很多指数基金投资了Wirecard。而且因为德国证券交易所没能快速采取行动，甚至在Wirecard破产之后，还有人购买Wirecard的股票。据投资者保护协会估计，约20万名大小股东最后平均损失了3万欧元。

然而事实还有另外一面。及时抽身的投资者赚到了钱，而真正大赚特赚的是那些空头，其中还包括几个世界上最大的对冲基金。多年来它们一直很能沉住气，不惜为它们的空头头寸支付高额费用。据估计，这些空头在这场赌注中赚到了数十亿欧元。根据《商报》报道，光是对冲基金伦敦TCI的克里斯·霍恩（Chris Hohn）就从这场空头赌注中获得了"约2亿美元"的利润，这些做空专家的判断竟是如此准确。回想起当时的情况，德意志资产管理公司（DWS）的基金经理提姆·阿尔布雷希特（Tim Albrecht）在接受《法兰克福汇报》采访时说："我们真应该问问自己，这些人是比我们聪明，还是掌握了其他信息？"

知识就是力量，在证券交易中尤为如此。有一些个人投资者掌握了正确的时机，看准了Wirecard股票会暴跌，也大赚了一笔。不过有一个问题是，他们可能违犯了法律，涉嫌内幕交易。检方也很关心，究竟是哪些人、在什么时候知道Wirecard要倒闭了，他们在Wirecard临倒闭时进行的操作存在诸多疑点。

内部人员遭到怀疑

疑点之一是在线论坛上一篇可疑的帖子。这篇帖子虽然很短，内容却十分劲爆。2020年6月10日早上，也就是Wirecard倒闭前8天，一个名为Lilalaunebär的用户在德国最大的投资者门户网站之一finanzen.net上写道："我想以完全中立、不带任何价值的身份在这里提醒大家，安永的审计结果不是无保留意见。"

他说，经过反复要求，Wirecard管理层仍然无法提供必要的证据说明"信托账户数额可观的担保资金在哪里"。"我是从哪里得到这个消息的，这就是我自己的事情了。"文中继续写道，并说Wirecard员工也把这些消息告诉了空头，"更多细节将在2020年6月18日公布。"

论坛版主立即做出了反应，帖子被删，不一会儿该账号就被停用了。但是至今，网上对这篇帖子的讨论仍然没有停止。"一个10分钟之前新创建的账号，告诉了我们所有的内幕消息，让我们知道审计结果没有通过。百分之百保密的信息啊，大家都卖了吧。"一名用户阴阳怪气地评论道。"简直是可笑。"另一个人写道。第三个人则威胁道："尊敬的Lilalaunebär，我已经向巴登–符腾堡州警方告发你了。"

论坛里，这篇帖子很快就被淹没了。然而当Wirecard 6月18日宣布信托账户中19亿欧元的证据是伪造的，也就是说资产负债表上1/4的资金都是伪造的后，再回过头去看这篇帖子，感觉就完全不一样了。帖子里提到的信息过于具体，不可能是巧合。"数额可观"、"信托账户"以及无法提供证据、"审计结果"等字眼，其实把导致Wirecard倒闭的所有关键点都提到了。

在Wirecard倒闭前的几天，这篇论坛帖子并不是唯一令人惊讶的消息，很多事都充满了谜团。一些专业投资者的行动、大合作伙伴的及时抽身，以及集团内部一些消息灵通者的声音，都让人不禁怀疑，Wirecard的倒闭并不完全是突然发生的。在最坏的情况下，内部人员、审计、管理层和监管人员都听到了风声,而且他们自己可能还从中获取了利益。

这中间涉及不少的钱。Wirecard倒闭时,120亿欧元的股票市值在7天之内化为乌有,而Wirecard市值最高时曾达到240亿欧元。

Wirecard的小股东们对论坛上那篇帖子的态度是很谨慎的。"我非常担心,依靠公开信息做决定的小投资者,将来要如何才能避免遭受这种惨烈的后果。"一位向BaFin投诉的人说,"我希望今后参与市场的任何人都不能通过内幕信息,以及通过损害众多私人投资者和小股东的利益,来获得如此可观的利益。"

BaFin将此事告知了慕尼黑检察院,并应要求将此事移交给调查人员处理。慕尼黑检方的一位发言人提到,那篇帖子涉嫌操纵市场,对此已经展开了调查:"对于被告人布劳恩博士和其他可能的同伙,已经在进行全面的调查。"

除了布劳恩,还有一些人也是调查的重点。显然,集团内部很早就跟毕马威和安永的审计人员讨论过财务报表的问题了。2020年3月14日,《商报》报道了"异国他乡"的第三方合作伙伴的审计问题,消息来源就是内部人士透露的第三方合作伙伴中有几家公司不愿意向毕马威提供自己的账簿。同年4月22日,《商报》又报道Wirecard正在就特殊审计报告中措辞的尖锐程度和毕马威纠缠。根据集团圈内人士透露,审计人员的表述远比预期的要负面得多。此时,报道中还没有谈及信托账户上"数额可观"的资金的来源证明问题。6月17日,原计划提交年度报表的前一天,集团总部传出了一些相互矛盾的消息。例如,有人说CEO布劳恩已经躲起来了,不管是他的手下、大投资人还是商业伙伴都找不到他。

最晚在6月16日，马尼拉的第一家银行承认伪造银行对账单时，审计结果就已经出来了，但当时市场仍然对Wirecard有着很高的期望。集团一次又一次对外宣称，预计特别审计会有一个好的结果，并在3月12日和4月22日的股市公告中坚持这样的说法。这些公告后来也被BaFin纳入调查范围，因为对于私人投资者来说，这些公告是具有欺骗性的，会给他们营造一种安全的假象。当时大投资者也都认为股价会回升。

Wirecard崩溃前几周，法国巴黎银行和瑞士冯托贝尔银行还发行了Wirecard债券。专业投资人可以通过这些债券买入Wirecard股票。从一份产品信息表中可以看出，2020年5月25日（当时Wirecard的股价约为83欧元），法国巴黎银行签发了一种高度特殊化的债券，名为"一年期Wirecard股份有限公司自动可赎回反式可转债（欧元）"。这种债券面值为1000欧元，在2020年8月底之前是7.5%的票面利率。若Wirecard股价跌至41.56欧元以下，则转换为股票，不再支付债券利息，不可赎回投入资产。

冯托贝尔银行紧随其后，在5月28日推出了利率14.55%（年化收益率58.20%）的Wirecard产品。面值同样为1000欧元，8月底之前利率14.55%，发行总额2500万欧元，当股价低于70.41欧元时转股。事实上，伪造银行对账单的事情败露之后，Wirecard股价在6月18日就跌到了70.41欧元以下。

"显然，不少人相信Wirecard的情况会好转，想要借助债券的杠杆效应大赚一笔，因此他们对结构化、高度投机的产品有需求。直到最后一刻，专业投资者都认为审计结果会是好的。从这之中可以看出，市场欺骗的程度有多么严重。"法兰克福大学金融研究中心主任沃尔克·布吕尔说道。

2020年4月毕马威特别审计报告出来的时候，Wirecard集团内部就已经知道大事不好了。"我看到报告的时候都震惊了！"一位高级内部人士说道。一些外界观察者也注意到了这个警告信号。

一路陪伴布劳恩的德意志银行及时抽身。德意志银行不仅在向Wirecard贷款的15家主要银行之列（虽然贷款金额不多）（见第4章第3节），和布劳恩也有常年的私人业务关系。2017年年底，布劳恩还将他在集团7%的股份的近一半抵押给了德意志银行，拿到了1.5亿欧元的贷款。但是在2019年秋，德意志银行就已开始重新考虑自己和布劳恩之间的关系了。他不得不赎回抵押的股份并转到奥尔登堡州立银行。而在1年多以前的2018年5月，常年给Wirecard做审计的安永的审计师被德意志银行聘为新的财务总监。德意志银行是否因此比其他竞争者知道了更多信息呢？对此，德意志银行未作出官方回应。

在Wirecard集团倒闭前的最后一段时间里，令人费解的事情还有很多。比如布劳恩自己还在2020年5月底购买了250万欧元的Wirecard股票。他难道还认为可以扭转局势，挽救自己毕生辛苦经营的公司？还是像他身边的人认为的那样，想迷惑市场的走向？集团二号人物扬·马萨利克的行为也同样让人琢磨不透。他是出了名地知道如何维护自己的经济利益的人。他周围的人不排除马萨利克也认准了Wirecard会倒闭的可能性。"他会做空还是做多？在他身上，一切都有可能。"一位知情人士说。

Wirecard倒闭前8天，Lilalaunebär的那篇帖子让人们关注到了安永的审计人员。10年来，他们给Wirecard出具的都是无保留意见的审计报告。能了解到Wirecard 2019年及之前几年财务报表种种问题的人，首先当然就是审计人员。信托账户的问题，这些审计人员最晚在2020年4月

28日也知道了。这一天毕马威的特别审计曾斥责Wirecard，因为其2018年年底在新加坡信托账户上的10亿欧元证据不足。

Wirecard和安永也曾就2019年年底转到菲律宾的19亿欧元信托资金存在争议。马萨利克本人曾在2020年3月和安永的专家一起飞到菲律宾首都马尼拉。银行工作人员接受了贿赂，在审计专家面前做了一场秀。在后来的视频通话中，审计人员不得不要求银行工作人员对着摄像头举起他们的工牌。安永对所有这些问题都进行了详细的记录。很长时间里人们都没有想过，审计人员会利用了解到的内幕，把钱装进自己的腰包。因为在审计机构内部，审计人员甚至对其他审计团队都有严格的保密义务。对审计方存在的重大嫌疑，目前检方也在展开调查（第4章第2节）。

还有一位内部人士已经遭到刑事指控。2021年1月，BaFin向斯图加特检察院举报了一名自己的员工，该员工被指控利用内幕消息和Wirecard进行证券交易。BaFin内部许多其他员工也疯狂地用金融产品炒作Wirecard股票。这些情况都是Wirecard倒闭后才进入人们视线的。这些人在这个过程中是否利用了内幕消息，还不得而知（第5章第1节）。

不过我们还是先来看看另一个问题：兢兢业业的监管人员明明可以看到现金的流动情况，即使财务报表被操纵，检方也应该能够发现一些问题。那些反洗钱调查员应该搞清楚，Wirecard集团的真实业务到底是什么。假若他们仔细调查一下，十几亿欧元的财务欺诈案也许就不会发生，很多股民也不至于倾家荡产了。

第 3 章　德国：一个心甘情愿被愚弄的金融体系

税务和检察人员——欢迎来到洗钱天堂

董事会议上一片沉默。苏珊娜·施泰德可能触及了Wirecard集团历史上最忌讳的话题。但不管怎么说，这位新董事至少在Wirecard最高执行机构——董事会中，提过一次这个问题。

每周一下午4点，集团CEO布劳恩、负责亚洲区的董事马萨利克、CFO克诺普、CPO施泰德都会在公司总部5楼开会，会上他们会决定新的举措，讨论贷款和收购事项。开会时不允许携带手机。布劳恩通常喜欢把会议时间控制得很短，会上也很少出现反对意见，但这天施泰德提出的问题，是从未在会上讨论过的。尽管如此，刚被任命为董事会成员的施泰德还是将它提了出来。

在马萨利克负责的东亚地区，存在规模巨大的第三方业务。施泰德问道："我们能否确定，没有为任何儿童色情产品提供支付服务？"

施泰德是2018年1月进入执行董事会的，同时升上来的还有CFO亚历山大·冯·克诺普。两个人都在Wirecard集团工作多年，克诺普从2005年起就在Wirecard工作，施泰德则是2006年。他们两个都知道，Wirecard有两张面孔。对外，Wirecard是德国股市一颗耀眼的明星，有着梦幻般的增长速度和创新的商业模式，优质客户遍布实体经济和互联网经济，包括奥地利联邦铁路、荷兰皇家航空、德国高级餐厅Käfer和英国线上金融平台Revolut。

Wirecard喜欢用这些优质客户往自己脸上贴金。但是最高管理层的几个人也很清楚，事实上集团还是很深地依赖早期的那些从事不正当交易的客户，尤其是赌博和色情网站。

在Wirecard的世界里，对色情业务总有其他的称呼。不管是最开始在格拉斯布伦的时候，还是后来在阿什海姆，在为这类网站处理支付时，Wirecard总是会用一些优美的表达替换掉那些露骨的名称。当不得不提到这些业务时，例如在被记者问及时，布劳恩会把它们称为"成人领域"，其他一些管理人员会说"成人娱乐"，马萨利克则把这些业务统统归为"情感内容"。其实他们所指的都是一样的。

色情产业对早期的Wirecard来说有多重要，在员工面试时就已经体现出来了。"我被问到介不介意工作内容和成人娱乐有关。"一位女员工说道。一位程序员说："我们从来没觉得这些业务有什么问题。毕竟早期互联网上全是这些东西。况且只要色情服务是合法的，我们为他们处理支付又有什么问题呢？"

确实没问题。21世纪初，几个高层员工会聚在办公室里，一边在网上看年轻美女，一边根据聊天内容自慰——当然，他们要给她钱。Wirecard的这些高层兴奋极了——支付成功了，看来这个业务可行。多年后，在公司走廊里，还能听到人们谈起这个故事。

合法的色情活动在Wirecard帝国里从始至终扮演着重要的角色。内部统计报表显示，直到2019年年底，大型色情服务商Fenix依然占到了Wirecard总交易额的11%。但是布劳恩在2019年秋的一次采访中却说："整个色情和赌博行业现在在我们业务中所占的份额不到10%。"这显然是谎言。如果把亚洲第三方业务也算进来，就更难说在线色情行业在Wirecard的业务中，究竟占据多大的份额了。

亚洲是儿童色情制品生产的大本营。对于有组织的犯罪团伙来说，这一领域是"最具增长潜力的市场"之一，而且外界很难掌握其中可靠的数据。国际刑警组织2011年估计，全世界儿童色情贸易的营业额高达180亿美元，几乎等同于非法武器贸易。同年，美国国家失踪与受虐儿童服务中心（NCMEC）的统计结果显示，和2007年相比，网络上儿童色情照片和视频的数量增加了4倍，文件总数达1730万，并且此后数字还会呈指数级增长。

这些数据也让Wirecard总部的一些员工感到忧心忡忡。尽管内部风险部门可以看到是哪些供应商通过Wirecard系统处理付款，看到的都是大型、合法的色情供应商，但是在亚洲的灰色地带，真实情况又如何呢？"Wirecard系统里的交易不只包括那些有官方记录的。"一名管理人员透露道，"谁都看不到，第三方公司利用我们的技术处理了些什么业务。"

苏珊娜·施泰德自己虽然没有孩子，但是却很关心儿童色情制品的问题。她知道，在马萨利克管辖的亚洲区域，她没有权限查看系统和合作伙伴的交易情况。CFO克诺普也是一样，他所做的只是把马萨利克给他的数字填进财务报表里，大部分业务可能都是编造出来的，只不过2018年的时候还没有人知道这一点。施泰德勇敢地打破了禁忌，提出了疑问。

当被问及是否可以排除Wirecard通过为儿童色情制品提供支付服务来赚钱时，布劳恩仍然没有回答。亚洲区董事扬·马萨利克回答了这个问题。"有些业务我的良心是无法接受的。"他说。所以说儿童色情的问题可以排除，无须担心。施泰德对这个解释表示满意，没有继续追问下去。她无法核实这一说法的真实性，但她手上没有筹码，不敢与董事会的同事决裂。于是他们直接开始讨论议程上的下一项内容了。这次问答的内容没有任何记录，Wirecard公司压根就不存在董事会会议记录这个东西。

还有一次，布劳恩也被问到了儿童色情的话题。2020年11月19

日,他第一次被传唤到Wirecard调查委员会面前,左翼党金融专家法比奥·德·马西(Fabio De Masi)提到布劳恩有一个2岁的女儿。德·马西问布劳恩,作为一名父亲,他敢不敢承认Wirecard董事会内部曾经讨论过是否要为儿童色情产品提供支付服务。布劳恩没有用他准备好的那一套标准的说辞,比如说"今天无法回应",而是大声地对德·马西吼道:"请不要把我的家人牵扯进来。"

迄今为止,没有迹象表明Wirecard为儿童色情制品提供过支付服务。在Wirecard总部系统的交易记录里基本可以排除这种情况。但是在第三方业务领域,真实情况究竟是什么样子,仍然是一个谜,也许案件的主要嫌疑人对此也不清楚。

"即使我们相信马萨利克的说法,说他不能忍受这些业务,这实际上又能说明什么呢?"一位高管说道,"连马萨利克自己也不可能100%排除这种可能性。我们把支付软件提供给第三方收单机构使用,他们用它来干什么,就没有人知道了。"

漏洞遭到利用,检方调查不力

儿童色情的问题悬而未决,但是另一个问题却已得到了证实。Wirecard为非法在线赌博网站和欺诈性交易门户网站处理过付款(见第2章第2节)。事情很清楚,为非法业务处理支付是一种刑事犯罪,该行为被称为洗钱。Wirecard涉嫌大规模洗钱,这在很多人看来已经是毋庸置疑的了,不过涉案金额具体达到多少,还远没有搞清楚。在纽约对冲基金经理法米·奎迪尔(Fahmi Quadir)等批评者看来,Wirecard丑闻的核心就是洗钱而不是财务造假。她在跟《商报》记者的谈话中说:"在我看来,Wirecard就是一个巨型的洗钱机器。我很惊讶,在

Wirecard事件中大家的关注点竟然主要在财务造假上。"

Wirecard的洗钱和财务欺诈行为有一个共同点,那就是它多年来一直在最大限度地利用现有的漏洞而几乎没有受到任何阻碍。其实很早就有人提出过警告,检举过,也展开过调查,但是结果来得实在是太晚了。

追随线索,人们发现洗钱机器的核心是Wirecard银行。Wirecard银行是2006年通过收购一家小型证券交易银行XCOM而诞生的,Wirecard也成为世界上第一批拥有自己银行的支付处理商。这是极有远见的一步,也成为Wirecard区别于其他竞争者的特别之处,给Wirecard带来了大量业务和高水平增长。虽说Wirecard银行对整个集团至关重要,但从始至终,银行的规模都很小。据德国联邦公报[1]统计,截至2018年年底,Wirecard银行员工仅有151人,而集团总共有员工5141人。

虽说重要的决策都需要在集团层面进行,但是在2018年之前,只有银行内部才有反洗钱的概念。据Wirecard解释,这是因为德国的监管机构规定,只有银行才受到德国《反洗钱法》的制约。2019年春,Wirecard才成立了一个"集团反洗钱办公室",在整个集团范围内"阻止洗钱活动和恐怖主义融资行为"。

当时,Wirecard银行自己是有一个"中央办公室"的。有1名反洗钱专员和另外4名员工。据说2019年,这几人接管了"集团反洗钱办公室"的工作,该办公室还增加了2名员工。也就是说,这家活跃于全球的支付服务商在倒闭前仅有7名专职人员负责审查高达1200亿欧元的交易额。这简直让人难以置信。

---

[1] 德国司法部发布的官方刊物。——译者注

从《南德意志报》援引的邮件内容中就能看出，Wirecard内部的这个反洗钱中心的制度有多么松散。"下班之前想不想听个笑话？"Wirecard的一名管理人员2014年在给同事的邮件中写道，"咱们公司的反洗钱专员刚刚问我，有没有专门给反洗钱专员的保险，那小子可能还有点担心呢。"同事的回复是："啥？保险？没有风险就没有乐趣（No Risk no fun）。"事实上，Wirecard确实会把eBay上一些欺骗性的私人卖家挑出去，但这些业务其实都是无足轻重的。对于扬·马萨利克标注"优先"或"A++"的那些客户，有另外一套规则。这些客户很多来自东欧，活跃于赌博、贸易和色情行业。根据马萨利克的指示，对这些客户应该"特别友好"。他甚至亲自帮一些俄罗斯寡头在Wirecard银行开户。

内部反洗钱中心没起到监管作用，那么人们就要问了，德国国家反洗钱监管机构也不管吗？事实上，那些人也确实没什么作为。尽管许多调查和监管人员注意到了Wirecard集团，但是这么多年来，他们从未制止Wirecard的这些业务。

在整个Wirecard的历史中，只有两次因涉嫌洗钱遭到搜查。第一次是2015年12月，慕尼黑检察院协助FBI进行搜查。FBI的目标是诈骗网站Banc De Binary，该平台于2017年永久关闭。当时公众对此次搜查过程一无所知。

直到2020年Wirecard倒闭之后，调查人员才重新追查了洗钱事件。2020年9月29日，由慕尼黑检察院负责搜查。这已经是Wirecard 2020年第三次被搜查了，但却是唯一一次因涉嫌洗钱被搜查。

2020年的第一次搜查发生在6月5日，即毕马威4月底提交特别审计报告之后，搜查的原因是怀疑Wirecard涉嫌操纵市场。在调查人员看来，Wirecard当时对情况过于乐观了，企图糊弄过去。这一天调查人员来到阿什海姆时还是很谨慎的，他们没开警灯，也没带警力。但在随后的突击搜捕中，他们就没那么客气了。7月1日——Wirecard破产后的第六天，调查人员搜查了Wirecard总部，以及布劳恩和马萨利克在慕尼黑、维也纳和基茨比厄尔的私人住所。这次搜捕的原因则是Wirecard伪造了财务报表，涉嫌财务欺诈。

直到第三次也就是2020年的最后一次搜查，才涉及洗钱的问题。2020年9月29日，慕尼黑检方又一次来到阿什海姆的总部，还带了德国联邦刑事警察局的官员。这次搜查一方面要调查Wirecard银行的管理人员，因为Wirecard银行2018年为母公司提供了1亿多欧元的贷款，后来延长了还款期限，并且没有要求提供任何抵押物；而另一方面主要是有人严厉指控Wirecard，称其在过去几年已成为德国最大的洗钱沙龙。对于破产管理人米歇尔·贾菲（Michael Jaffé）来说，这次搜捕行动无疑加重了他的负担——它使得Wirecard剩余资产的出售过程变得更加复杂了。但在大多数人看来，这次搜查来得太晚了。

洗钱天堂德国

EFRI的埃尔弗里德·西克斯特坚信Wirecard有问题。EFRI是位于维也纳的一个投资者保护组织，它追踪了多个欧洲国家支付服务商的诸多可疑商业行为，代表着数百名受害投资者的利益（见第2章第2节）。EFRI在2020年年初提出Wirecard涉嫌洗钱的刑事指控，这是调查人员于同年9月29日进入Wirecard总部进行搜查的重要原因之一。

根据西克斯特的说法，有足够的理由对Wirecard进行调查。Wirecard为诈骗犯和非法商家处理大规模的资金转移多年，而丝毫没有受到过任何阻碍和惩罚。据估计，数年来欧洲网络犯罪分子每月通过诈骗网站骗取金额超过1亿欧元。西克斯特认为，这中间扮演关键角色的就是拥有德国银行执照的Wirecard银行。

Wirecard洗钱的事情终于得到了调查，西克斯特对此感到非常开心。她说，仅关注Wirecard财务欺诈的问题是不够的，事实上Wirecard并不完全依赖虚假交易。Wirecard至少有一半业务是真实的，而其中可疑或非法商家占了很大一部分。可以说，Wirecard就是在帮他们洗钱。

然而，德国检方2020年9月才因为Wirecard涉嫌洗钱对其总部展开搜查，西克斯特批评说这实在是太晚了。

为什么调查人员这么晚才来，难道监管部门都瞎了吗？这其实涉及德国的一个弊病。联邦德国在国际上一直被认为是一个规则和规范的国度，但是在这样的外表下，犯罪行为却很猖獗，专家甚至将德国视为欧洲的"洗钱天堂"。

从Wirecard事件就可以看出，德国的反洗钱监管工作的效率有多么低。简单来说，德国负责反洗钱的有3个部门：BaFin负责监督下属的金融机构，预防洗钱发生；税务机关下属的FIU负责收集和评估重要市场参与者提交的洗钱举报，并将结果转交给检察机关；所有不在BaFin监管范围内的金融公司则由地方监管部门负责，在不同的联邦州可能由地区委员会、工商部门，甚至当地警察局负责。

银行、金融服务商、律师、公证员、审计师、税务顾问、赌场、博彩经营者、房地产经纪人和其他"从事高价值商品的交易"的人员，例如汽车和船只经销商，均须遵守《反洗钱法》的规定，"一旦发生价值超过1万欧元的现金交易"，就有义务"采取措施，防止洗钱和恐怖主义融资活动的发生"。另外，如果商家怀疑客户有洗钱或为恐怖主义融资的嫌疑，不论交易金额大小，都必须履行"一般尽职调查义务"。

市场参与者的法定调查义务在理论上听起来似乎非常清楚，然而在实际的经济实践中，几乎不会产生任何影响。德国在国际上被视为洗钱的首选国家，德国哈勒大学刑法和犯罪学教授凯·布斯曼（Kai Bussmann）就曾对此提出过批评。在2016年为德国联邦财政部进行的一项研究中，他估计每年有超过1000亿欧元在德国被洗白。

"毫无疑问，德国是国际洗钱重地之一，因为在德国洗钱不会受到有效的刑事追究。"布斯曼说道，"德国基本上只会追究一些芝麻大小的洗钱案件。每年根据刑法侦查、处理和判决的洗钱金额大概才1亿欧元。"这连布斯曼估计的总洗钱金额的0.1%都不到。

布斯曼教授说，洗钱的追踪过程是极其复杂的。需要同时证明两点：一是洗钱行为本身，二是资金的非法来源。而第二点检察机关常常无法证明，这为洗钱活动敞开了大门。哪怕是大宗的房产交易和现金交易，也压根不会被调查。据布斯曼说，2019年尽管收到近12万份举报，但99%没有得到处理。

监管一片混乱

洗钱活动难以举证是问题的一个方面。另一方面，本应该为此提供证据的监管机构也几乎是一片混乱。在Wirecard事件中，这种混乱最终导致了监管机构的不作为。

对Wirecard监管不力，根本原因是一直到最后，人们都不清楚支付服务商的反洗钱工作到底应该由谁负责。

Wirecard银行无疑应该由BaFin负责，BaFin也确实对它进行了一些反洗钱审核，但是并没有给Wirecard带来严重的后果。正如左翼党议员法比奥·德·马西指出的，BaFin尽管在2010年对Wirecard银行进行的一次特别审计中发现了一些违反《反洗钱法》的问题，但在2011年的复核中却称问题已经被解决。而且，BaFin对众多举报视而不见，直到2019年才将Wirecard银行列入"需密集监管"的机构名单。而在此之前，《商报》已经揭露了Wirecard为非法交易网站处理支付的事情。BaFin的一份内部报告显示，《商报》的文章出来后，BaFin又针对Wirecard银行展开了新一轮的特别审计，不过这次审计也没有得出任何重要结论。

关于Wirecard银行就说到这里。那么整个Wirecard集团的反洗钱监管工作又应该由谁来负责呢？到底是由联邦层面还是地方层面？这个问题至今仍然存在争议。联邦和巴伐利亚州之间没有达成一致意见，而是不停地相互推脱责任。

尽管多年来多方对Wirecard提出过洗钱指控，但是BaFin和巴伐利亚州政府在2020年2月，也就是Wirecard倒闭前4个月，才开始讨论谁该负责监管Wirecard的问题。6月25日——Wirecard宣布破产前一天，联邦财政部才参与进来。

时至今日，巴伐利亚州政府仍拒绝承认自己有任何问题。巴伐利亚州内政部部长约阿希姆·赫尔曼（Joachim Herrmann，基社盟[1]）虽然在2020年7月承认反洗钱监管存在漏洞，但是在州议会上被社民党成员问及此事时，他解释道："出于Wirecard集团结构的原因，根据《反洗钱法》的规定，我们无法对Wirecard有限公司的所有子公司进行监

---

[1] Wirecard案件曝光时，德国巴伐利亚州执政党为基社盟，反对党为社民党。联邦层面，由联盟党和社民党共同执政，左翼党、自民党和绿党构成反对党。——译者注

管。"他认为，此事不属于巴伐利亚州的管辖范围，因为Wirecard集团并不是一个金融公司，当地政府将Wirecard归为了IT公司。

这位部长在此有意无意地混淆了两个事实：一是一般的金融监管问题，二是专门针对洗钱问题的监管工作。

Wirecard的监管工作中存在一个致命的问题，就是Wirecard集团被归为技术控股公司，因此BaFin只能监管Wirecard集团下的一个子公司，即Wirecard银行（见第5章第1节），并且监督管理Wirecard银行的洗钱活动。

整个Wirecard集团的反洗钱监管工作从始至终无人问津。虽然照理说所有不属于BaFin监管的金融机构，都应该由州政府负责监管，但是巴伐利亚州却处理得很松散。2020年2月25日，下巴伐利亚区政府才第一次和BaFin取得联系。该政府称Wirecard的反洗钱监管工作由自己负责，并在5月重申了此事。

根据《反洗钱法》的规定，区政府应负责"非金融部门"的执法，这当中除了汽车经销商、房地产经纪人和保险经纪人，还包括没有信贷业务的金融公司。下巴伐利亚区政府认为，Wirecard因为有众多海外子公司，所以应该被归为这一类。Wirecard集团并不由BaFin负责，因为正式来讲Wirecard也不算支付服务提供商——这听起来可能很奇怪。德国联邦财政部对此澄清说："Wirecard股份有限公司并不属于《支付服务监督法》定义的支付服务提供机构。"问题出在该法律对支付服务提供商的定义过于狭窄。其实BaFin自己也曾将Wirecard称作"活跃于全球的支付服务公司"，但这并不重要，因为反正对此并没有什么准确的法律规定。

纸面上的规定就说这么多。在2020年6月25日Wirecard宣布破产的这一天，巴伐利亚州内政部出人意料地通知BaFin和联邦财政部，称不认为下巴伐利亚区政府该为此事负责。相反，州内政部认为BaFin应该对此负责。巴伐利亚州政府的突然改口其实很容易解释——政治上推脱责任的游戏开始了。

州政府的推脱、法律的弊端，都只是一个方面。即使区政府更早介入Wirecard集团的反洗钱监管工作，可能也不会取得很大成效。下巴伐利亚区政府总共只有6名全职员工负责洗钱犯罪的预防工作，6个人要管理1000余家企业，根本就是不现实的。

"熟睡"的FIU

缺乏预防和监管，为Wirecard的这场灾难提供了一个解释。另外，洗钱犯罪的追踪工作也是漏洞百出。负责追踪的是FIU，它是德国税务机关下面的一个特别机构，专门负责收集全德国范围内的反洗钱举报信，并对其分类。FIU完整的名称叫"中央金融交易调查办公室"，有大约400名员工，每年需处理12万份举报信。专家都称，这是一项不可能完成的工作。

2017年，FIU由德国联邦刑事警察局转移到税务机关旗下，也即从内政部转移到了财政部，这更加削弱了FIU的力量。当时的财政部部长还是沃尔夫冈·朔伊布勒（Wolfgang Schäuble，基民盟）。把FIU转移到财政部，本来是为了加强FIU的影响力，但最后却造成了混乱不堪的局面。技术问题不断，人员资历也不合格，成千上万的举报很快就积压起来，根本来不及处理。

朔伊布勒的继任者奥拉夫·朔尔茨换掉了FIU的主任，并增加了人员配置，但FIU的工作效率仍然饱受诟病。2019年，FIU共收到11.4万条有关洗钱和恐怖主义融资的线索，其中只有3.8万条被交给执法机构。很多旧案件被FIU直接放到了监测系统，而被放到监测系统的案件不会被处理，只不过不再出现在未处理案件的统计数字里了。

"FIU不可能有效地工作，这一点德国任何一个刑事调查员都很清楚。"德国刑事调查员协会主席塞巴斯蒂安·菲德勒（Sebastian Fiedler）说道，"银行、监管机构等的执法人员一起开会时，讨论到FIU，有时候都会笑得不行。"FIU这个机构先天就有严重的缺陷，不可能高效运作，这是一个大家都知道的公开的秘密。"对于FIU，基本上只存在两种意见——德国所有的刑事调查员都认为FIU稀烂，而FIU的员工却不以为然。"

FIU的主要问题是，很多员工没有接受过犯罪学的专业训练，因此他们根本就不可能完成工作任务。FIU的职责本来是分析被举报的洗钱活动是否存在犯罪嫌疑，如果存在就交给调查人员处理，但是由于举报数量过多，员工不堪重负，所以常常不经考察就一股脑转交给检方。而检方也有过多的案件来不及处理。

在这种环境下，犯罪集团可以安全地茁壮成长。Wirecard事件案发后，德国联邦议院的几名议员也对FIU提出了多次质问。

2020年7月底，在德国联邦议院金融财政委员会特别会议上，财政部部长奥拉夫·朔尔茨第一次被要求就FIU发表意见。

据他所说，过去几年FIU总共收到过500多份关于Wirecard银行的举报信，FIU自己也获得了很多重要线索。其中，德国商业银行进行了多次举报。FIU称，截至2020年7月28日，"总共发现了97份举报信可能与目前的指控有关"。

举报主要集中在2017—2020年。但是外界很多人认为，FIU采取行动太晚了。2020年6月22日，也就是Wirecard宣布19亿欧元很可能从未存在过的时候，FIU才开始重新整理所有和Wirecard有关的举报信。这时，一直各干各的部门才突然开始联合。FIU和BaFin共同成立了一个特别行动小组，FIU还将50封举报信转交给了主管的检察机关，不过这都是财务欺诈暴露之后发生的事了。换句话说，这就像走私犯已经暴露了，海关才开始工作。

德国联邦议院的反对派对此态度很明确，他们批评FIU渎职，对犯罪行为视而不见。更重要的是，如果反洗钱的监管人员早点关注到Wirecard，早点揭露Wirecard集团的违法行径，也许十几亿欧元的财务欺诈案件就不会发生了。自民党的金融专家弗洛里安·通卡（Florian Toncar）称，FIU是继BaFin之后，"第二个国家政府失败的案例"。

高层管理人员遭到怀疑

尤其应该引起反洗钱人员注意的是，其他银行已经就Wirecard高层管理人员进行了数十次举报，FIU收到了36份针对集团执行董事会和监事会成员的洗钱指控。但是这些人丝毫不用担心，等FIU处理完举报信再转交给检方调查，时间还长着呢。比如，2019年2月7日的一封举报信在两周之后才被交给检方，同年6月12日的一封举报信甚至一个半月都没有得到处理。

然而，不仅仅是FIU的官员做事拖拉，很多有举报义务的银行也没好到哪里去。36份针对Wirecard高层的举报中，大部分都是财务丑闻暴露之后才提交的。

慕尼黑检察院收到FIU转交的举报信之后也来不及处理。最早在2019年就有指控提到布劳恩和马萨利克之间存在一些可疑的私人贷款。

但是2020年7月初，检方的一名发言人才宣布："因涉嫌洗钱，我们正在针对公司负责人和一些身份不明的人展开调查。"甚至他们到9月29日才展开搜查。发言人说，Wirecard倒闭之后又收到了越来越多新的指控。当局的迟疑和拖拉，给了Wirecard的犯罪分子很多时间来掩盖线索。

包括托比亚斯·博斯勒等一些人的指控（见第3章第1节）早就失效了。Wirecard倒闭之后，人们才清楚地看到，博斯勒那么早就发出的警告，竟消失在了司法部门办事低效的旋涡里。检方首次公开表示，"那次指控涉及和美国在线赌博有关的金融交易"，但诉讼程序"因为没有犯罪证据，于2012年2月22日终止"。其他一些2010年的指控（其中有些被交到了BaFin）也因此被驳回。

纽约的对冲基金经理法米·奎迪尔说，她对德国当局已经失去信任了。她发现，没有人愿意听她说她所掌握的关于Wirecard洗钱的信息。她现在指望美国方面能调查清楚——美国相关部门正在调查马萨利克的两名心腹，奎迪尔提供了一些证据。

可悲的是，德国方面还在拖拖拉拉时，别的国家已经采取行动了。2015年，FBI第一次提出搜查Wirecard总部，并且此后也在持续调查。针对Wirecard的指控很多，美国当局正在调查Wirecard可能参与的一起大麻交易中的银行欺诈案，涉案金额达1亿美元。据《华尔街日报》报道，为了使非法毒品交易不被发现，2名商人和Wirecard就资金来源对美国的银行撒了谎。

2019年年初《金融时报》的报道出来之后，在地球的另一端，新加坡当局也立即做出了反应。他们搜查了Wirecard在新加坡的办公室，问责高层管理人员。甚至菲律宾当局都调查了一些和Wirecard有关的金融犯罪情况。

事实上，德国也有一些机构很早就注意到了Wirecard，比如德意志联邦银行。在Wirecard倒闭之前，德意志联邦银行的一位银行家就曾告诉《商报》，要批判性地看待Wirecard的飞速崛起。德意志联邦银行内部的风险评估认为Wirecard有洗钱风险。针对BaFin几次有利于Wirecard的举措，包括有争议的卖空禁令，德意志联邦银行都表达了严肃的怀疑态度。可它最终也没能扭转大局。

就这样，Wirecard这台洗钱机器继续欢快地运转着，直到最后惨痛的结局来临。阿什海姆的洗钱沙龙24小时营业，全年无休。不仅仅是监管机构失职，媒体和投资人也太天真，始终没有对此产生过怀疑。而其他业内人士、公司内部审计机关及Wirecard的业务伙伴，不是选择视而不见就是完全判断错误。下一章我们会详细来说。

第 4 章

监管失职：内部机关无一可免责

有名无实的监事会

那是一封长达4页的信，内容极其劲爆。蒂娜·克莱因加恩（Tina Kleingarn）2017年9月29日写道："亲爱的伍尔夫、亲爱的阿尔方斯、亲爱的史蒂芬、亲爱的乌一，如伍尔夫所知，我已决定辞去Wirecard公司监事会的职务。我想借助这封信，向你们说明我做出这个决定的原因。"

那时，克莱因加恩担任Wirecard公司监事整整一年。她从商科毕业，是咨询公司西区企业融资（Westend Corporate Finance）的创始人和合伙人，协助Wirecard集团完成了多次兼并、收购及公开招股。来到Wirecard之前，她曾就职于美国高盛集团和英国巴克莱银行。所以她2016年6月加入Wirecard监事会时，已经可以说对银行事务了如指掌。

可是她发现，Wirecard和她所习惯的其他大型金融集团截然不同。Wirecard的种种商业行为让她感到越来越不舒服。一年之后，她实在受不了了，于是选择辞职。她在给监事会同事的秘密告别信中道出了其中原委。

信中先是列出了Wirecard的一系列严重缺陷。这些问题违背了她"对监事会职责的理解",因此她无法允许自己继续任职。在第二段,克莱因加恩直奔主题:"在Wirecard的这段时间里,我发现Wirecard监事会的做法和我对公司治理的想法存在很大出入。作为监事会成员,我试图改善这一状况,但我的意见没有得到足够重视。我常常感到我是一个孤独的发声者。"

具体来说,克莱因加恩提到Wirecard的结构存在问题,与集团的对外形象完全不符。公司管理结构完全是为CEO布劳恩量身定做的。信中写道:"目前来看,Wirecard的企业架构更像是一个中型企业,而不像是一家准备进入DAX指数公司的企业。"以布劳恩为中心的管理层没有充分地认识到这中间的差异。

"根据现代公司治理理念,为了适应高度复杂的情况,应该调整公司的领导方式,改善执行董事会与监事会之间的合作。但是我意识到,董事会主席并不愿意这么做。"克莱因加恩写道,"相反,他的行为和独资经营者没什么两样。但是Wirecard并不是一个个人独资的企业。作为一个股份有限公司,它是有义务接受监事会监督的。"

Wirecard的领导文化岌岌可危,克莱因加恩对此也列举了几个具体的例子。例如布劳恩延长CEO聘用合同期限时,说这"无须经过任何流程""都没有给出什么站得住脚的理由,24小时之内就成功延长了合同"。另外她还严厉批评道,董事会在不断侵蚀"监事会的核心职责领域",导致权力分配不均。这一点从新CFO的任命中就能看出。

当时克莱因加恩主张通过猎头公司,从公司外部寻找合适的人选。但是布劳恩坚持了自己的意见,任用了自己青睐的候选人。一直在Wirecard工作的亚历山大·冯·克诺普就这样在2018年年初成为

Wirecard的新的首席财务官。然而就连外界的人都能看出冯·克诺普是一个执行能力很差的人。尽管克莱因加恩最终同意了这项任命，但她在信中写道："你们知道的，我对他的能力相当怀疑。"

克莱因加恩在信中还提到，Wirecard年度财务报表的审计已经连续两次碰到问题了，都是在极端的压力下在最后一刻才拿到审计证明。"根据你们的描述，2015年财务报表只是勉强达到了无保留的审计意见的要求。2016年又在最后一分钟才拿到无保留的审计意见。对此我很不理解。"

显然，董事会认为"审计工作"是"外部强加的负担"。另外，从溢价收购印度公司等事情中也能看出，董事会对企业监督并没有足够的理解。他们拿过一些贷款担保给监事会审批，但是"贷款……其实在几周之前就已经支出去了"。这中间的问题已经不言自明了。克莱因加恩在2017年9月的这封信中警告道："报应迟早会来的。问题总会在某个地方露出马脚。"然而这之后经过了近3年，Wirecard才破产。

这封信虽然预言了Wirecard后来的命运，但是在当时却没有激起一点水花。Wirecard监事会对信中提出的警告置若罔闻，仍然一意孤行。到2020年1月，监事会主席一直由伍尔夫·马蒂亚斯担任，而他从未对布劳恩提出过任何异议，监事会大部分时间都保持沉默。这从保密的监事会会议记录中也能看得出来。2014年1月到2016年6月监事会首次增加人数前，3名监事在15次会议中总共只提出了4个不痛不痒的问题。董事会提交的所有决议草案都获得了批准，包括印度那笔可疑的交易，监事会也没有过问。

可见，在Wirecard提出反对意见有多么难。克莱因加恩自己也是一个例子。作为监事，她看到了很多问题，但是在她任职期间，她丝毫没能阻止布劳恩做任何决定。后来加入监事会的一名成员说:"2016年的资产负债表应该是由克莱因加恩女士负责监督的。我不明白,她明明看到了这些问题,怎么还会让它通过?"

监事会在某一天上午收到了2016年的财务报表,当天就签字了——这很不正常。有人批评说:"他们应该推迟签字,先把报表好好研究两周的。但是连克莱因加恩女士也匆忙地批准了。"虽然她在几个月之后写的那封保密的告别信中指出了Wirecard的许多问题,但是我们也不能因此就把她视为英雄。

克莱因加恩显然很谨慎,不想鲁莽行事。正如她自己对德国联邦议院调查委员会所言,她退出Wirecard之后还和布劳恩一起吃过饭。她从未想过Wirecard可能从事犯罪活动,对于十几亿欧元的欺诈案件也并不知情。

所有的监事会成员,尤其是最后在任的那些,现在都逃不过大家的指责。他们在工作中确实存在很严重的疏忽。德意志联邦银行前行长、瑞银集团现任董事长阿克塞尔·韦伯(Axel Weber)等人表示:"Wirecard显然存在监管失误。"

监事会成员需要承担怎样的民事后果,还不清楚。作为监事会成员,他们有义务监督董事会的工作。如果有证据表明他们工作中存在严重的失误,那他们可能就在劫难逃了。破产管理人也已经在处理监事会的责任索赔。法律是站在他这一边的。

监事会被堵上了嘴巴

监事会是德国股份公司的核心监督机构。在其他国家,例如美国和瑞士,公司只有一个管理委员会,也就是所谓的"董事会",由执行董事和非执行董事组成。但是在德国，1870年《德国商法典》首次规定，公司必须设立一个自己的监事会。董事会作为执行委员会，负责公司日常事务和管理，而监事会则起到监督作用。这也被称为双重管理制度。

监事会的任务是对董事会进行监督，并代表公司与董事会进行交涉。部分管理措施需要通过监事会批准才能实行，监事会还负责任命和罢免董事会成员。此外，根据《德国股份公司法》，监事会还需履行审计和报告义务。它尤其要检查公司的年度财务报表，因为这对于股东来说是最重要的。公司也有义务向股东汇报自己的财务情况。

根据法律规定，无论公司大小，监事会必须至少由3名成员组成。Wirecard监事会的规模一直很小，2016年之前一直由3名男性组成，2016年之后才增加了2位女性。其间一度有过6名成员，破产前又只有5名。大公司的监事会通常会设立一些专门的委员会负责审计和风险控制，但是Wirecard一直没有这么做。

在克莱因加恩看来，谁是Wirecard的主人，一直都非常清楚。她对调查委员会说："我感觉不仅名义上的CEO是布劳恩，实际上管事的也是他。监事会就是他的跟屁虫。他们不应该被布劳恩牵着鼻子走的。"

Wirecard的一名高管说："布劳恩的管理方式就像是庄园主，公司就好像他自己的财产。"他把自己搞得像中型企业的唯一所有者一样，完全不像一个为股东负责的DAX指数公司CEO该有的样子。布劳恩把自己看作集团的唯一主人，某种程度上也是由于他持有Wirecard 7%的股份。而且据他自己说，他和很多主要投资人有很深的交情，可以依靠他们对股东的决议进行阻挠。比如年度大会上股东选举的监事会成员，其实也都是他一手挑选出来的。

2008年以来，监事会一直由伍尔夫·马蒂亚斯领导。在这个岗位上，他一共干了12年，最后都76岁了。他没有采取过什么重要举措，直到集团倒闭前不久才辞去监事会主席的职务。

2020年1月10日深夜，Wirecard股份公司宣布，在任多年的监事会主席决定立即卸任。关于财务报表操纵和不正当商业伙伴的讨论此时正闹得沸沸扬扬，一些股东可能已经有不好的预感了。马蒂亚斯是否知道一些股民不知道的事情？据《商报》2019年夏的报道，原本马蒂亚斯是想完成他的正常任期的，但不堪膝盖伤病的折磨，决定提前卸任。

马蒂亚斯2008年就任Wirecard监事会主席时，还是瑞士信贷集团在法兰克福的董事会成员。回忆起这位前同事，瑞士信贷集团的高级银行家们表示心情很复杂。业务上，马蒂亚斯从未做出什么引人注目的成绩，只有一点深深地留在了同事们的记忆中——马蒂亚斯为优质客户和董事会成员在度假胜地马略卡岛组织过一次老爷车拉力赛。瑞士信贷集团的一位银行家说："老爷车是他唯一真正感兴趣的东西。"

马蒂亚斯并不住在慕尼黑，而是住在法兰克福附近的陶努斯地区。从他的履历看，2016年之后他仅保留了Wirecard的职位。内部人士从未听说他在监事会提出过什么重大的问题，早期的各种警告信号，他都没有理会。

一位Wirecard董事会前成员说，他早在2008年就告诉过监事会主席马蒂亚斯，Wirecard公布的财务数字经过了大量修改。"我过了一段时间才意识到，一切都是围绕着一件事，就是为资本市场编造一个故事。"这位董事会前成员回忆道，"我从未见过任何一家公司像Wirecard一样，在这么长的时间里表现出如此线性的增长。"在对马蒂亚斯说了自己的想法之后，他又跟CEO布劳恩谈了一次，但仍然没有结果。于是这位董事在一段时间之后就离开了Wirecard集团。

监事会主席马蒂亚斯对别人提出的改进建议十分敏感，尤其是对女士提出的意见。例如2018年12月，他就在给监事会同事阿纳斯塔西娅·劳特巴赫（Anastassia Lauterbach）的邮件中写道："亲爱的阿纳斯塔西娅，我下面说的话希望除了我们两个人，不会有第三个人知道。我既不需要你的建议，也不需要你对我评头论足，告诉我该做什么或者不该做什么。从今天开始，我不允许你在我们的团队面前，对我进行任何公开的攻击。"

马蒂亚斯面对指责如此警觉。但是在Wirecard倒闭前的最后几年，他在公众面前却总是一副睡眼惺忪的模样。2019年夏的年度股东大会上，75岁的马蒂亚斯好几次差点睡着。在员工口中，他更是臭名昭著，因为他哪怕是在重要的会议上也会语无伦次，不知道自己在说什么。

2020年1月离开Wirecard之后，马蒂亚斯称2008年以来能够在Wirecard工作是一份"特殊的荣誉"。他表示Wirecard的"增长和成功是无与伦比的，在德国经济史上留下了辉煌的一章"。他的离开昭示着一代人的更替，Wirecard公司正进入"一个新的发展阶段"。6个月之后，Wirecard破产了。在调查人员面前，马蒂亚斯显得"精神不太正常"。不过集团内部人士认为，他的脑子仍然是很敏捷的，说他年纪大了头脑不清楚的传言并不可信。

之后接任监事会主席的托马斯·艾克尔曼对他有自己的看法："今天看来，我觉得他是在中途某个时候开始走错方向的。他大概感觉到了Wirecard有什么不对劲，但是没有能够扭转大局。"

千丝万缕的私人业务关系，高薪聘请的监管人员

马蒂亚斯并不是Wirecard监事会唯一一个长期任职的成员。奥地利籍管理顾问阿尔方斯·亨瑟勒（Alfons Henseler）同样是公司元老，2005—2019年一直在监事会任职。布劳恩的亲信史蒂芬·克莱斯蒂尔也从2009年就开始任职，一直到Wirecard倒闭。克莱斯蒂尔是一名技术投资人，和布劳恩一样也来自维也纳。他们都住在维也纳的高档住宅区席津。在奥地利，他可不是什么无名小卒——他是奥地利前总统托马斯·克莱斯蒂尔（奥地利人民党）的儿子。

金融技术专家克莱斯蒂尔至今没有受到指控。而事实上，他担任Wirecard监事会成员的时间超过10年，他的任期到2020年8月31日才结束。之后，剩余的监事会同事也卸任了，破产管理人早已接管了监事会的工作。至此，克莱斯蒂尔的一个不光彩的时代也结束了。

Wirecard事件可能跟克莱斯蒂尔有很大的关系。他是2009年在布劳恩的提议下被任命为监事会成员的。两个人刚认识不久就相互欣赏，当时克莱斯蒂尔是美国支付服务商第一资讯集团（FirstData）的欧洲区负责人。克莱斯蒂尔在Wirecard监事会10余年，甚至最后还临时担任过监事会主席，Wirecard虚假的上升过程就发生在他眼皮底下，而且监事会中可能没有人比他跟布劳恩的关系更紧密了。直到财务造假被公之于众，公司突然崩溃破产，克莱斯蒂尔一直都对布劳恩忠心耿耿。两个人私交很好，商业上也有着千丝万缕的联系。克莱斯蒂尔是做技术投资的，布劳恩也曾私下向他的基金投过钱。两个人的利益如此重叠交错，还怎么可能进行严格的监督呢？

当克莱斯蒂尔在Wirecard破产之后被《商报》问到自己在Wirecard

事件中的角色时，他说自己有义务为公司机密保密。但是他表示："我始终尽我的全力履行作为监事会成员的职责。对于Wirecard公司部分管理人员涉嫌欺诈的事情，我感到非常震惊。"然而鉴于已经曝光的事件，他也不知道如何快速为监事会洗脱干系。

Wirecard的崩溃已经很大程度上损害了史蒂芬·克莱斯蒂尔的名誉。他和其他监事会成员都摆脱不了干系。"没有公司会聘用史蒂芬·克莱斯蒂尔担任监事会成员了，这对他来说简直是一个灾难。"维也纳的一位政治顾问如是说。一个和克莱斯蒂尔打过交道的国际公司猎头也认为："Wirecard丑闻出来之后，就算他能勉强蒙混过关，他的事业也已经毁了。再也不会有人聘请他担任监事会成员了。"

和其他监事会成员一样，克莱斯蒂尔不仅在Wirecard一家公司任职。尽管他们在Wirecard的待遇已经很好了，可他还在其他公司担任监事，包括N26[由奥地利人瓦伦丁·斯塔尔夫（Valentin Stalf）和马克西米利安·塔恩塔尔（Maximilian Tayenthal）创办的一家数字银行]，另外还有初创公司Wefox、Billie、Luko和Fincompare。

从年度报告中可以看出，监事会主席马蒂亚斯2018年共从Wirecard获得31.6万欧元薪酬，亨瑟勒25.1万欧元，克莱斯蒂尔18.6万欧元，远远超过了其他同等公司的水平。除此之外，Wirecard还有一种激励制度：2015年以前监事会成员的薪酬一直是随着集团的利润一起增长的。因此，布劳恩对于做大做强的狂热追求，也顺带填满了监事会成员的口袋，而这些人本来应该对布劳恩进行监督。

后来加入监事会的几名成员也没能改变这一局面。阿纳斯塔西娅·劳特巴赫是人工智能领域的专家，她经常搞"初创企业与艺术相遇"（Startups Meet Arts）的活动，在她波恩的别墅里举办家庭音乐会，邀请年轻的艺术家和商界友人参加，并为尼泊尔需要帮助的人募捐。她2018年6月加入Wirecard监事会时，股东们都认为这是一件好事，然而事实却不尽如人意。

2019年，劳特巴赫还对外宣布Wirecard前景一片大好。当时Wirecard已经受到很多严重指控了，因此她这么说，让人感到非常意外。Wirecard的股价出现了明显波动，但是劳特巴赫却表现出极大的信心："目前只有极少数欧洲公司能够非常成功地使用人工智能技术，Wirecard就是其中之一。我认为Wirecard的潜力是巨大的。"

一周后，在慕尼黑展览中心举办的年度股东大会上，伍尔夫·马蒂亚斯特别强调了劳特巴赫为公司所做的贡献，他说道："她很好地协调了和新加坡的指控有关的工作。"股东们掌声一片。

2019年3月，劳特巴赫还亲自飞往新加坡，在丽思卡尔顿酒店出席了一场关于网络安全问题的座谈会。当时Wirecard新加坡公司受到了一些指控，劳特巴赫受命调查此事。然而她既没有和负责此事的立杰律师事务所的律师碰头，也没有和Wirecard新加坡子公司的管理层沟通，马蒂亚斯却还在股东大会上对她大夸特夸。劳特巴赫调查的结果是，一切都没有问题。股东们对此十分满意。

在很多人的投资亏得精光后，他们不禁要问，像劳特巴赫这样一个看起来经验十足的管理人员，从2018年6月就开始在Wirecard监事会工作，怎么会对公司的实际状况知之甚少？

年近50的劳特巴赫很早就被视为管理人才，她在职业生涯中曾就职于很多顶级大公司，包括麦肯锡、慕尼黑再保险公司、戴姆勒–克莱斯勒金融服务公司和德国电信。后来她一直同时在多家公司担任监事工作。

她在Wirecard发起成立了一个风险与合规管理委员会。该委员会和麦肯锡签了一份咨询合同,让麦肯锡对Wirecard的合规整改问题提出意见。2019年8月的整改报告不容乐观,麦肯锡批评Wirecard对第三方业务完全"不存在"控制,存在"重大风险"。但是董事会认为这些结论过于苛刻了,一些监事会成员也认为这些结论不够具体。最后,Wirecard又委托麦肯锡的竞争对手普华永道来实施合规整改。神奇的是,整改中第三方业务从缺陷清单中消失了。Wirecard花大价钱请了外部公司提出整改意见,然而也没能揭露数十亿欧元欺诈案的真相。

孱弱的内控体系

带有批判性眼光的观察者很早就发现了Wirecard内控制度的薄弱,也许劳特巴赫真应该好好听听这些人的意见。例如德国私人投资者保护协会的副主席、律师丹妮拉·贝格多特就在2019年股东大会上对Wirecard提出过明确批评,认为监事会和董事会的工作都不到位。

"我已经表达了我的不信任。"贝格多特说道,"这种不信任是由多方面的情况造成的。"首先,她觉得"监事会净是些老好人",都是亲布劳恩派,而不是会提出批评意见的人。其次,"在新加坡和亚洲公司遭到指控时,监事会也没有真正采取行动"。

贝格多特说,这可能是由于管理层和监事成员之间有着千丝万缕的私人关系。她解释道:"我感觉,管理层和监事会之间的关系很紧密,是一种相当于朋友的关系。他们很早就认识了,相互之间感情很好。那种联系太紧密、太友好了。"特别是监事会主席马蒂亚斯,"已经不再能跟上时代了"。他人很好,但是"离一个合格的监事还差得很远"。

当时还有一件事情也让贝格多特感到困惑不解。Wirecard作为所谓高度创新的全球支付服务提供商，整个监事会内竟然没有真正的支付领域专家。相反，监督着这个高度复杂的集团的监事会里，竟都是银行家、初创企业顾问和数字化咨询顾问。这些人也一直知道贝格多特对他们持有怀疑态度。"我从来没有把我的想法藏着掖着，我总是说，我完全理解Wirecard的商业模式。但是我不理解，他们怎么能够赚到这么多的钱。"贝格多特说，"而且我也想象不出来，Wirecard宣布的这些超高的增长率到底是怎么来的。"贝格多特认为，Wirecard的商业模式压根就不可能带来这么高的利润和增长率。

这些事情，外界怀疑者已经看得很清楚了，但是监事会显然没有注意到这些警告信号。许多股东也因为贝格多特提出的批评而对她恶言相向，称她为"数字化时代的尼安德特人"，甚至更难听的。现在回想起来，他们必须承认，贝格多特发出的很多警告都是对的。

还有另一个问题，贝格多特等人也很早就发现了——Wirecard一直到崩溃前不久都缺少一个审计委员会。审计委员会通常由3~5名监事组成，其中一人需要有过硬的财务知识，最好是以前担任过财务专家或CFO。

贝格多特解释道："外部审计师常常需要和内部审计委员会紧密合作，每年财务报表的问题都会事先与审计委员会讨论。"当出现一些负面报道时，例如新加坡财务伪造的事情被曝光时，内部审计委员会主席应该跟安永的审计师把这些问题搞清楚。而Wirecard恰恰就缺少这样一个组织。"正是因为这样，监事会主席才更应该了解和调查清楚。但是他和Wirecard董事的关系太近了，所以没办法做这些事。"

贝格多特并不是唯一一个对此充满担忧的人。还有一个人，很早就开始对Wirecard持批评态度了,他就是克里斯蒂安·斯特伦格(Christian Strenger),德意志银行子公司——德国最大的资产管理公司DWS的前负责人。多年来他一直致力于采用更好的公司治理标准,也参与了行业标准的制定,被大家尊为"公司治理教父"。

斯特伦格很早就看到了Wirecard的问题。他认为:"最紧迫的问题在于监事会。我总是会先看监事会,因为监事会代表着股东、投资者、员工和很多其他人的利益,需要对公司进行监管和控制,维持公司广泛意义上的秩序。"斯特伦格的结论是:Wirecard监事会里坐着许多"善良的人",但他们没有以必要的强硬态度去解决那些紧迫的问题。他还注意到,Wirecard公司监事会成员的报酬异常丰厚。"当你在一家公司待了很长时间而且待遇一直都很好,就很容易被蒙蔽双眼。"

斯特伦格认为,首先,从形式上看,Wirecard的监事会对于一家DAX指数公司而言太小了。其次,任何一家MDAX或者TecDAX[1]公司,没有内部审计委员会都是很荒谬的。而且对于Wirecard这样极其特殊的商业模式而言,监事会成员缺乏相应的经验,而布劳恩和马萨利克对质疑永远都是同样的一套说辞:"我们是一家高科技公司。不要问我们这么多问题。我们一切都很顺利。"

蒂娜·克莱因加恩的突然离开让斯特伦格感到很恼火,一方面是因为她需要为Wirecard的事情负责,另一方面也因为她从未公开解释过离开的原因。斯特伦格和克莱因加恩碰到过一次,克莱因加恩告诉斯特伦格她要辞职了。但是当他问到辞职的原因时,她只回答说:"我不能也不应该告诉你。""不过这对我来说已经是一个答案了。"斯特伦

---

[1] MDAX和TecDAX分别指中型股指数和科技股指数。——译者注

格说。

Wirecard银行董事莱纳·韦克斯勒也是为Wirecard工作多年后又突然离开的。在2019年年底的一次离职谈话中,韦克斯勒告诉德意志联邦银行,他再也不能"容忍和支持Wirecard的行为了"。BaFin也得到了消息。但这件事给Wirecard造成了什么后果吗?公众是否开始产生怀疑,提出批评?事实是完全没有。

虽然Wirecard领导层对各种警告信号视而不见,但仍然不断地有人发出警告,提醒大家小心这家公司。通过数字可以更直观地说明这一点。在德国吉森大学的一项定量研究中,Wirecard 2020年的公司治理水平排在所有被调查公司的末位。在克里斯蒂娜·班尼尔(Christina Bannier)教授的带领下,科学家连续5年对DAX指数中150家上市公司的合规水平进行研究,然后又考察了公司的业务状况。结果很明显:合规得分高的公司,股民遭受损失的风险较小。

历年来,Wirecard在这项调查中表现一直很差。2014—2016年,Wirecard合规得分为零,2019年增长到了11分。为了有一个清楚的认识,可以对比一下:同一时间段,德国商业银行的分数从10分提高到16分,德国证券交易所的分数甚至从9分涨到了19分。还没有一家公司达到满分24分。

班尼尔在Wirecard破产前就告诉过《商报》:"在我们的研究中,Wirecard是一个反面例子。多年来,管理层显然没有把加强合规提上日程。相反,其他金融机构的分数则有明显提高。"

然而多年来,Wirecard监事会一直对这些警告置若罔闻;BaFin也没有作为,从来没有哪个监事会成员或银行董事因为资历不够而被调离岗位,而BaFin本来是有权利做这些事情的(见第5章第1节)。就这样，Wirecard一切如旧。

改弦更张来得太晚

人员配置适当的监事会实际上是可以有所作为的。可惜Wirecard很晚才做出改变，已经来不及拯救集团于水深火热之中了。

事实上，在一个既具备专业知识，又和Wirecard没有私人关系的成员加入监事会之后，监事会面对霸道CEO布劳恩的态度才发生改变。2019年夏天，德国证券交易所前董事托马斯·艾克尔曼加入Wirecard监事会。艾克尔曼在金融界被称为"推土机"，他有着非常专业的能力和丰富的管理经验，这些都是Wirecard急需的。可惜他很晚才识破Wirecard的欺诈骗局。不过回过头来看，在和布劳恩交涉时，确实只有强硬坚决的态度才是正确的。

2019年被任命为Wirecard监事会成员，对艾克尔曼来说是一个机会，让他可以在第一梯队股票市场大放异彩。这项艰巨的任务很考验人，因此对他很有吸引力，他相信Wirecard的前景。还没上任，Wirecard就称赞艾克尔曼"在财务、审计和风险管理流程领域以及在金融服务行业都拥有全面的专业知识"。

他被任命的消息在金融中心引起了不小的轰动。在法兰克福，大家对54岁的艾克尔曼并不陌生。他1994年经济学专业毕业，开始职业生涯，先后担任波士顿咨询公司和贝恩咨询公司的咨询顾问；2000—2007年担任罗兰贝格管理咨询公司的总经理。罗兰贝格一位和艾克尔曼共事多年的合伙人说，他是一个"难以捉摸的人"。他是这样描述艾克尔曼的："他脾气暴躁，和同事不能很好地相处。他手下的许多人都辞职了。"他在和客户交流的过程中也总是出问题，但是有一点，他绝不是个害羞的人。

2007年，艾克尔曼调到德国证券交易所担任CFO和人事总监。德国证券交易所向他支付了一笔270万欧元的"与业绩无关的特别报酬"，艾克尔曼对此并不领情，但还是去了。他将德国证券交易所从法兰克福搬到埃施博恩，以减少营业税。《经理人杂志》曾报道，艾克尔曼因为酷爱跑车，所以修改了公司的公务用车规定，以便他可以用保时捷作为公务车。新闻出来之后，越来越多的人开始反对他。

德国证券交易所一位前管理人员说，艾克尔曼的管理风格是"粗暴的"，他很自以为是，也很张扬。他还跟德国证券交易所监事会主席曼弗雷德·根茨（Manfred Gentz）闹翻了，最终他在合同续约前几个月决定离开。公司官方声明中称，他和公司"在个别业务方面存在部分意见分歧"，一位同事说："他走的时候我们一点都不难过。"

但是，也有人对艾克尔曼有另外一种看法。一位前同事说，他将德国证券交易所搬到埃施博恩无疑是一个无比正确的决定。艾克尔曼虽然有时候看起来专横，比如会让员工等他几个小时，或者当别人把车子误停在他的车位上时大发雷霆，把自己的车停到旁边将车门堵住不让人出来，但是涉及数字，没有人能糊弄得了他。在他的领导下，德国证券交易所在金融危机中及时抛售了不良证券，使公司免受影响。许多机构非常羡慕他能有如此远见。

2010—2018年，艾克尔曼管理了卢茨·赫尔米格（Lutz Helmig）的Aton资产管理公司。赫尔米格是赫利奥斯（Helios）医疗集团及赫尔米格家族办公室的创始人。艾克尔曼很少接受采访，但却在2015年的一次采访中宣布要为Aton的约150家被控股公司争取10%的最低回报率。2018年他离开Aton时，赫尔米格对他"杰出的工作"表示了感谢。

艾克尔曼本人据说极其有钱，所以他在经济上是独立的，很适合担任Wirecard监事会的成员。

2019年夏，艾克尔曼刚上任就立刻注意到了一些警告信号，例如Wirecard常年没有审计委员会。艾克尔曼引入了审计委员会制度，任命了一个常设秘书处，并亲自担任审计委员会主席。他从同年秋天开始负责毕马威的特别审计工作，这最终导致了财务欺诈被揭露出来。2020年1月，他接任马蒂亚斯出任Wirecard监事会主席，也成为Wirecard集团最后一位监事会主席。

艾克尔曼在一开始就明确表示，前几年最后一刻才拿到审计报告的事情绝不能再次发生。他在公司内部批评监事会过去一直被董事会忽悠，对董事会的各种行动没有采取任何反对措施。其他监事会成员，比如麦克瓦贝尼（M' Cwabeni）和劳特巴赫在会议上总是争权夺利，而艾克尔曼却致力于处理《金融时报》提出的那些严重指控。

然而，他也犯了一些错误。例如2020年年初，初任监事会主席的他在《经理人杂志》的一次采访中谈到正在进行的特别审计时说："我们到现在还没有发布过任何临时通稿。从这当中大家应该就可以得出结论了。"这让很多股东尤其是小投资人，错误地以为Wirecard股票还很安全。

艾克尔曼后来还为自己辩护："我的说法在当时绝对是正确的。"毕马威方面一直都说，Wirecard需要更完善的管理结构，但是说Wirecard参与了犯罪活动，是没有根据的。

不过在接下来几个月里，艾克尔曼一直有意和布劳恩保持距离。他在2020年4月底告诉《商报》："我现在认为没有人可以接替布劳恩博士的工作。"这句话模棱两可，可以有多种理解，他说的时候突出了

"现在"一词。艾克尔曼增加了Wirecard董事会的人数，打算在当年夏天之前收回布劳恩的心腹——Wirecard亚洲总裁马萨利克的权力。他认为布劳恩本人以后应该只负责集团战略。艾克尔曼从德国证券交易所找来了詹姆斯·弗里斯担任Wirecard的首席合规官。布劳恩辞职之后，弗里斯也成为集团的最后一任CEO，帮助破产管理人一起收拾Wirecard这个烂摊子。

毕马威灾难性的特别审计报告出来之后，由艾克尔曼领导的监事会决定在中期内停止第三方合作伙伴的业务，因为没有人能解释这些业务到底是什么情况。最后，艾克尔曼敦促布劳恩引咎辞职。可惜艾克尔曼和弗里斯与债权银行谈判失败，Wirecard最终还是难逃破产的命运。

虽然艾克尔曼的很多做法值得批评，但是有一件事他功不可没。在重要合作伙伴软银集团提出进行特别审计时，他也从另一个方面促成了此事。2019年秋，布劳恩和马蒂亚斯本来是拒绝进行特别审计的，但是最终他们在艾克尔曼的不断施压下还是同意了。艾克尔曼作为审计委员会主席，委托毕马威做这次审计，并且提出应该对Wirecard各方面进行广泛的、符合法院要求的审查，而不是像布劳恩希望的那样"简单地"再做一次年度审计。随后，艾克尔曼也接管了和审计师对接的工作。最终，毕马威的调查也使安永的审计走上了正轨。

如今，谈起在Wirecard工作的那段时间，艾克尔曼表示："那是可怕的一年。Wirecard作为一家金融科技公司有着很棒的理念，市场对这方面的需求也在不断增长。它一定有它有价值的地方，但是所有这些都被欺骗和阴谋给毒害了。这是一个悲剧。"

第 4 章 监管失职：内部机关无一可免责

缺乏穿透力

顺带提一下，由BaFin监管的Wirecard银行有自己的监事会，但是这个监事会也没起到什么真正的作用。这个监事会有3名成员，都是和布劳恩有多年交情的人——伍尔夫·马蒂亚斯、史蒂芬·克莱斯蒂尔和阿尔方斯·亨瑟勒。包括集团CFO克诺普在内的银行董事会成员完全可以为所欲为，而且他们经常直接听从马萨利克的指令。

Wirecard倒闭之后，很多事情被披露出来——看似严格管理的Wirecard银行实际上在没有足够抵押物的情况下，向第三方合作伙伴等发放了数亿欧元的贷款；它还向布劳恩发放了一笔私人贷款，这笔贷款在2020年迫于艾克尔曼的压力才被偿还。而且所有证据都表明，Wirecard银行参与了大规模的洗钱活动（见第5章第1节）。

如果有更严格的监事会成员，Wirecard集团和Wirecard银行有没有可能避免崩溃呢？阿克塞尔·韦伯等专家认为答案是肯定的。韦伯认为，Wirecard事件就像一个放大镜，把德国监管文化的缺陷统统暴露了出来。

2020年夏，韦伯在法兰克福的一次行业大会上说，当前德国公司的治理模式和《德国股份公司法》存在很严重的缺陷。他主张根据瑞士公司的模式，加强德国公司监事会的控制权。在瑞士，公司内部审计部门不向执行董事汇报，而是向公司管理委员会（相当于德国的监事会）的监控员汇报。"《德国股份公司法》的这一点可以改一下。"韦伯说。

韦伯说："想要从内部对公司进行管控，需要监管人员自己对公司风险有一个直观的了解。这是非常重要的。"如果依赖管理层提交的报告,那监事会主席就"一点用都没有了"。

韦伯的认识无疑是非常正确的。Wirecard事件中一个很重要的细节也证实了这一点:年度审计人员和监事会之间缺乏沟通。当审计员终于战战兢兢地发出警告时,监事会成员们却选择盲目地相信管理层,被当成傻子一样欺骗。

监事会原本应该对董事会进行监控。但是2019年5月1日,当审计突然提出疑问时,Wirecard监事会却感到非常意外。正如一份会议记录中记载,他们惊讶地得知"安永不相信管理层是清白的"。而事实上,审计人员从2016年就开始怀疑个别人员如马萨利克了,引起怀疑的主要是印度那一次可疑的交易(见第4章第2节)。但是当时监事会对此还一无所知。

那么为什么2016年审计人员产生这些怀疑时,没有通知监事会?谁应对此事负责?Wirecard法务主管安德里亚·戈厄斯(Andrea Görres)说,当时谁也不想小题大做:"那时候大家都觉得这只是件小事,不足以劳烦监事会。"

管理层怎么能对自己的内部管控人员隐瞒重要信息呢?审计人员的怀疑本应该对所有人敲响警钟,但是在浑浑噩噩的Wirecard监事会,却没有激起半点水花。根据会议记录,没有人提出反对意见。每周五晚上8点的会议,大家都想着赶紧过周末,讨论很快就结束了。最后,就所讨论的内容是否属于必须向证券交易所报告的内幕消息,监事会成员希望获得一个专业的法律意见。不过事实上,他们并没有报告给证券交易所。

下一节将专门讲审计在Wirecard事件中所扮演的角色。他们有怀疑,又不敢怀疑,审查仅仅停留在表面,并且对Wirecard领导层极其宽容。是他们10年来一次次给Wirecard出具的审计证明让布劳恩敢于胡作非为。现在安永麻烦大了，Wirecard落败了，在最糟糕的情况下，安永可能也要面临这样的命运。

审计人员——高薪聘请，忠心为主

2020年3月4日，一群人从寒冷的德国来到菲律宾首都马尼拉，受到了国宾一般的接待。这里的天气炎热而潮湿，气温近30摄氏度。这群专家此行的目的，是调查清楚Wirecard从2020年年初开始放在这里的19亿欧元信托资产是否确实存在。来接他们的不是出租车，而是警察组成的护送队。

这群人是一个庞大的集体。他们当中有毕马威的4名特别审计专家，其中2名来自德国，另外2名则代表毕马威在马尼拉的办事处。另外还有经常给Wirecard做年度审计的安永的几名专家，包括德国的审计项目合伙人马丁·达门（Martin Dahmen）和几个安永在马尼拉的工作人员。还有Wirecard监事会的法律顾问——高伟绅律师事务所的代表。另外，Wirecard集团的合规主管和其他几名同事也在列。

而最重要的一个人前一天就已经从德国飞过来了，他就是Wirecard的亚洲区总裁扬·马萨利克。他还带了一名女助理，他需要先做一些准备。

有的人在机场就已经惊呆了。"我从来没有在审计任务中遇到过警察护送的情况。看来他们为了迎接我们的到来做足了准备。"一位内部人士回忆道。在混乱的交通中，几辆警用摩托车开路，闪着警灯，拉着警笛，一行人就这样畅通无阻地穿过了菲律宾首都。考虑到团队的日程安排得很紧，警车护送确实是个不错的主意。

Wirecard的监事会也时刻关注着这边的进展。"我真是想不明白，他们为什么要花几个小时的时间穿越半个马尼拉？任务明明很清楚了。"监事会的一名成员回忆道。

这群人是带着明确的任务来的，并且此次行动对于Wirecard的未来也至关重要。特别审计刚开始时，还只是Wirecard能不能把信托账户上的资产作为"现金等价物"算到自己的现金持有量里的问题，但到2020年春，形势变得更加严峻了——是这些钱到底存不存在的问题。马尼拉这支由多方人员组成的团队压力不小。

《经济周刊》为我们重现了这次行程的情况。这群人先直接去了Wirecard的新信托管理人马克·托伦蒂诺的办公室，他的办公室在马卡蒂市（Makati City）一栋破旧的办公楼里。托伦蒂诺让这群来访者等了一会儿，然后介绍了自己尊贵的身份。一名同事还特别强调，托伦蒂诺与菲律宾总统罗德里戈·杜特尔特的家族有着良好的关系，他的脸书（Facebook）主页上还有和总统的合照。

杜特尔特曾下令让警察在开放的街道上开枪射杀毒贩。菲律宾也被认为是一个特别腐败的国家。在金融界，人们一直对菲律宾这个地方持比较怀疑的态度。

而Wirecard资产总额的1/4恰恰就存放在马尼拉。在拜访完托伦蒂诺之后，团队中的一些人更加觉得蹊跷了。监事会主席托马斯·艾克尔曼表示，会在年度审计结束后将那19亿欧元转移到像汇丰银行这样的大银行。

然而在马尼拉这边，谜团却好像变得越来越大了。当天中午，一行人又从托伦蒂诺的办公室前往两家据称管理着Wirecard资金的银行——BDO银行和BPI银行。虽然他们在马卡蒂市找到了这两家银行的总部，但它们其实就是两个很小的网点。

他们先来到BDO银行，然后又去了BPI银行。两家总部都有点破旧，而且都位于购物中心的主干道上（据说托伦蒂诺家就在附近）。马萨利克和托伦蒂诺本人也在场。托伦蒂诺给了银行工作人员一个信封，工作人员又把信封交给了调查团中Wirecard的代表。从文件看，托伦蒂诺是Wirecard的信托管理人，也是Wirecard在这两家银行账户的持有者。

"信封被交到Wirecard的人手上。安永请求查看信封里的内容，但未能如愿。"安永的审计师后来在非公开的否定意见审计报告中写道。2020年3月9日，调查团回到德国之后，审计师才收到银行对账单，而且还是从Wirecard集团手上拿到的电子扫描件。

银行对账单有问题——其中一家银行对账单上Wirecard公司的名字有拼写错误。而且在BPI的账单上，签字的是一名"助理经理"，在BDO的账单上，签字的是"助理初级经理"和一名"分行主管"。但是这些账户涉及的金额明明不小啊。

BPI认证总金额8亿多欧元，BDO认证11亿多欧元。提醒一下，这些账户都是以欧元为单位的，而菲律宾明明是一个以当地货币比索和美元为主要货币的经济体。然而Wirecard似乎还很骄傲，集团的一名顾问在2020年5月底甚至还向记者展示了这些对账单，不过把银行的名字涂黑了。

马尼拉之行一开始确实起到了一点安抚作用。到5月29日，审计人员才又不安分起来。鉴于围绕亚洲信托账户存在诸多未解决的问题，安永在2020年春要求账户中转一笔账到德国，以测试资金是否存在。在许多批评者看来，安永早在2019年就应该这么做了。安永一共要求了4次，每次1.1亿欧元，但这些钱一直到5月底都未到账。事实上，这些钱永远都不可能到账。托伦蒂诺一会儿说银行内部正在进行合规检查，一会儿又说钱被菲律宾央行扣了。到6月底，BPI银行和BDO银行总部终于宣布银行对账单是"虚假的"，是被操纵的。这场骗局终于大白于天下了。

托伦蒂诺后来声称从未假装为Wirecard管理十几亿欧元的资产，他管理的账户上的钱堪堪够"买一个苹果手机"——是开户的时候存的1000欧元。之前所谓的受托人新加坡公司Citadelle也表示，它的授权委托书在2017年3月就到期了，2018年年底它所开具的银行对账单是伪造的。Citadelle的负责人正在新加坡受审，当局指责他为达到欺诈目的伪造文件。起诉书中写道，他曾多次证明数以亿计资产的存在，然而账户上根本就没有这些钱。Wirecard在新加坡使用的华侨银行（OCBC）明显比马尼拉的那两家银行规模大得多，信誉也好得多，华侨银行未就Wirecard事件公开发表意见。据推测，菲律宾那两家银行的受贿员工应该已经被解雇并在接受审讯。

菲律宾央行表示，这笔钱从未进入过该国的金融系统。要知道，19亿欧元相当于菲律宾全部外汇存款的5%。

"1个小时之后我就知道这是一场骗局了"

Wirecard集团的最后一任CEO、合规专家詹姆斯·弗里斯任职的第一天——6月18日，他在当天晚上就翻阅了Wirecard的账目，并且立马意识到这么多年以来，Wirecard一直在对安永扯谎。单是两家马尼拉银行管理着19亿欧元的事情，就让他感到非常古怪。在简单看了一下这两家机构的年度报告之后,弗里斯就向监事会汇报说,它们的账面上压根就没有这么多钱。

"1个小时之后我就知道这是一场骗局了。"弗里斯后来说道,"从文件来看,信托账户是欧元账户。这让我感到很奇怪,有几个原因:首先,从经济的角度来讲没理由这么做。信托账户是为Wirecard第三方合作伙伴的业务设立的,它们的业务主要发生在亚洲而不是欧洲。信托账户本应涵盖可能的追偿风险,出于这个目的,要么使用各个国家当地货币,要么使用美元。"

"菲律宾这么一个地方,几乎没有多少欧元账户,而Wirecard账户涉及的金额又如此之高,却放在两家只在当地小有名气、在国际上鲜为人知的银行里。"这更加让弗里斯起了疑心,"像Wirecard这样的一家公司,怎么会冒这么大的信用风险呢?这根本就说不通。合同条件也完全不现实。比如,根据市场价格,这些账户的利息应该是负数,而实际上银行却并没有扣走这些利息。也就是说,这些银行为了Wirecard放弃了几百万欧元。这根本就不可能,这里面有太多疑点了。"

弗里斯采取了行动。他当晚立马在网上查看了两家银行2019年12月31日经审计的资产负债表,这些资产负债表的日期和Wirecard银行对账单的日期是同一天。BPI银行是两家银行中较小的一家,它所有的非本地货币和美元账户的金额加起来也不足Wirecard在那里存放金额的1/10。弗里斯得出结论:"这不可能。我问自己,为什么我是第一个看到这一点的人。"弗里斯之所以能这么快弄清事情,也得益于一个巧合。弗里斯以前在国际清算银行(BIS)同办公室的一位同事,恰巧是其中一家马尼拉银行的法务总监。弗里斯当天晚上就给她打了电话,验证了自己的想法。

这么多年来一直负责对Wirecard的资产负债表做审计的安永，怎么会没有发现这些问题呢？后来在法庭上，弗里斯和安永的审计师进行了强硬对质。2020年10月慕尼黑举办的欧洲合规与道德大会上，他批评道："有些人虽然名气很大，但却明显犯了很多错误。"他上任没几天，就把Wirecard从安永请的专家大部分给炒鱿鱼了。他说："我在几个小时之内就能看到的问题，在集团工作多年的专家应该早就看到了。"

"集团里面有一小部分人，利用集团的组织架构，让自己发了财。"弗里斯说得很直白，"这种规模和名气的公司应该有的那些最简单的组织架构和办事流程，Wirecard都没有。"弗里斯说，至少安永的审计人员是可以发现这些问题并进行干预的，他们完全应该这么做。"没人逼他们说，只要付我钱，我就继续睁一只眼、闭一只眼。"

Wirecard那些收入丰厚的审计师、顾问和律师都应该引咎辞职。"只有这样，才有可能真正让大家提高警惕。但是他们并没有这么做。"弗里斯说道。

法律清楚规定的职责

大概外界不会有人比审计师更了解一家公司了。德国法律明确规定了审计师的核心任务，毕竟某种程度上说，他们是为公众服务的。在德国，自魏玛共和国以来，法律对审计师的权限和职责就有明确的规定。

1929年8月，在世界股票市场崩溃之前，法兰克福保险公司就倒闭了。这家德意志帝国第二大的保险公司在很多副线业务中投资失败，董事们利用嵌套资产负债表来掩盖高额亏损，直到后来实在瞒不下去。法兰克福保险公司的垮台,加速了行业改革。1931年,《帝国总统关于股份公司法、银行监督和税收特赦的法令》开始生效,其中规定公司有义务公开年报、年度财务报表和审计结果。审计人员必须接受过财务会计方面的教育,并且有相关经验,只有这些人员可以成立审计机构。公开任命的审计师和注册审计师机构就这样诞生了。

虽然经历了世界大战,但是一直到很多年之后,审计师的义务和职责依然没变。审计师应该是中立的,他有责任检查一家公司的年度资产负债表是否正确反映了公司的业务状况。德国《审计师行业管理法》第二条规定:"审计师的职责是进行审计监督,尤其是对商业企业的年度财务报表进行审计监督,并就此类审计的结果出具审计报告。"

《德国商法典》第316条明确规定:"有限公司的年度财务报表和管理报告……必须由审计师进行审计。如果没有进行审计,则年度财务结果无法确定。"该规定同样适用于由多个法律上独立的子公司组成的集团。

Wirecard也接受了审计监督。2019年4月24日安永提交了Wirecard 2018年度的审计报告,这也是Wirecard最后一次通过审计。报告中称:"根据我们在审计过程中获得的信息,我们认为……所附集团管理报告总体上准确反映了集团的状况。本集团管理报告的所有重要内容均与年度财务报表的结果一致,符合德国法律规定,并真实呈现了集团未来发展可能面临的机遇和风险。"

2018年,Wirecard集团3次提高了盈利预期,并且年底实际利润再一次超过了预期值,EBITDA攀升了38%,达到5.6亿欧元;而营业额则增长了40%,达到20.162亿欧元。安永公司在其审计意见中对数字"没有异议"。

这是安永对Wirecard资产负债表进行审计的第10个年头了,很多股东和观察者都很相信这个审计结果。然而,Wirecard的数据大部分是假的。大约14个月之后,Wirecard破产了。

在审计员眼皮底下出现的严重赤字

在讨论审计员的失职之前,有必要先来看一下Wirecard集团的实际情况。破产管理人米歇尔·贾菲得出的数字可以让我们对真实情况有一个深入的了解。Wirecard的实际情况早就和美化过的集团管理报告中所呈现的完全不同了。2020年8月底的破产报告,第一次让我们看到真实情况有多糟糕。

根据破产报告,2018年,也就是安永给出无保留审计意见的最后一年,Wirecard公布的集团营业额中有20亿欧元左右,近一半来自第三方业务,而这些第三方业务大部分都是伪造的。Wirecard公布的第三方业务税前利润为6亿欧元,而实际上它在2018年亏损了1.9亿欧元(见图4-1)。其实集团早在2017年就已经深陷赤字,到2020年,赤字规模始终不断扩大。而且正如贾菲所揭露的,这还只是冰山一角。

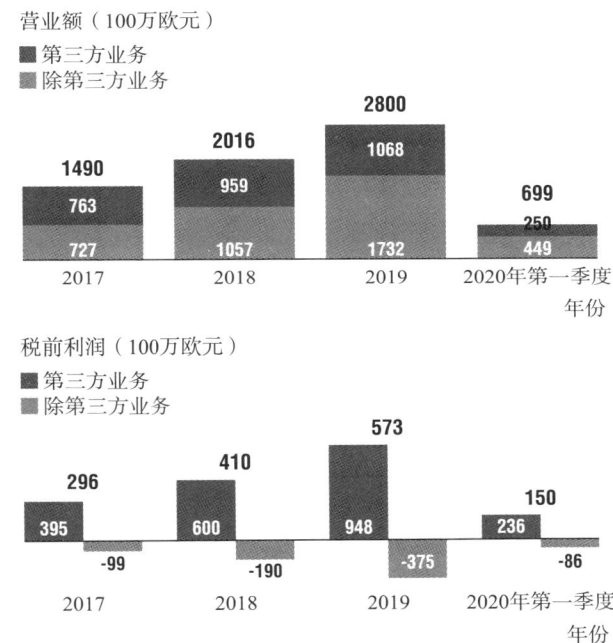

图4-1　据推测，捏造的第三方业务占Wirecard营业额和利润的比例

慕尼黑律师贾菲是德国优秀的破产管理人之一。他曾处理过很多大公司的破产清算，也接触过很多看似天衣无缝的诈骗案件。在接手Wirecard案之前，他还为集装箱租赁商P&R集团进行过破产清算。这家公司在成功经营几十年后陷入业务困境，于是创始人开始在资产负债表中伪造海运集装箱的数量，而他们实际上并没有那么多集装箱。最后，大约5.4万名投资者损失了大部分的资产。

贾菲的破产报告中有很多地方揭示了Wirecard的情况到底有多严重，而且早在几年前就已经有很多伪造的金额渗透在财务报表中了，但是审计方安永却没有干预。根据安永的审计报告，截至2018财年，

Wirecard的资产数额为58亿欧元。但是贾菲上任后发现情况完全不同。

2020年夏，Wirecard有可变现资产4.28亿欧元，而集团的债务却高达32亿欧元，两者间有近28亿欧元的缺口。Wirecard显然高度负债。流动资金的情况更糟糕。Wirecard银行账户上可自由支配的资产只有2680万欧元。

有形资产方面，贾菲也几乎没有发现什么资产。从办公设备到绿植，再到公司使用的IT技术，Wirecard几乎所有东西都是租赁的。Wirecard的三大子公司有两个破产了，而对于控股公司来说，这些股份毫无价值。只有Wirecard Acquiring & Issuing可以卖出一点价钱——这家中间控股公司是Wirecard银行和Wirecard北美子公司的股东，Wirecard北美子公司是盈利的。贾菲最终为它找到了一个买家。

虽然Wirecard的财务记录显示关联公司应收款项有21亿欧元，但是贾菲在破产报告中对这些应收款项是否存在表示怀疑。要搞清楚这个问题，首先要把Wirecard和其他公司错综复杂的关系，以及各子公司之间的关系梳理清楚。控股公司在Wirecard银行的账户被BaFin冻结了，破产管理人不能对账户上的钱进行处置，这些被列入了破产财产的钱只有1亿欧元。

贾菲得出了明确的结论：就算他能处置那些被冻结的资金，评估结果也不会有什么不同。Wirecard股份公司作为控股公司，负债过重、无力偿还，没有机会以任何形式继续存在下去了，因此也没有重组计划。

那少得可怜的2680万欧元可自由支配资金也撑不了多久。Wirecard破产前，每周都要消耗1000万欧元。在公司的规划中，接下来的13周里甚至还会额外支出2亿欧元。这是因为Wirecard自己几乎没有资产，每个月租金费用高达50万欧元,硬件租赁费用达130万欧元,软件和云解决方案的许可证高达近百万欧元。

过去那些惊人的数字是怎么来的呢?Wirecard很大一部分营业额和利润来自实际并不存在的第三方业务。根据咨询公司FTI-Andersch的分析,Wirecard集团经营业务是"严重亏损的"。Wirecard 2017—2019年报告的营业额中,有39%~51%来自所谓的第三方合作伙伴。把这些捏造的营业额和利润除去之后,Wirecard其实遭受了高额亏损,亏损金额从2017年的9900万欧元扩大到了2019年的3.75亿欧元。

那么Wirecard是如何生存下来的呢?靠贷款。Wirecard管理层从银行、股东和贷款人那里筹集了大笔资金。但是钱来得快,去得也快,钱都被拿来进行各种收购,向一些所谓的业务伙伴提供贷款和填补经营损失了。破产报告中称,"流动资金消耗过高"。

自2010年以来,Wirecard集团仅在收购方面就花费了约12亿欧元。其中包括一些极具争议性的收购,如在印度的收购。2016年年底至2020年3月,Wirecard共为可疑的第三方合作伙伴提供贷款5亿欧元。另外,Wirecard还为商家的贷款提供担保。

显然,审计人员并不觉得这些数字有什么问题。他们可能早就被蒙蔽了双眼。

从破产报告来看,贾菲起初花了很大力气才搞清楚Wirecard公司之间一层套一层、错综复杂的关系。"债务人信息和集团的结构……完全不透明。特别是集团的哪些公司具体提供哪些服务,以及某些服务是不是其他某个公司的业务所需要的,一开始很难确定。""不知是有意还是无意的,在世界各地的子公司里,员工及部门的职能似乎是任意分配的。"

有些机构简直让人觉得荒诞不经。比如说，Wirecard的新西兰子公司拥有3个分支结构，"一个在菲律宾，一个在希腊，还有一个在多米尼加共和国"。Wirecard新西兰子公司150名员工中，近一半在希腊工作。而且这家公司提供的IT服务"对Wirecard的业务来说基本上是没有必要的"。

显然，Wirecard集团里许多公司的成立主要是为了向外界展示自己有很多TPA，然而这些TPA大部分是虚构的。例如在迪拜，丑闻缠身的Cardsystems"最开始几乎只负责TPA业务"，"第三方收单机构和Wirecard的合同大部分都是跟Cardsystems签的"。子公司WUKI的情况也类似。这家在多伦多的办事处是马萨利克为了"管理与TPA之间的各种关系"而设立的。

据贾菲判断，Wirecard的50多个子公司基本上都是"烧钱"的。破产报告中写道："Wirecard集团只有少数几家公司在实际运营，和顾客有真实联系，并且能创造自己的收入。"很多公司都是为集团的其他部分提供服务的，并且完全依赖集团，大多数子公司没有内部结算系统。据贾菲所说，许多子公司也因此几乎没有任何流动资金。

长期以来，在Wirecard的词典里，似乎没有成本控制这个概念。集团哪里、什么东西花了多少钱，是完全不清楚的。贾菲介绍说，他首先必须确定"哪些是在实际运营的公司"，并逐个严格审查，找出哪些服务是真正必要的，每项服务又分别出自哪家公司。

破产报告中写道："严格的审查十分有必要。Wirecard的员工一直都没有意识到要缩减不必要的服务，仅保留真正所需的服务。因为过去Wirecard的资金一直很充足。"贾菲在2020年10月的一份通告中说，公司"在破产前几个月被清空了"，无论是公司管理层还是审计方都没能阻止惨剧的发生。

德国Gleiss Lutz律师事务所目前正在帮贾菲核对他可以向谁提出索赔。他们的重点关注对象是安永的审计人员。

转账测试金额从未到账

Wirecard垮台之后，很多人看到那些触目惊心的消息不禁要问，人们有没有可能早点认识到这一切？或者更具体地说，安永的审计人员是否应该认识到这一切？

联邦财政部部长奥拉夫·朔尔茨认为答案是肯定的。他在电视一台说道："在此事中，我的感受和其他任何一名德国公民一样。我真的想不通，为什么明明定期由会计师事务所进行常规审计，审计师却没有看到这些问题。"

但安永的审计师并不认为自己应该受到如此严重的指责。审计师认为是Wirecard背信弃义耍花招，而他们也是这场骗局的受害者。安永全球主席卡迈恩·狄思博（Carmine Di Sibio）多次在国际报刊采访中为安永没能早点发现这个骗局表示抱歉，他告诉美国消费者新闻与商业频道（CNBC）："这是一场精心策划的骗局。我在给客户的信中写道，我们为没能早点发现骗局而感到非常遗憾。"

紧接着，狄思博又向大家传递了安永积极的一面。他声称："但是最后，还是我们发现了骗局，并且报告给了监事会！"

真是这样吗？事实上，要揭开Wirecard这个精心设计的骗局，对安永来说是一项很艰巨的任务，并不像狄思博说得那么容易。举证过程涉及马尼拉的两家银行，但是安永在马尼拉见到的银行工作人员很可能被买通了。

在后来的审计过程中，Wirecard可能还采取了更加阴险的手段。例如，安永高级管理人员怀疑，在2020年春末的视频会议中，马萨利克可能在亚洲请了演员假扮银行员工。他们搭了一个办公室，让这些演员冒充银行员工，在视频会议中向安永确认信托账户上的钱确实存在。是不是确有此事，目前还不清楚。菲律宾的BPI银行和BDO银行则说，那些人是银行员工，并不是演员，只不过被收买了。

在Wirecard事件中，也许最重要的一个问题是，安永在前几年的年度审计中是如何处理亚洲信托账户的问题的？2018年，安永在审计报告中确认了信托资金的存在，当时这笔资金在新加坡，金额还只有10亿欧元。直到毕马威来进行特别审计时，才对这些资金存在与否提出疑问，新加坡的10亿欧元在2019年年底也增长到了马尼拉的19亿欧元。这些压根就不存在的资金，最终导致Wirecard倒闭。

银行余额在审计中是特别重要的，照理说安永应该对其进行特别细致的检查，但是很多人强烈怀疑安永并没有这么做。很多人提出了这样一个问题：安永是如何确认银行账户上余额的存在的？

信托账户比较特殊，这种账户其实很少出现在德国公司的审计中。对银行账户的审计是有明确规定的——审计人员必须独立从银行获得相关证明。但被审计的公司与银行之间没有法律关系，而只是与受托人有法律关系，因此出于保密的原则，银行可以拒绝向审计师提供信息。问题的关键在于，这么多年以来，安永是不是仅仅满足于从受托人那里得到确认，而没有联系银行？或者说安永到底有没有进行充分的深入审查？虽然内部审计报告的机密附件显示，在2018财年的审计过程中，安永明显扩大了审计程序，采取了很多额外措施，针对新加坡遭到的指控、《金融时报》的报道和Wirecard在东亚的众多商业关系进行了仔细审查。但是针对信托账户上的钱是否存在，或者说亚洲的第三方业务究竟是否存在这一核心问题，安永却没有充分调查，因此也就未能洞悉Wirecard的诡计。

其实审计师想要在最短的时间内知道集团资产中的一笔现金是否真实存在，有一个简单的方法，就是转账测试。根据Wirecard的说法，这些放在东亚的钱是属于Wirecard的，只是在第三方业务中充当保证金。2020年，安永曾4次要求Wirecard从这些账户转1.1亿欧元出来，以测试钱款是否真的存在，但是这些钱从未按要求到账。那么，安永为什么在之前几年没有这么做呢？

安永可以肯定，Wirecard曾经确实是有钱放在东亚的。安永的律师在一份文件中写道，2015—2018年，安永的审计人员"审查了Wirecard集团银行对账单中来自TPA合作伙伴和受托人的进款记录，并与Wirecard的财务报表进行了核对。这些款项总额为2.033亿欧元，经审查没有问题。"而在最后一次的否定意见审计报告中，安永指出："2018年12月19日，信托管理公司Citadelle向Wirecard集团账户转了一笔账，金额5000万欧元。'受托人账户根据建议付款'。"具体而言，有4999.8万欧元进入Wirecard英国和爱尔兰子公司的账户。这样说来，2018年确实有近5000万欧元从新加坡公司转入Wirecard集团账户，并被审计人员记了下来。这笔钱是真的。

没有人知道这笔钱后来怎么样了。而且这5000万欧元的转账并不是安永提出来的，显然它是2018年12月12日的一封邮件中Wirecard自己要求的，只不过恰好被安永当作了那10多亿欧元存在的证明。慕尼黑调查人员认为，这5000万欧元是不久之前刚刚转给Citadelle的。

据调查，这笔钱来自新加坡Equinia服务公司在星展银行的一个账户。根据当地公司注册信息，这个Equinia和Citadelle的老板尚穆加拉特南·拉贾拉特南（Shanmugaratnam Rajaratnam）有联系，而尚穆加拉特南又是马萨利克的朋友亨利·奥沙利文的熟人，他还经营夜总会。

内部邮件显示，尚穆加拉特南不仅是Wirecard的第一任信托管理人，2016年7月，他的Equinia公司还从Wirecard拿到近240万美元——据说是Wirecard客户的付款，而这些客户中还包括已经被取缔的Banc De Binary和"成人商家"。接下来的近4年时间里，Equinia一次都没有再出现在Wirecard董事会的邮件里。但在2020年3月，它突然又冒了出来——Wirecard在倒闭之前向Equinia转了48.5万欧元。这笔钱是所谓的"合规检查的服务和支持"费用，但今天看来很可能是出于另一个目的——它很可能是"封口费"。这家公司和Wirecard明明有着千丝万缕的联系，然而安永却没有注意到，或者有意选择视而不见。

管理层的人品遭到质疑

安永早就该更仔细地审查Wirecard了，因为审计人员一直对Wirecard领导层的人品有所怀疑。保密的监事会早期会议记录里就有关于此事的讨论。回顾安永和Wirecard的关系，你会惊奇地发现，它们之间其实早就有很多裂痕了。

2019年3月1日周五晚6点，伍尔夫·马蒂亚斯和阿纳斯塔西娅·劳特巴赫召开了一个临时安排的电话会议。当时马蒂亚斯是监事会主席，劳特巴赫是风险委员会主席。会上讨论的问题非常严肃。劳特巴赫先是将发言权交给参会的律师。

安永收到了一个匿名寄来的包裹，里面不仅提到Wirecard新加坡公司目前正遭到欺诈指控，还提到Wirecard之前在印度收购公司的事情。

一名律师报告说，包裹里的东西已经交给审计专家检查了，里面显然包含一些本来应该由Wirecard提交给安永，但却没有提交的信息，具体还需要做进一步的调查。会议记录写道，在会议上，审计人员曾表示"不相信管理层是清白的"。

也就是说，在2019年3月，也就是Wirecard刚刚被纳入德国最重要的股票指数DAX 6个月时，审计人员就发现Wirecard集团有可疑行径了。当时参加电话会议的有布劳恩和马萨利克，另外还有董事克诺普和施泰德，监事麦克瓦贝尼，法务主管戈厄斯以及瑞生国际律师事务所（Latham & Watkins）的5名律师。他们先全体开了70分钟的会，然后董事会成员退出，剩下的人又开了50分钟。最后，监事会方面还是被布劳恩和马萨利克搪塞过去了。那么安永又是怎么做的呢？

8周后，安永就给Wirecard开出了审计报告。"在审计过程中，我们始终运用专业判断并保持批判态度。"审计人员在2019年4月24日的报告中写道，"该集团管理报告的所有重要内容均与年度财务报表的结果一致，符合德国法律规定，并且真实呈现了集团未来发展可能面临的机遇和风险。"

怎么会这样呢？审计人员怀疑"管理层的清白"，其实另有渊源。

2019年2月6日，安永慕尼黑办公室收到了一批文件，其中一些和Wirecard在新加坡的商业伙伴正遭到的欺诈指控有关，有些则和一个名为"警铃计划"的老问题有关。安永的审计人员很震惊，因为他们从来没有见过这些文件。于是安永德国负责人胡伯特·巴特（Hubert Barth）亲自给Wirecard监事会主席马蒂亚斯打了一个电话，向他报告了此事。不过马蒂亚斯却表示，"警铃计划"的事情3年前上面就知道了。

安永在2016年曾怀疑Wirecard在印度的一次收购前夸大了营业额，

还成立了一个调查小组调查此事，这项调查的代号就叫作"警铃计划"。"特别是，包裹里还包括一份Wirecard至今没有提供给安永的合同。"2019年3月的监事会会议记录中写道。所以审计人员担心，Wirecard在之前的调查中故意隐匿了一些文件。

在和监事会及董事会进行电话会议前，安永的审计人员和Wirecard的律师就所有指控内容进行了数小时的讨论。起初审计人员的态度很强硬，后来就慢慢软了下来。会议记录向我们显示了对话的更多细节：安永的代表收到匿名文件之后，发现Wirecard在亚洲"确有违规行为"，并想把这些写进审计报告。这对于Wirecard的律师来说是不能接受的，2018年的审计报告公布日期就要到了，Wirecard需要一份干净的证明。

Wirecard也确实拿到了一份不错的证明。后来Wirecard的会议记录中写道，审计人员还是"迁就了我们的要求"，将"确认有违规行为"改成了"切实怀疑"。经过进一步的谈判，措辞最终改成了"目前没有确切的发现"。这样写，Wirecard就没意见了。

安永的不信任和怀疑主要是针对Wirecard对亚洲地区的管理，不过也不限于此。负责亚洲业务的是扬·马萨利克，"为了澄清此事"，安永的审计师建议监事会必须获得扬·马萨利克邮箱账户的权限。据内部人士称，后来监事会也确实获得了权限。但是由于马萨利克主要使用Telegram和别人沟通，所以邮箱权限并没有起到多大的作用。

安永没能及时阻止Wirecard事件的发酵，"警铃计划"是一个很重要的原因。2016年5月，安永收到一封匿名举报信。信中称Wirecard在亚洲的一些活动涉嫌犯罪，Wirecard德国管理层也参与了部分活动。信中还提到，Wirecard以超过3.2亿欧元的价格收购了印度的一家集团公司，但这家公司完全不值这么多钱。Wirecard管理层可能从这次收购中获益，因为收购是通过毛里求斯的一个基金完成的，而这些管理层可能持有该基金。另外他们还夸大了Wirecard在亚洲的营业额。

安永开始调查此事，但没有取得多大进展。在2017年3月29日的一封邮件中，安永的审计人员抱怨监事会主席马蒂亚斯不配合他们的工作，并说2016年的审计报告可能会是有保留意见的，需要"根据他对这封信的反应"重新考虑是否继续合作。

但事情再一次发生了变化。2017年4月5日，安永的审计师在Wirecard 2016年的年度报告签上了"无保留意见"。

"警铃计划"停滞不前。2017年秋，Wirecard试图结束调查。在2017年9月28日的一封邮件中，CFO布克哈德·莱伊建议审计人员在报告上表示针对亚洲的指控根本没有证据，还要避免"可能会有进一步措施"一类的表述，而且报告的结构也要重新考虑。

安永最开始并不想完全听莱伊的。2018年3月，审计专家把当时已知的调查结果总结成了一份备忘录。4月3日，马萨利克在邮件中对这份备忘录"高度专业的分析"表示了感谢，并得出了自己的结论。"我们注意到，你们的审查和分析中找不到任何证据支持2016年5月举报信中提到的指控。"马萨利克写道。因此他表示，Wirecard不会继续参与这场迫害和诽谤活动："我们认为这些指控毫无根据，将不会进行进一步的调查。"

安永后来反驳了这一说法，并称是Wirecard单方面终止了调查。但是这种软弱的抗议并没有导致安永和Wirecard关系破裂。

2019年2月，安永收到的文件不仅涉及"警铃计划"，还涉及新加坡公司的欺诈问题。同年3月1日，安永的审计师直接告诉监事会，他们已经不相信Wirecard的管理者了。他们需要更多的事实和证据，才能在审计报告上签字。CEO布劳恩承诺，在调查新加坡公司的问题的过程中会全力配合安永的工作。

然而2019年3月13日，安永的审计师就遗憾地写道，"年度审计无法按照常规时间完成"，而且"在审计过程中，Wirecard故意拖延，不及时提供所需信息和证明"。布劳恩嘴上说得好听，说他会全力配合，实际上却步步拖延。内部邮件向我们揭示了更多细节。Wirecard的一名律师在2019年3月14日给监事会和董事会成员的邮件中写道，安永想要Wirecard证明，公众所怀疑的那些客户关系是真实存在的："我们应该想办法，以最恰当且简洁的方式证明每一个客户关系，让安永满意。"有意思的是，他后面还补充道："更多的文件只会让安永更乱。"

然而他们并没有能够让安永满意。2019年3月底，安永的一名审计师在给Wirecard的邮件中写道："贵公司提交的报告草案未能澄清现存指控，无法让各方满意。"

但4周后，安永还是给出了无保留审计意见。大家可能都已经知道安永肯定会这么做了。在审计报告未公开的部分，安永解释说，他们采取了扩大程序，针对新加坡公司的指控进行了细致的调查，并且在数字中没有发现支持指控的证据。审计人员甚至还为延迟审计带来的不便表示道歉。后来在Wirecard最后的14个月里，安永显然没有再对Wirecard提出过异议。他们站到了一边，紧密地绑在了一起。

惊人的过程

联邦议院调查委员会在2021年3月披露了安永更多惊人的行为。其中有些是一时之举，有些则是长期的行为。

作为Wirecard最后一任监事会主席，托马斯·艾克尔曼被传唤作证。他说,2020年6月,安永的审计搞得Wirecard管理层的心情就像坐过山车。"审计师放出了各种不同的信号。"他一会儿收到短信,说审计不能通过,但一个小时之后这句话又被收回。

2020年6月9日,就在欺诈行为被曝光的一个多星期前,安永负责Wirecard的审计师提出,停止毕马威平行进行的特别审计,才能给Wirecard出具审计报告。至少Wirecard的监事会及法律顾问听到的消息是这样的。"重要的事情我是不会听错的。我听到了,就是听到了。"艾克尔曼很肯定地说。但是被免职的安永德国负责人胡伯特·巴特的印象中却不是这样:"我们和Wirecard进行了多次沟通,告诉他们,我们需要毕马威的审计结果。"

安永认为,问题的关键在于Wirecard是从何时开始进行财务欺诈的。德国联邦议院的议员们集中讨论了2016年3月引入的第三方业务结算。因为审计人员在2016年3月3日写道:"尊敬的Wirecard管理层,我们恳请您确认,对以下几点能否跟我们达成共识。"然后审计人员按照Wirecard的要求,对业务进行了概述。当时的CFO布克哈德·莱伊和会计主管史蒂芬·E.都在这份概述上签了字。二人目前都有犯罪嫌疑。

联邦议院批评安永,允许Wirecard将一些不确定的应收账款算成现金,也就是硬资产,显然没有能够看透其中的问题。艾克尔曼曾说:"老实说,那些第三方业务我也没有完全搞清楚。如果认真搞清楚的话,我应该能发现它们压根就不存在,但是我还是选择相信了那些数字。我想着10年以来审计都没有问题,说明数字应该是对的吧。"

不过审计能不能看透其中的问题,是很难说的。据Wirecard公司的前合规负责人丹尼尔·施泰因霍夫(Daniel Steinhoff)所述,安永虽然确实在一些第三方网上商城进行了试购买,但是施泰因霍夫的团队在Wirecard破产后发现，这些试购买都是在Wirecard迪拜负责人奥利弗·B.的指导下完成的，他向审计人员推荐了一些具体的店家。Wirecard还向安永提供了一张信用卡来支付这些测试订单的费用。

还有人批评安永没有对新加坡的信托管理人进行仔细审查，多年来安永都没有找银行要这些信托账户的银行对账单，而是仅依赖信托管理人提供的信息。对此，安永辩护说，信托协议中没有包含可以从银行获取信息的条款，但是安永检查了受托人是否在任何方面与Wirecard公司有密切关系。"审计团队认为，他们的审计结果是充分且恰当的。"

安永的审计过程中有问题的地方还有很多，邮件内容也说明安永和Wirecard关系密切，并且审计和咨询业务牵扯不清。2018年2月，安永的审计负责人在给Wirecard前CFO、时任Wirecard顾问莱伊的邮件中写道："对于有些客户，我们有职责的转变，这时就需要想一想如何才能最好地为客户服务。为了达到双赢的局面，我们应该利用审计团队的经验，在审计结束后，作为咨询顾问为客户提供更好的支持。"

审计人员在2016—2019年对Wirecard多次放水，让专家感到非常疑惑不解。绿党金融专家丹亚尔·巴亚兹（Danyal Bayaz）批评说："在Wirecard的审计中，一些重要的基本原则没有得到遵守。审计工作的疏忽助长了欺诈行为的发生。安永审计师的日子不会好过了。"

Wirecard的审计中明明有这么多问题，安永为什么不直接撂挑子走人呢？审计师不愿意下狠手的原因到底是什么？这些问题还没有令人满意的答案。"我已经无法理解安永的行为了。"托马斯·艾克尔曼表示，"如果我是审计师，并且对公司管理层的人品有所怀疑，那么我肯定会更加仔细审查，毕竟管理层是一家公司最重要的组成部分。在这种情况下，我如果出具无保留的审计意见，那就是这一种包庇。"

安永的内部人士指出，光有怀疑是不够的，要给出否定的审计意见需要有证据。比如2018年的财务审计中，就没有令人信服、法律上有保障的证据证明Wirecard涉嫌欺诈，因此不可能给出否定的审计意见。显然，这也涉及损失索赔问题。如果安永给出否定的审计意见又拿不出可靠的证据，那么Wirecard就可能对安永提出高额索赔。2019年，哪怕只要出现有保留的审计意见，都已经可以让Wirecard吃不了兜着走，就算不至于倒闭，它的市值肯定会遭受巨大损失，也会流失很多客户。

据审计人员供述，在和Wirecard交流的过程中，Wirecard曾多次威胁会提出损失赔偿。而现在，安永真正面临的是来自投资者的索赔——他们相信了安永出具的审计报告，购买了Wirecard股票，总共损失了200多亿欧元。

诉讼浪潮席卷而来

安永正面临来自Wirecard受害股东的巨大的诉讼浪潮。一些律师事务所正在加紧搜集证据，准备好帮客户打官司的"弹药"。"我觉得我们是处于上风的。"Tilp律师事务所的马文·科维（Marvin Kewe）说道。

投资者们认为，安永恶意违反了《德国民法典》第826条，所以要求安永给予相应的赔偿。通常，审计师要为客户负责，赔偿金额最高为400万欧元，但是当出现恶意的、不道德的行为时，就没有赔偿金额上限了。因此，原告想证明安永出现了恶意的、不道德的行为。代表投资者向安永提起诉讼的律师沃尔夫冈·席尔普（Wolfgang Schirp）在提交的第一份起诉状中信心满满地写道，如果审计师"特别草率且没有责任心，那么我们认为这是违背道德的，Wirecard的审计师就符合这种情况"。

如果没有恶意违背道德而只是过失行为，那么每年度的审计最多赔偿400万欧元。但是如果审计师故意实施犯罪行为，例如协助伪造资产负债表，那么后果就可能严重得多了。这种情况下，索赔的金额可以达到受害人损失的金额，也就是"如果安永没有给Wirecard开具审计证书，就不会产生的资金流失的金额"。

作为Wirecard事件中的核心角色，破产管理人贾菲也在审查针对审计师的诉讼。他很早就在破产报告中对安永提出了可能的责任索赔。他写道，虽然"事实仍需进一步调查"，但是安永可能会由于对年度财务报表审计有误而遭到索赔，赔偿的前提是疏忽或故意违反谨慎注意义务。遭受损失的银行也在寻求法律行动，第一个敢于站出来的是德国商业银行，它在2021年2月提起了诉讼（见第4章第3节）。

安永负责Wirecard公司的几位审计师也一直被大家怀疑，其中包括在安永任职多年的首席审计师。2018年5月之前，一直由他负责审计Wirecard的资产负债表。他后来被调至德意志银行担任内部会计主管。2020年12月初针对他的调查公开后，他表示想"暂时中止"他的职务。

不过，他并不是唯一受到公开讨伐的安永的工作人员，他的继任者马丁·达门也受到了严厉的批评。尽管安永的公司网站上依然挂着他微笑的照片，就像什么都没发生一样。他的座右铭是："马丁·达门帮助世界变得更好。"他的客户包括上市指数公司、《财富》"全球500强"公司，以及一些计划上市的公司。一路攀升的DAX指数公司Wirecard一直是达门履历中光彩的一笔。

现在连他的同事都在问：十几亿欧元的欺诈骗局怎么可能逃过达门的眼睛呢？他从事国际大公司的审计和咨询工作已经超过20年了。他是一个"三条腿的人"——在三个领域均有着很深的资历。他大学读的是企业经济学，后来又做过税务顾问和审计师。而现在，他和一起负责Wirecard审计工作的同事被指控犯有严重错误。

刑事调查，客户流失

安永还面临着刑事上的指控。2020年秋，慕尼黑检察院根据审计行业监督机构Apas提出的指控，对安永负责Wirecard的审计师展开了调查。Apas收集了几个审计师可能存在不当行为的具体证据，并在2020年9月底提交给了BaFin和柏林高级检察官办公室。慕尼黑检察院目前正在根据Apas的指控对审计人员进行调查，指控涉及多个年份的资产负债表审计。Apas认为，有证据表明安永的审计师参与了刑事犯罪。

具体来说，Apas的指控涉及2015—2017年的多个审计周期。Apas的信中原话写的是，在他们看来，"审计报告可能报告了不正确内容，或隐瞒了重要情况"。

《德国商法典》第321条明确规定了审计员必须报告的内容。审计人员必须说明审计的性质和范围，并说明为什么采取了某些行动或不采取某些行动。如有证据表明，审计人员报告的信息不正确或隐瞒重要信息，那么他就可能面临《德国商法典》第332条规定的后果：3年以下有期徒刑或罚款。

Apas首先批评安永没有对Wirecard董事会声明中的一处矛盾进行调查，这与弗雷泽·佩林参与撰写的那篇颇有影响的Zatarra报告有关。报告于2016年匿名发表，对Wirecard提出了严重的洗钱和欺诈指控。根据Apas的说法，CEO布劳恩曾告诉安永，集团内部已经对Zatarra报告中的指控进行了深入调查，并证明所有指控都是不真实的；然而当时的CFO

莱伊却说，未对这些指控进行细致调查。Apas指责安永未对这一矛盾进行足够的追踪调查。

2017年发布的2016年资产负债表嫌疑更大。短暂担任Wirecard监事会委员的克莱因加恩，已经告诉过德国联邦议院调查委员会这一年的资产负债表有问题了。Apas的信中也写道，Wirecard显然是很牵强地满足了审计要求，而安永则对其百般迁就。至少在Apas看来，安永处理得非常宽松。

根据Apas信中的说法，两位负责的审计员对Wirecard的资产负债表产生过极大怀疑，甚至已经威胁要对集团高层进行限制，包括起草了一份持保留意见的审计报告。此外安永还提出了3个条件，并要求提供进一步的信息。Wirecard没有充分满足这些要求。尽管如此，安永还是在资产负债表上签了字。Apas在信中对安永的这种行为提出了批评。

2016年报表中的主要问题存在于Wirecard的印度子公司。这家公司在2017年年初被怀疑操纵资产负债表。当时安永就此进行了一次专门的法务审计调查。据说在2017年3月安永曾警告Wirecard，只给2016年的资产负债表出具有保留的审计意见。但是几天后，安永又宣布对Wirecard的报表没有任何疑虑了。监管机构Apas坚信，在几天时间内，评估结果是不可能发生改变的，因此2017年出具的无保留审计意见"实际上是不对的"。

审计人员则称，审计人员准备有保留的审计意见的情况并不罕见。而且审计人员对Wirecard提出警告后，Wirecard补充提交了约40份文件，包括审计人员所要求的进一步信息。审计人员是在获得这些信息后才出具无保留审计意见的。

Apas指责，安永在评估Wirecard第三方伙伴业务时违反了国际会计准则，这可能是Apas的指控中最严重的一项了。Apas认为，只有当交易是通过Wirecard自己的平台处理时，才能根据《国际财务报告准则第15号》（IFRS 15）将第三方伙伴的总收入纳入资产负债表。但事实上，约有一半的交易量完全没有经过Wirecard总部的系统，而且大部分可能是伪造的。只有这样才解释得通。

据Apas称，安永对上述问题并未提出任何异议。还有另一个问题，安永也没有进行干预。据Apas称，Wirecard和第三方合作伙伴的合同规定，若第三方合作伙伴将东亚的交易提前转移到阿什海姆，则需要支付违约赔偿金。Apas认为这个条款毫无道理——当然，除非信托账户里的佣金是伪造的。

安永否认了Apas的这一指控，表示没有任何证据表明其公司负责Wirecard的审计师有和犯罪相关的行为。针对《商报》的询问，安永在2020年12月回应道："在我方看来，在这件事情上检方没有充分听证我方的陈述，我们的大量文件也没有得到充分处理。"

即使安永德国公司不会被民事索赔压垮，它的个别审计员不会被刑事定罪，但是光是声誉的损害和客户的流失，就足够安永受的了。已经有一批客户终止或取消了合同，其中包括基金公司DWS、德国商业银行、国有银行德国复兴信贷银行和德国电信。它们已经不打算把审计交给安永了。德国联邦政府也表示，不会轻易将公共审计合同交给安永了。金融领域的情况同样不乐观。

Wirecard事件中，许多大型银行也成为受害方。他们对安永审计师的行为感到愤怒。他们担心，如果让安永给自己做审计的同时又对安永采取法律措施，会出现利益冲突。汉莎航空监事会和几家德国国有企业都对安永的管理层进行了严肃盘问，一些政府合同的审计师也被要求澄清过去是否参与过Wirecard的工作。

有一点是明确的，如果安永继续丢失大量客户，那么安永的竞争者就将蠢蠢欲动。毕马威和德勤已经在期待新客户的到来。

毕马威也很可疑

为Wirecard进行特别审计的毕马威觉得自己似乎可以冷眼旁观。负责Wirecard项目的管理人员亚历山大·格申内克（Alexander Geschonneck）2020年11月底在调查委员会面前隐晦地指责安永没有对Wirecard的报表进行深入审查。他认为安永的团队没有在常规审计程序的框架内找到足够和适当的审计证据。

格申内克在委员会面前否认毕马威在审查Wirecard亚洲账户时使用了法务审计。他表示，毕马威采用的就是和年度审计一样的方法："我们采用的方法，是每个审计师在做年度报表审计时都会使用的方法。"安永多年来负责Wirecard的审计师，已面临多起诉讼。

不过毕马威最好也不要得意忘形了。虽说在Wirecard事件中，毕马威将安永多年以来松松垮垮的审计流程带上了正轨，但是现在它自己也受到了质疑。例如，毕马威也没有看穿菲律宾信托账户的骗局。"马尼拉的银行是否能处理这种规模的信托资金，我在第一次监事会会议上就提出过这个问题。"监事会主席托马斯·艾克尔曼回忆道，"当时毕马威的人说，那些银行完全有能力处理这样大的金额。"

内部文件显示，毕马威在Wirecard事件中的行为也很可疑。对印度公司收购案相关的那只毛里求斯基金，毕马威显然比它所说的进行了更积极深入的调查。

这只基金是极具争议的EMIF。Wirecard围绕着"Hermes i Tickets"

高价收购了一系列公司,这可能是Wirecard历史上最可疑的一次交易,而这只基金在这次收购过程中发挥了决定性的作用。提醒一下,Wirecard在2015年为这些收购共支出3.2亿欧元,奇怪的是这些公司在被收购的几周前已经易手,当时的价格是3500万欧元,而买主正是EMIF。

在很长一段时间里,公众都不知道该基金的幕后推手究竟是谁。内部人士后来透露,Wirecard其实一直都很清楚EMIF背后是马萨利克的好友亨利·奥沙利文(见第2章第3节)。有照片拍到2015年马萨利克和奥沙利文一起坐在人力车上,还拍到他们在印度金奈就收购事宜进行谈判。据他们身边的人推测,奥沙利文和还在逃亡的马萨利克可能从Wirecard集团弄了数亿欧元出去。

2020年10月,《明镜》周刊调查发现毕马威2016年7月曾为这只毛里求斯基金做过审计。消息出来后,毕马威受到了很多质疑。虽然毕马威称,由于EMIF不配合,合作在半年之后就终止了,但是他们的行为还是引发了很多质疑。尤其是毕马威在给Wirecard做特别审计时,没有提及自己和EMIF合作过,审计报告的附录刻意隐藏了这件事。这一点让它受到了很多批评。

《商报》获得的内部文件显示,毕马威和EMIF的关系远比大家知道的更紧密。毕马威不仅为这只基金做过审计,还提供过咨询服务。2016年2月的一份PPT显示毕马威为EMIF搭建了一个新的薪酬体系——"员工激励计划"(EIP)。

EMIF收购了"Hermes i Tickets"相关企业。英语文件显示,Hermes是印度一家为消费者提供支付和旅行解决方案的供应商。EMIF在Hermes的旅行业务和其收购的另一家公司Orbit的基础上,组建了一家新公司，这家新公司将"为其雇员实施基于股份的薪酬计划"。毕马威的顾问为这家公司推荐了几种薪酬模式，并指出了每种模式的优缺点，包括税务方面。和EIP共同在列的有"员工股票期权计划""员工股票购买计划"和"幻影股权计划"。计划的目标是"吸引和保留新的人才"。

计划是由毕马威印度公司制订的。其中EMIF在毕马威的合伙人——一位女性税务专家的作用十分突出。但是在毕马威给Wirecard做特别审计的公开报告及保密附录中，都没有提到曾经给EMIF提供咨询服务的事情。

找到PPT文件的地点也很蹊跷。这份"员工激励计划"的PPT是在扬·马萨利克以前在慕尼黑摄政王街的私人办公室发现的。这座19世纪中期建成的别墅就在俄罗斯领事馆的正对面，目前空着。在这里，马萨利克建立了他的和Wirecard平行的公司帝国，这些公司显然也是为了大规模地挪用Wirecard集团的资金。马萨利克失踪后不久，检方就对这栋别墅进行了搜查。由于毕马威在印度的事情不是当时大家关注的焦点，所以文件可能没有引起调查人员的重视。后来这座别墅还发生了入室盗窃事件，盗窃者至今还没有被抓到。

发现文件的地点引发了很多问题——毕马威自己的文件都在马萨利克的别墅里，那么毕马威对毛里求斯这只基金的背景究竟有多少了解呢？马萨利克在给监事会和毕马威的宣誓书中声明，自己不属于这只基金的受益人，也不认识这只基金的受益人。毕马威在特别审计报告的附件中称，无法确定马萨利克和EMIF之间有任何联系。另外，审计人员还指出："从提供给毕马威的文件，以及毕马威利用公开媒体资料所进行的背景调查来看，没有发现任何关于谁是EMIF 1A或EMIF最终受益人的信息。"

在被问到毕马威在2016年的咨询工作中,是否对EMIF的管理层或受益人有所了解时,毕马威不愿意回答。对于毕马威的文件出现在马萨利克以前办公室的事实,毕马威也不予置评。当被问到是否还为毛里求斯的基金提供过其他咨询服务时,毕马威也选择保持沉默。

毕马威表示,暂时无法进一步提供机密客户的背景信息。发言人说:"毕马威有完善的流程来避免利益冲突,确保最高质量的服务水准。"

"员工激励计划"并不是在马萨利克的办公室发现的唯一一份毕马威和EMIF有关的文件。人们还发现了另外一个毕马威的PPT,题目叫作"远航项目"。这份文件显示,毕马威曾继续为印度的Hermes和Orbit公司提供咨询服务。在2016年1月29日一份题为"每周状态回顾"的文件中,毕马威讨论了"目前的组织结构""旅行服务从Hermes到新公司的过渡"以及"增长战略"。据马萨利克的一位心腹说,"新公司"是指Wirecard的另一位合作伙伴Goomo,它被计划作为Orbit面向最终用户的子公司。Orbit将专注于商务旅行领域,Goomo则针对私人旅行。

毕马威并没有隐瞒其在印度工作的所有细节,它至少在特别审计报告的机密附件中披露了一个事实:对于印度集团部分公司的卖方,毕马威进行了所谓的卖方尽职调查,即审查了出售过程中是否存在陷阱。

负责这个项目的毕马威员工叫G。据《金融时报》调查,他在几个月后就跳槽到由EMIF控制的新公司Goomo担任管理层职务。经证实,这家公司和Wirecard总部保持着良好的关系。2017年,Goomo从EMIF获得了5000万美元的融资,还从Wirecard银行获得了超过1100万欧元的贷款，据说这笔贷款至今仍未偿还。

在摄政王街发现的"远航计划"PPT，又向我们揭示了一些不为人知的秘密。不论是在卖方的尽职调查还是在买方的咨询方面，G在毕马威印度公司的多项工作中都扮演着关键的角色，"远航计划"指明由G作为合伙人负责此项目。马萨利克的一位密友一直到2020年10月都和G有过联系，之后G就消失了。

"四大"致命的市场权力

对于G在Wirecard事件中的角色，我们还没有最终定论。他在多项不同工作中的参与已经清楚地表明，除了财务报表审计和特别审计，毕马威还通过其他业务从Wirecard获益，例如通过提供咨询服务。而且现在人们也很清楚，伸手找Wirecard要钱的不是只有毕马威和安永。

在世界范围内，有四家事务所瓜分了大型企业审计市场，它们是安永、毕马威、普华永道和德勤——也被称为"四大"。以前有"五大"，但是第五家机构安达信在安然欺诈丑闻中已经落败。2001年，位于美国得克萨斯州的安然能源公司经安达信审计被证明财务状况良好，但它半年后就破产了，不久之后安达信也破产了。

批评者认为，四大会计师事务所市场权力过大，存在根本性的弊端。四大事务所轮流担任重要客户的审计工作，并且从咨询服务中获得的收入比审计还要多。咨询服务占"四大"收入来源的2/3甚至更多。"四大"合伙人经常盯着咨询订单，以至于审计人员的独立性被大大削弱了。另外，咨询收入明显比审计收入要高得多，这也进一步恶化了这一问题。

在德国，中型企业行业协会Wp.net等组织正呼吁将咨询和审计严格地分开。他们认为"四大"的混合业务模式正是发生Wirecard这类丑闻的根源所在。不过在过去,想要从政策上限制"四大"市场权力的努力失败了。

2011年,时任欧盟内部市场专员的米歇尔·巴尼耶(Michel Barnier)着手从根本上对审计界进行改革。他关于审计的"绿皮书"很快传播开来,被称作审计行业的"毒药"。这份"绿皮书"提出,公司每隔6年就要更换一次审计机构,且咨询和审计应严格分开。在强制性联合审计中,应始终由两家事务所根据"双重管理制度"共同对财务报表进行审计。起初,这份"绿皮书"甚至还打算禁止会计师事务所提供税务咨询服务。

然而,审计师的游说团取得了胜利。经过三年的辩论,巴尼耶计划的改革项目所剩无几。"四大"的利益代表盖过了欧盟议会,欧盟各成员国也对欧盟委员会施加了极大的压力。最终,从欧盟总部布鲁塞尔发布的指示给各成员国在执行上留有很大的回旋余地。德国当时是大联合政府[1]执政,社民党领导的司法部力主制定更宽松的规则。当时的司法部部长叫海科·马斯(Heiko Maas,社民党),他和手下的官员试图对所有上市公司执行尽可能多的豁免规则,比如每20—24年才需更换一次审计机构。

后来的财政部部长沃尔夫冈·朔伊布勒对银行和保险公司强制规定了每10年更换审计机构,其他公司可以延长到20—24年。游说团的任务完成了,会计师事务所的狂欢还在继续。

对于审计师个人尤其是会计师事务所合伙人来说,这项工作利润

---

[1] 由联盟党和社民党组成的联合政府。——译者注

十分可观。审计师在德国属于收入最高的群体，薪资是基于谈判的。根据做企业点评与职位搜索的职场社区网站Glassdoor的数据，大型会计师事务所的成功合伙人可以赚到100万欧元的年薪，新上任合伙人的平均年薪至少为25万欧元。

目前，西方世界几乎所有大公司都由"四大"提供审计和咨询服务，"四大"的年营业额加起来约有1550亿美元。光是在德国，安永2017年就从它最赚钱的客户西门子工业集团获得了5700万欧元审计费用。

私有化的老国企比如德国铁路，也是它们的大客户。仅在2016—2020年这5年中，德国政府就给了"四大"金额高达4亿欧元的审计订单。排在最前面的是毕马威，其次是普华永道和德勤，最后是安永。安永的专家也担任咨询顾问，光是2020年，他们就给五个德国联邦政府部委做过顾问，从税收金库中赚取了近3000万欧元。其中一些合同仍在履行期。

在Wirecard的丑闻发生之前，安永在"四大"中发展势头很猛。安永德国公司大部分由以前的德国安达信的工作人员组成，安达信前合伙人、安永现任监事会主席格奥尔格·格拉夫·瓦德西（Georg Graf Waldersee）2011年接管安永，带领它成为在德国扩张速度最快的会计师事务所。

他的继任者胡伯特·巴特也丝毫不逊于他。他喜欢在"愉快的星期天"（他这样称呼星期天）在网上发自己玩滑板的照片，或者在照片墙（Instagram）上发照片配文"自行车环湖之旅：桨板出发"。他在采访中谈到自己的战略时说："即使有时候再忙、任务再多，也会记得在Instagram上发我的故事。"

在他的领导下，安永一直稳步发展，2019年营业额突破20亿欧元大关，赢得了德意志银行、德国商业银行、汉莎航空、慕尼黑再保险和大众汽车等大客户。针对Wirecard这样的敏感客户，巴特也参与了重要决策。尽管有警告信号，但是安永的人没有采取任何行动，直到2021年2月Wirecard事件让巴特丢了工作。巴特宣布，辞去安永德国负责人的职务。不过大家没必要为他担心，他已被提拔，从2021年夏开始领导新成立的安永欧洲西部事务所。这在某种程度上也是为了逃避责任。

安永内部产生了巨大的不安。虽然原告律师可能需要好好花一番工夫，才能证明Wirecard事件中审计师存在违犯法律的不当行为；但是安永总部已经在讨论，如果德国分所被判支付数十亿欧元的赔偿金该怎么办，安永赔不起这么多钱。为了阻止德国分所崩溃这个最坏的情况发生，安永计划在国际上进行一个转移。

如果安永在德国市场上的生存受到威胁，毕马威可能会成为最大的受益者，因为毕马威在金融领域有其优势。毕马威在Wirecard事件中负责特别审计时的表现，证明它具有敏锐的嗅觉，最终也是这次特别审计把安永拉回了正确的轨道。但是从毕马威身上也能看出，"四大"和客户之间的关系有多么紧密和复杂。和印度有关的问题说明，毕马威绝不是一点问题都没有的。

许多拿着高薪的审计师担心，随着Wirecard事件的调查进程，会不会有"四大"和Wirecard牵连的更多细节被曝出来。

例如，普华永道对Wirecard银行进行了多年审计，从未提出任何问题警告；德勤审查了Wirecard集团的资产负债表，并认为它基本符合要求，甚至比安永的评价还高。这两家机构都不愿再对此事发表任何评论。一位发言人说："出于职业的保密义务，我们不能透露任何合同（正在履行或已完成）的信息。"

德国经济审计师研究所（IDW）对Wirecard事件有了明确的说法。IDW其实是审计行业的一个行业组织，它负责审计人员的培训和进修，并制定审计人员的工作标准。IDW董事会主席克劳斯-彼得·瑙曼（Klaus-Peter Naumann）表示，揭露财务欺诈当然是审计工作的一部分。他还说："本案中的审计师是否按要求履行了全部职责，现在需要调查。"

瑙曼担心，像Wirecard这样的案件有可能损害德国审计的声誉，降低民众对德国审计的信任。"Wirecard这样的案件让大家有理由怀疑财务审计没有按照标准进行。这也是我们IDW很关心的问题。这个问题不解决，行业的声誉就会受到影响。"现在Apas和检察院都已介入，"无条件地、独立地"调查此事。

瑙曼明确表示："我们生活在一个法治国家。我反对对任何一个审计师有先入为主的偏见，应该执行通行的无罪推定原则。但是如果在接下来的调查中发现，审计师或个别人确实没有履行职责，那么就应该实行适当的制裁。"

但是财政部部长朔尔茨可不想等这么久。他2020年年底就采取了行动，计划对审计师监管制度进行改革，对咨询业务和定期更换审计机构有更严格的规定。这一计划是否会高效实行，还是只是他在联邦议院选举中用来拉选票的，专家们对此还没有定论。

对于安永来说，要担心的是如何生存下去的问题，其他会计师事务所也受到了牵连。还有一群人也同样可以接触到很多内幕消息，他们就是银行家。他们也同样也受到了影响。

银行家和分析师——置身金融赌场,自己却一无所知

2020年11月底一个星期四的晚上,保罗-勒博楼2600会议室,联邦议院Wirecard调查委员会已经开了13个小时多的会。这些议员还不知道,有意料之外的事情正在等待着他们。

奥利弗·B.正坐在慕尼黑施塔德尔海姆监狱的摄像机前,这位慕尼黑检察院的关键证人已经接通了调查委员会的视频电话。他以前是Wirecard集团的迪拜负责人,以嗜好跑车和豪华公寓闻名。他没有穿西装,而是穿着一件黑色的套头衫。作为会议中唯一的证人,镜头前的他看起来有些激动,他脸色苍白,头发稀疏——他的头发明显比以前照片中少多了。他坐在监狱里一间刷成柠檬黄色的阴郁的小会议室里,在他身边的是辩护律师尼古拉斯·弗吕索尔格(Nicolas Frühsorger)。

B.先做了自我介绍。他1973年9月27日出生于萨勒河畔的弗兰肯地区,"目前居住在慕尼黑的施塔德尔海姆监狱"。会议主席汉斯·米歇尔巴赫(Hans Michelbach,基社盟)教了他怎么说开场白,他照着做了。

"首先,我要感谢你们给我这个机会做开场陈述,我想借此机会,在你们面前,向公众以及受害者道歉。今天我们面临的是一场巨大的灾难,这是什么都掩盖不了的事实。"B.陈述道。

会议室里传来一阵小声议论。"我将正视我的个人责任。"B.继续说道,"但我请求你们理解,我今天无法回答你们所有的问题,我必须使用我拒绝做证的权利。"整个案件必须先经过司法系统完整的处理后,他才能表态。他正在和检察官一起"全速工作,以澄清个别复杂的问题"。

B.作为Wirecard的前任高管在事发后受到怀疑，他选择了投案自首。2020年7月初Wirecard破产后，他从迪拜回到慕尼黑。在一份很长的供认书中，他承认和CEO布劳恩以及在逃的马萨利克伪造了Wirecard的资产负债表。他是检方的关键证人。但布劳恩坚决否认了他的说法。

会议室里，议员马蒂亚斯·豪尔（Matthias Hauer，基民盟）对B.公开认罪感到十分惊讶："你的声明和道歉我们已经收到了，这已经比我们今天审讯的其他人要好得多了。"豪尔警告B.，他有责任配合调查委员会的工作，B.要求中断谈话并与律师协商了一下。稍后他说，他会在2021年回答调查委员会的问题。这次会议就这样结束了。

随后，左翼党金融专家法比奥·德·马西评论说，B.显然是唯一一个知道公众期望从他身上得到什么的人。B.这样说，是为了确保我们会给他第二次机会，他的行为和布劳恩的行为形成鲜明对比。前CEO布劳恩在同一天的听证会上，对议员们提出的几乎所有问题都没有做出回答。当然，B.的道歉无法改变已经发生的惨剧。"我们期待着一份全面的供词。"德·马西说。

Wirecard事件是德国在"二战"后发生的最大的一起上市公司破产的案件，但事实上除了B.，没有人对此道过歉。从被赶下台的BaFin前主席费利克斯·胡菲尔德到常年给Wirecard做审计的安永，再到Wirecard集团的负责人，都没有道歉。

在Wirecard复杂的公司体系中，B.担任了一个非常关键的职位，即子公司Cardsystems的负责人。对Wirecard集团来说，这家公司是Wirecard英国及爱尔兰公司之外，业务上最重要的一家子公司。它同时也是虚构的11亿欧元信托基金的受益人，可疑的第三方公司Al Alam的合作伙伴。2018年，Wirecard近1/3的营业额来自Cardsystems；它带来了2.37亿欧元的利润，占了Wirecard年度总利润的60%。

因此，对于调查人员来说，B.是主要被告人之一。检方怀疑他与Wirecard高层在2015年达成一致意见，夸大Wirecard的总资产和营业额。虽说B.对集团来说很重要，但是他很少抛头露面。内部人士说他是马萨利克的"得力助手"，只不过近年来很少出现在Wirecard总部。他的名字上一次出现在公司网站上，还是2012年2月。在迪拜，有人曾目睹他坐在一辆白色的奔驰SLS AMG里——这款新车售价18万欧元。B.住在世界上最高的建筑——828米高的哈利法塔内的一套公寓里。

2020年是B.人生的低谷。7月6日，他向检察院自首，随后立即被拘留，这也是为了防止他逃跑或者破坏证据。"我的委托人是自愿接受法律程序的。和其他人不同，他愿意承担个人应承担的责任。"他的辩护律师说。关于案件的细节，B.将直接向检方进行陈述。

据称，B.和第二名被捕的嫌疑人——Wirecard会计主管史蒂芬·E.有密切的合作。45岁的E.在2019年2月就遭到过严厉指责。据媒体报道，他对新加坡的欺诈案是知情的，并且他也是新加坡公司管理层在财会方面的重要联系人。根据这些报道，Wirecard在亚洲是通过操纵账户和伪造文件来骗取许可证的，而且E.对此也是知情的。

和其他被告一样，会计主管史蒂芬·E.也在Wirecard任职多年。他从2007年开始为Wirecard工作。2020年夏，他的名字不再出现在公司的资料中。被捕后，E.起初沉默了一段时间。针对他的指控包括商业团伙欺诈、贪污和操纵市场。在调查委员会面前，他最开始拒绝发表任何意见，不过2021年3月他还是供出了一些内情。

关于针对他的调查，他不想发表任何意见，只说："我对Wirecard的欺诈活动一无所知。"他承认自己出生于名门望族，是德国选择党政治家碧雅翠丝·冯·斯多赫（Beatrix von Storch）的表弟。但是根据工作人员的报告，他的行为并不高贵典雅，而是傲慢自大。他曾毫不客气地斥责员工，把暴躁的情绪发泄到其他部门的人身上，有时甚至在办公室里扔东西。

在联邦议院，他有意淡化自己的角色："我有个头衔是副CFO，但我其实不是什么副CFO，不是大家想象的那样。"他还说，每个参与其中的人都应该反思"自己在何时何地做错了什么，在哪些情况下太轻信他人了"。但轻信是不会受到刑事处罚的。这位前会计主管的邮箱账户里，有着大量文件和他自己所说的并不吻合。这些文件直指Wirecard事件的核心，即伪造信托资产。

信托账户的钱还放在新加坡的Citadelle时，E.就曾多次命令那里的受托人将数千万欧元资金转移到Wirecard集团的其他公司或第三方合作伙伴处。他以前的邮件里，有一个标题为"Citadelle指示"的文件。根据这份文件，迪拜的第三方合作伙伴Al Alam公司得以在2018年9月到10月收到1.5亿欧元。转账的附言写的是"MCA套现"。

MCA指的是提前给商户的预融资资金，以便他们在顾客不付款时也能有资金保障。针对此事，E.在调查委员会面前解释说，这是调查程序的问题，"所以我不想详细讨论"。不过他还是说："我了解到的信息是，当时这些钱是商家交易所需的预融资资金。"现在有人怀疑，数以亿计的资金正是通过这种渠道从集团转移出去的。2019年10月，《金融时报》对Al Alam的可疑交易进行报道之后，Al Alam总经理"亚斯明尼（Yasmineh）先生"发邮件请求与马萨利克亲自谈话，"讨论避免两家公司进一步受损的必要措施"，该邮件也抄送了E.。

在此之前，《金融时报》曾称E.对Wirecard的可疑交易可能是知情的。文章发表后不久，E.就联系了慕尼黑的一位公证人，打听了一种所谓的"财产秋千"，这是一种金融工具，配偶可以用它来相互转让资产。E.认为处在他的情况下，出于税收和法律责任方面的考虑，这个产品"很有意义"。在给一位税务顾问的邮件中，E.还特别加粗强调了法律责任方面的原因。

在E.想方设法将他的资产转移给妻子的同时，毕马威对Wirecard的特别审计开始了。2020年6月14日Wirecard倒闭前几天，安永的审计人员给Wirecard亚洲区董事马萨利克寄了一份问题目录。几分钟之后，E.的邮箱里出现了一封邮件。马萨利克写道："有几点内容我需要你的意见。"

B.和E.是搞清楚Wirecard丑闻的关键。另外，他们作为重要的内部人士，也可能共同参与了十几亿欧元的财务欺诈案。让E.开口说话是检方的一项关键任务。E.曾负责为Wirecard寻求新的资金来源，帮助Wirecard获得了16亿欧元的银行贷款，而且他可以向债权人解释，Wirecard这么多年是如何蒙骗德国金融市场，成功筹集数十亿欧元的新鲜资金的。没有这些钱，Wirecard早就垮了。

不仅仅是成千上万的受害投资人在等待着E.的答案，向Wirecard注入过资金的大银行也在等一个真相。不过随着更多细节的披露，一些顶级银行家可能难辞其咎。

被骗的贷款银团

Wirecard破产，贷款方损失惨重。Wirecard在15家银行积累了大量债务，破产之后这些贷款几乎都收不回来了，许多银行因此陷入财政赤字。有些费用通过收取更高的账户管理费等方式，被转嫁到客户头上。

涉及的多是德国金融界的大银行，由15家机构组成的银团向Wirecard公司提供的信贷额度为17.5亿欧元。截至倒闭之前，Wirecard共支取了16亿欧元。银团中最大的贷款人包括德国商业银行、德国巴登-符腾堡州银行、荷兰银行和荷兰商业银行。这4家机构分别向Wirecard提供了约2亿欧元的信用额度，并且90%左右已经被使用了。特别是在倒闭前的最后几个月里，Wirecard用了很多信用额度，而这些钱都不知所终了。（图4-2）

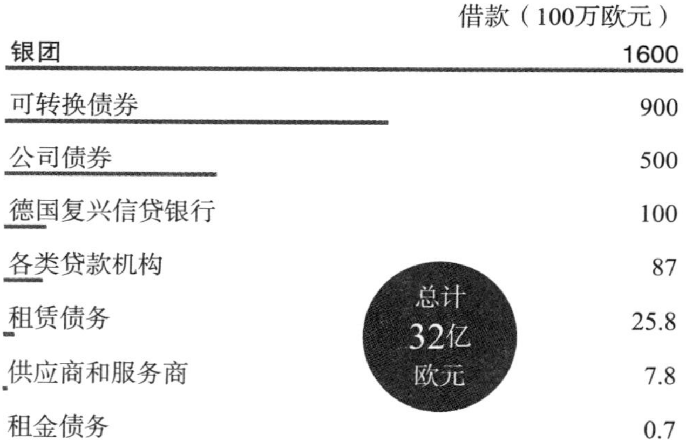

	借款（100万欧元）
银团	1600
可转换债券	900
公司债券	500
德国复兴信贷银行	100
各类贷款机构	87
租赁债务	25.8
供应商和服务商	7.8
租金债务	0.7

总计 32亿欧元

图4-2　Wirecard负债情况

大多数银行已经将90%的贷款核销了，有几家还继续记在账上，不过也只能等着看最后能从破产资产中拿回多少。其他一些机构懒得等待遥遥无期的法律程序，把债券在二手市场上转让了出去。据内部人士透露，贷款只能以很低的折扣交易，银行只能得到未偿债券的12%~15%。

假若在调查过程中有资金流回Wirecard总部，比如检方如果在海外发现了几百万欧元的藏身之处，那么有些人就开心了。据称，Wirecard

最大的债权人是爱尔兰的三一投资（Trinity Investments）。这家公司从Wirecard可转换债券、公共债券及银团的贷款中，购买了超过7.7亿欧元的Wirecard应收账款。

德国商业银行因为Wirecard而陷入了亏损，它为Wirecard提供的2亿欧元贷款大部分不得不核销。德国商业银行在2020年年中的资产负债表中写道，"有一个重大的个别情况"涉及金额1.75亿欧元，但没有提到Wirecard的名字。

德国中央合作银行以很低的价格将贷款售出去了。它也在银团当中，贷款额度为1.2亿欧元，损失了近1亿欧元。德国联邦大众银行和互助银行协会的1860万名客户也要间接为损失买单。

由于给了Wirecard 2亿欧元的贷款，德国巴登-符腾堡州银行2020年上半年的税前利润下降了近69%，跌至1.03亿欧元。这对德国西南部的储蓄银行的客户来说不是个好消息，因为这些银行拥有巴登-符腾堡州银行的股权。

Wirecard的破产还波及荷兰阿姆斯特丹。大型银行荷兰商业银行2020年第二季度利润暴跌79%，至2.99亿欧元。其中有新冠危机的影响，也有Wirecard的影响。荷兰银行在同一季度也因为Wirecard陷入亏损，亏损金额500万欧元。

就连在巴黎，人们也对德国这场灾难性的骗局提出了尖锐批评。"不只是我们，还有许多其他伙伴都被骗了。"法国农业信贷银行CEO菲利普·布拉萨克（Philippe Brassac）骂道。他的银行不得不核销1.2亿欧元的贷款。"以前也有过重大欺诈案件，但是我们没想到，Wirecard对资产负债表进行了如此大规模的造假。"布拉萨克说。

只有少数几家银行的情况比较好，比如德意志银行，它在大难临头前及时抽身了。长期以来，德意志银行都是Wirecard的首选合作银行，它还帮助Wirecard发行了债券。德意志银行监事会成员、奥地利资产管理公司C-Quadrat的创始人亚历山大·许茨（Alexander Schütz），在2019年2月还为他的朋友马库斯·布劳恩提供过支持。"在《金融时报》上看到你真不是个好事。顺便说一下，我上周买了3股Wirecard股票，把那个报纸干掉！！"许茨曾在给布劳恩的邮件中写道。

但后来德意志银行就逐渐和Wirecard保持距离了。在银团的框架下，德意志银行借给了Wirecard集团8000万欧元，但它大概只损失了1800万欧元。因为进行了很多对冲交易，所以它的损失比竞争对手小得多。德意志银行用复杂的金融工具——贷款抵押债券，将风险对冲掉了。马库斯·布劳恩个人1.5亿欧元的贷款合同也在2019年年底终止了。德意志银行是否比其他银行知道更多？这也是一个尚待调查的问题（见第6章）。

国有银行德国复兴信贷银行就表现得不太聪明了。复兴信贷银行的一家子银行为Wirecard提供了1亿欧元的信贷额度，而且2019年年末大量警告信号出来之后，这家银行还延长了一次贷款期限。德意志银行采取的套期保值的措施，在复兴信贷银行看来是没有必要的。

这让人想起了2008年金融危机。2008年9月15日星期一，雷曼兄弟已经申请了破产，但德国复兴信贷银行还向这家美国投资银行转了3.2亿欧元，约定的交易因为破产而不可能实现了。当时德国《图片报》（*Bild*）对此事件报道的标题叫作"德国最愚蠢的银行"。财政部的人也蒙了——复兴信贷银行压根就没注意到雷曼兄弟在上一个周末已经破产了。两名董事会成员因此被解雇，但检方的调查却一无所获。

由于向Wirecard提供贷款，复兴信贷银行的银行家的能力又一次受到质疑,连带他们的诚信。他们因涉嫌贪污而受到调查人员的关注。2020年9月底,警方和检方搜查了复兴信贷银行子银行IPEX的办公室——正是IPEX银行为Wirecard提供了融资。复兴信贷银行的罪名不轻。2019年9月针对Wirecard的严重指控早已成为定局,这时复兴信贷银行还再次无条件地延长了1亿欧元额度的期限,并且没有采取任何对冲措施,已经可以构成失信行为了。目前调查正在进行。

因为Wirecard负债过重,破产程序结束后,债权银行大部分资金不太可能拿回来了。

不仅贷款方遭受了损失,Wirecard债券的持有人也面临着投资损失。Wirecard发行了5亿多欧元的债券和9亿多欧元的可转债。著名评级机构穆迪此前曾将Wirecard归为"投资信用一般"。

2019年,日本科技投资集团软银也是通过购买可转债参与Wirecard的,但是它玩得很聪明,只保留了在某天获得Wirecard股票的选项。在瑞士信贷集团的积极帮助下,它购买的可转债部分被销售出去,还获得了一定的利益。

内部邮件显示,瑞士信贷集团几乎是主动接近Wirecard的。2020年4月,瑞信的一位投资银行家还在争取Wirecard的投资业务。马库斯·布劳恩的首席秘书在给布劳恩的邮件中写道:"他很烦,还打电话来问你的意见。你到底想不想让他给你做顾问?如果不想的话,我们还是马上友好地回绝他吧。"Wirecard破产后,瑞士信贷集团的人还很庆幸没有过多参与Wirecard的事情,否则声誉会受到影响。不过瑞信只是单纯地走运,不像其他银行是依靠敏锐的判断。

有些银行知道更多

即使是德意志银行、软银等那些与Wirecard紧密合作的玩家，也显然看到了警告信号。还有很多机构比德国商业银行、复兴信贷银行等要聪明，它们拒绝与Wirecard开展任何业务。由此可见银行也不是全都失控了，每家银行的情况不一样。至于为什么有的银行表现得好一些，其中的背景还需尽快澄清。

很多银行从一开始就断绝了和Wirecard的联系。汇丰银行的一位高级银行家说，Wirecard曾多次寻求与汇丰银行的合作，但是考虑到Wirecard的声誉，他还是拒绝了。原因很简单："我们对此有一种不好的直觉——即使被问及几次，Wirecard也没有提供足够的数据来合理地描述它的业务。于是我们就说，我们还是不掺和了。"

一家美国大型银行在德国的CEO想起几年前一个夏天的聚会。Wirecard当时的CFO布克哈德·莱伊（Wirecard破产后被捕）想要和这家银行合作，让它为Wirecard提供资金，但是这位银行家并没有被莱伊说服。在他看来，莱伊的能力也就相当于一个储蓄银行行长，完全不像一个大集团的CFO。"我跟他说，我不清楚为什么你们的利润这么高，你们的故事说不通。他没有真正回答我的问题，于是对话就结束了。"

在Wirecard的故事中，还有一点很有意思。那些离Wirecard总部最近的银行，都不想与Wirecard建立更深层次的业务联系。慕尼黑的大银行，包括德国巴伐利亚州银行和德国裕宝联合银行都和Wirecard保持了距离。它们也没有预见到会出现资产负债表欺诈的情况，但是它们很早就怀疑Wirecard集团的业务有问题。

Wirecard曾试图从巴伐利亚州银行获得一笔新的贷款，但没有成功。巴伐利亚州银行在2016年曾与其他银行一起向Wirecard提供了一笔贷款。起初金额相对较小，才4500万欧元，后来也只有6000万欧元。2018年，Wirecard想把贷款的金额翻倍，巴伐利亚州银行就悬崖勒马，退出了。

当时巴伐利亚州银行做出这个决定有几个原因。首先，它曾向FIU举报Wirecard涉嫌洗钱。其次，该银行风险总监马库斯·克拉默（Marcus Kramer）告诉调查委员会，在巴伐利亚州银行看来，Wirecard的商业模式和资产负债表结构复杂，其中有很多问题让人琢磨不透。他们觉得风险太高了。银行的另一位工作人员表示，虽然银行当时确实想建立长期的客户关系，但是如果面对某个客户时要先向监管部门举报他的可疑行为，那关系就很难建立了。"Wirecard找我们办贷款，但是我们没搞清楚它到底是做什么业务的。"

据内部人士透露，在慕尼黑的金融中心，Wirecard公司的不对劲早就是一个公开的秘密了。2018年之前，就有人怀疑Wirecard洗钱。2015年12月，慕尼黑检察院为美国司法部提供援助，突击搜查了Wirecard公司（见第3章第3节）。这件事情当时并没有进入公众的视野，但是在金融圈里还是有很多人讨论此事。

裕宝联合银行也曾拒绝过Wirecard。一位前管理层回忆说："对于Wirecard，我们从一开始就很怀疑。"拒绝了Wirecard的贷款申请后，它就没有再找过裕宝联合银行了。

不过，Wirecard在德国金融市场上有很多朋友，它在其他地方弄到了贷款。在慕尼黑的银行碰壁之后，Wirecard找到了巴登-符腾堡州银行。巴登-符腾堡州银行授予了Wirecard 2亿欧元的信贷额度。

Wirecard的银团采取行动的时候为时已晚。破产管理人贾菲在

Wirecard宣布破产之后，还试图从几家银行获得大规模贷款，理由是"要在为公司找到买家之前，为维持运营和维护组织结构预先提供资金"。德国商业银行与荷兰商业银行和Wirecard进行了谈判，最终还是因为缺乏抵押品而拒绝了贷款申请。

德国最大的银行——德意志银行，起初慷慨地宣布会帮助Wirecard并考虑接管Wirecard银行，但后来只是挖走了几名高管。Wirecard银行的核心业务——欧洲业务，在还清遗留债务之后转到了西班牙国际银行。

对于行业内的人来说，Wirecard是一个让人不舒服的话题。2020年11月德国银行业协会举办年会时，协会主席汉斯·瓦尔特·彼得斯（Hans Walter Peters）在冗长的开幕词中回顾了过去一年，却没有提及Wirecard一个字。因为如果提它，会触到太多同行的痛处。

银行业不愿意提到Wirecard可能还有一个原因：很多德国银行不仅在贷款上遭受了损失，在另一项核心任务上也一败涂地，那就是股票分析。

分析师的宠儿

银行大楼里那些所谓的金融专家最重要的任务之一，就是分析股市。分析师会为自己的机构评估上市公司的实力和潜能，并对其股价发展给出预期。

分析师本应该用冷静的头脑进行分析，将资产负债表中的数据和各种风险因素都计算进去，在不受外界因素影响的情况下，公正地提出自己的建议。许多小投资者信任这些所谓的专家。然而实际上，金融市场往往是另一番景象。从Wirecard事件中就能看出，这些"预言家"的独立性是很有限的。

Wirecard的股票多年来一直是许多银行分析师最喜爱的。集团总裁布劳恩2018年年底骄傲地说："有29位分析师在观察我们的股票，其中23位推荐买入。"这一次布劳恩没有说谎。铺天盖地，到处都在推荐购买Wirecard的股票，而且这种狂热的炒作一直持续到Wirecard倒台前不久。

	购买建议	目标股价（欧元）
德意志银行	买入	200
巴德尔银行	买入	230
德国商业银行	买入	230
Exane BNP	跑赢行业	265
Hauck & Aufhäuser	买入	240
汇丰银行	买入	195
巴克莱银行	增持	200
麦格理银行	中立	147.97

图4-3　Wirecard股票购买建议和目标股价（2019年5月）

例如在2019年5月，根据《法兰克福汇报》的整理，许多分析师对Wirecard的股价都有着梦幻般的预期，而且这还是在《金融时报》《商报》和《经济周刊》的一系列文章发表之后。当时Wirecard股票的实际价格大约在140欧元。

许多最有名的机构都推荐购买Wirecard股票。2020年Wirecard破产前3个月，美国摩根大通银行还发布了150欧元的目标价，英国投资银行汇丰银行的分析师们甚至相信股价会达到210欧元，德国私人银行Hauck & Aufhäuser更是发布了惊人的270欧元的目标价。2020年5月初，毕马威的特别审计报告出来一段时间之后，英国巴克莱银行下调了Wirecard的股票评级，但是却依然坚持着200欧元的目标价格。

只有少数几家银行很早就发布了不看好Wirecard的分析报告。但是21世纪前10年，市场普遍充斥着对Wirecard的狂热时，它们也摇摆不定，有的甚至加入了吹捧大军。瑞士信贷集团最初建议抛售Wirecard股票，但随后Wirecard CFO莱伊找了建议抛售的分析师，一次是在2016年5月，还有一次是2016年12月。他们在伦敦的高级寿司店Nobu一起吃了饭。2017年1月，瑞士信贷集团就上调了Wirecard的评级，从"卖出"调到了"持有"。

私人银行沃伯格家族银行采取的做法则比较极端。一位分析师对Wirecard的现金持有量提出了疑问，然后他就被撤掉了。他的继任者则对Wirecard忠心耿耿，直到最后一刻。

这让批评者们联想到了安然事件。美国能源公司安然2001年财务欺诈曝光前几年，让所有美国大银行给自己提供咨询服务。银行内部本来应该有一座"坚固的堡垒"把分析部门和投资部门隔开，但是安然却通过购买咨询服务的方式，收买了分析师。在20年时间里都有哪些银行为Wirecard提供过咨询服务，至今仍不清楚。

德国巴德尔银行向来都是对Wirecard最热情的。2019年11月，巴德尔银行的首席分析师将Wirecard的目标股价从230欧元提高到了240欧元。他预测Wirecard股价会翻一番。提醒一下，这时候毕马威的特别审计正在进行，Wirecard内部人员还每个月都从集团弄钱出去。可是巴德尔银行却为Wirecard呐喊助威。

"增长势头持续增强。"巴德尔银行的报告中写道，"市场上负面的声音应该很快就会消失，我们强烈建议买入。"专家们每个月的报告都在让购买Wirecard的声音不断深入人心。2020年4月毕马威灾难般的特别审计报告出来之后，Wirecard股价暴跌1/4，可是巴德尔银行此时还在坚持着自己的看法。

巴德尔银行首席分析师承认说："毕马威的特别审计结果和我们期望的有出入，导致股票价格出现了剧烈的波动。"但是随后他又像往常一样不考虑现实情况了："我们得出的目标价格是公正的，即使是在最坏的情况下，我们的目标股价也远远高出现在的股价水平。"巴德尔银行的目标股价仍然保持在240欧元。7周之后，Wirecard破产了，巴德尔银行的应对方式是怎样的呢？它把分析报告从网上删除了，至今未向投资者道歉。

"假新闻"——银行的炒作

Wirecard的粉丝中，最"有名"的要数位于法兰克福的德国商业银行。德国商业银行是一家部分国有制的银行。德国商业银行的分析师海克·鲍尔斯（Heike Pauls）是Wirecard CEO马库斯·布劳恩的铁杆追随者，她在读者面前也毫不掩饰自己对Wirecard的喜爱。

在报告中，她毫无顾忌地将那些关于Wirecard的负面报道称为"假新闻"，甚至还对《金融时报》记者丹·麦克伦进行人身攻击。2019年1月，她直截了当地指责《金融时报》操纵市场。"本来名声不错的《金融时报》，却出了个连环罪犯丹·麦克伦，他刚刚又发表了一篇关于Wirecard的负面文章。"鲍尔斯写道。伪造的合同、夸张的营业额、新加坡的违规行为，这些对于鲍尔斯来说都构不成警告，无须担心，毕竟Wirecard把所有指控都驳回了嘛。"股价出现消极反应，我们认为正是购买时机。"鲍尔斯在分析报告中写道。她的目标价是230欧元。

即使是在毕马威出具负面报告后，鲍尔斯仍坚持她对Wirecard的乐观评估。她在2020年5月18日最新的分析报告中写道："我们认为现在是有利的购买机会。"对于230欧元的目标价，她仍然坚信不疑。结果大家都知道了，她才是真正的"连环罪犯"。鲍尔斯是银行分析师中为数不多因为Wirecard而需承担个人后果的人——德国商业银行与她分道扬镳。这可能也和鲍尔斯的另一个奇怪行为有关。作为银行分析师，鲍尔斯本应保持中立，可是她却为Wirecard监视投资人的举动。一旦发现有人对Wirecard提出异议，鲍尔斯就会报告给Wirecard CFO布克哈德·莱伊和投资者关系总监伊里斯·施托克尔（Iris Stöckl）。这样，Wirecard就可以根据鲍尔斯提供的信息来制定沟通战略，应对各种指控。

例如在2016年12月20日，鲍尔斯写道，"你好，莱伊先生，你好，伊里斯"，然后报告了自己和对冲基金Greenvale Capital的谈话内容，"它似乎对你们很积极"。她说这次交流给她"留下了非常好的印象"，"他们现在在做的事情，你们肯定也会感兴趣的。请对此次谈话内容保密"。然后她提到了Greenvale Capital的主要观点："（他们认为）你们一切都太好了，好得不像是真的，所以一部分业务肯定是'假的'（'不是全部，但至少大部分是假的'）。"

鲍尔斯还在给Wirecard的邮件中提到过摩根士丹利的一位分析师同行，就连我的名字也在鲍尔斯给Wirecard的邮件里出现过。"你好，伊里斯。"她在2020年1月12日写道，"今天股价表现疲软，可能是因为今天霍尔特曼在《商报》上发表的文章，涉及在线赌博和支付机构的责任问题。这是我今天早上的评论。最诚挚的问候，再联系！"

然后她在分析报告中逐条反驳了《商报》关于Wirecard和非法赌博门户网站合作的报道。她写道，Wirecard只和有执照的供应商合作，严格遵守反洗钱标准，而且尽管"不能完全排除一些'灰色地带'的业务",但因为Wirecard有着"严格的风险管理规定",所以"在我们看来"是安全的。

鲍尔斯可能是一个特别明目张胆的例子。据《南德意志报》统计,2008年以来她一共推荐买入Wirecard股票199次。她如此肆无忌惮地吹捧Wirecard,也确实达到了效果。许多小投资者在2019年和2020年还买入了Wirecard的股票。这些人听信了专业人士的积极推荐,对Wirecard反复出现的严重问题视而不见。

许多和Wirecard打过交道的记者都知道,大银行和资产管理公司的分析师不停地为Wirecard站台,但这些所谓的专家大部分其实根本就没有把Wirecard的商业模式理解透,也没有就一些关键问题询问董事会。只有少数几个人例外,有些金融记者甚至接到过大银行分析师的电话,问他们调查的情况。

资产管理公司也是Wirecard的粉丝

因为上述问题,很多大银行名誉扫地。很多大型资产管理公司也加入了炒作Wirecard的大潮,据德国行业门户网站Finanz-Szene.de报道,德国两大资产管理公司DWS和德国最大的合作银行旗下的投资部门联合投资(Union Investment),恰恰是在《金融时报》第一批批评性文章出来之后,狠狠地加大了对Wirecard的投资。在警方对新加坡分支机构展开调查,负面媒体报道发表之后,对Wirecard的投资其实已经成为一种二元投资了——即使是普通人,从2019年开始也已经很清楚,《金融时报》提出的指控要么确有其事,要么就是无中生有。然而似乎正是因为有了这些报道,才刺激了德国金融大军买入Wirecard。与此同时,前几年在Wirecard身上赚得盆满钵满的国际投资机构,像美国的贝莱德、Jupiter和Artisan，却争相退出。

"愚蠢的德国钱"啊，就连专业投资者也因为Wirecard吃了亏。例如，DWS在Wirecard日益陷入困境的那几个月里还增加了投资。2019年春，DWS基金还不动声色地加入了Wirecard股票，持仓比例和DAX指数相当。同年10月，毕马威的特别审计开始后，情况发生了变化。当时，资金管理人往多只DWS基金里追加了总价值近10亿欧元的700万股Wirecard股票，其中有些甚至达到了规定允许的最高比例。DWS也成为第一家持有Wirecard股份超过5%的资管公司。

海外机构争相退出时，BVR才正式加入阿什海姆的狂欢。据Finanz-Szene.de网站分析，2019年3月底，Wirecard的股票在BVR基金中的比例还无足轻重，到10月初就开始加大火力了。BVR的14只公募基金中，Wirecard股票的数量从50万股加至270万股，其中还包括多只里斯特基金[1]和"可持续发展基金"。成千上万的德国小投资者和里斯特养老金领取者通过基金储蓄计划投资了Wirecard，哪怕他们其实并不想投资Wirecard。

当然，德国大机构中也有个别专家警告过大家，谨慎对Wirecard进行投资。德国储蓄银行协会下属的基金公司Deka的公司可持续发展和治理主管英戈·施拜希（Ingo Speich）在2019年4月底就曾批评说，Wirecard监事会成员的能力不够全面，而这可能正是该公司出现问题的原因之一。

合作银行也有人试探性地提出过批评。联合投资专注于公司治理的分析师万达·海宁（Vanda Heinen）曾说："Wirecard如果早点成立

---

[1] 德国国家补贴的一种私人养老保险。——译者注

一个审计委员会就好了。为了重新获得资本市场的信任，应该由一位有名望的、独立的会计专家来主持工作。"但是这样的警告和提醒并未引起重视，在惨痛的结局到来之前，基金经理的狂欢仍在继续。

德国证券交易所在Wirecard事件中扮演的角色也有问题。德国证券交易所作为国家机构，本来应该充当守门人和保安的角色，保证德国股票市场正常运转，但是它却在Wirecard破产数周后还没有将它从DAX指数中除名。许多投资指数基金（即所谓的ETF）的小投资者，于是间接购买了Wirecard的股票，而当时Wirecard的股票已经没有价值了。它所犯的欺诈罪也已经是板上钉钉的事情了。投资者却投诉无门，只能自认倒霉。后来德国证券交易所才潦草地对指数规则进行了改革，将此事敷衍过去。

在Wirecard事件中，德国的银行算是出尽了洋相，丢脸丢到家了。但是在德国监管机构和政治家所犯下的滔天大罪面前，银行的这些小过失也显得不值一提了。下一章将讨论德国监管机构和政治家的问题。

第 5 章

最高级别的帮凶：
为 Wirecard 服务的政客

监管机构——逆向行驶，从中牟利

2020年6月底，BaFin时任主席费利克斯·胡菲尔德在法兰克福希尔顿酒店的舞台上坐下时，大大地喘了一口气。本来他是要和德意志银行CEO克里斯蒂安·索英及其他的一些管理人员一起探讨新冠危机的影响，但是来参加法兰克福金融峰会的100名嘉宾却对另一个问题更感兴趣，他们想知道胡菲尔德对德国战后最大一起欺诈案——Wirecard事件——的看法。

胡菲尔德知道，他所领导的BaFin在这件事情上的表现并不好，他们不仅没有发现Wirecard的诸多问题，还起诉了《金融时报》的记者。财政部部长奥拉夫·朔尔茨在2020年6月底已经警告说，案件中出现了"关键性问题"，"尤其是在账目方面，审计人员和监管机构似乎都没有起到作用"。经济部部长彼得·阿尔特迈尔（Peter Altmaier，基民盟）更是担心德国在经济界的形象可能会受到影响，他警告说："我们原本以为这样的事情在哪里都可能发生，唯独不会在德国。"

"许多私人和公共机构，包括我所在的机构，都没有发挥足够的作用，未能阻止事情的发生。"胡菲尔德承认说。作为德国最高银行监管人员，他说"这是一种耻辱"，"是DAX指数有史以来最令人震惊的一幕"。

BaFin并不监管整个Wirecard集团，而是只监管Wirecard银行。胡菲尔德表示，很显然，BaFin不是一种最佳的管理结构。不过他也承认，BaFin本可以在现有法律框架内更好地对Wirecard进行监管。但事实上，Wirecard被BaFin归为技术公司而不是金融控股公司，因此BaFin对它的监督权比较小。Wirecard倒闭前6周，BaFin才开始对它进行审查。这已经晚了太多了。

2020年6月底Wirecard倒闭后不久，胡菲尔德还明确表示Wirecard事件是一场"彻底的灾难"。然而不久后他的说法就变了，作为BaFin主席的胡菲尔德开始对此事保持距离。

是啊，他所在的BaFin"只见树木不见森林"，没有看到Wirecard的问题，但是他们到底有没有犯什么真正的错误呢？这一点胡菲尔德并不想承认。他在2020年12月接受《商报》采访时说："总的来说，我们和其他许多私营和公共机构一样，没有发挥出应有的作用，未能有效阻止这起经济丑闻的发生。但我只是陈述事实而不是承认我们的监管出现了失误，不存在监管失误。"

Wirecard事件中真的不存在监管失误吗？胡菲尔德的死忠粉都对他的态度感到惊讶。在采访中他继续胡扯道，监管缺乏"有效性"，一方面是因为"体统缺陷"，他们已经在解决这些问题；另一方面是因为"犯罪和欺诈行为的规模实在太大"。他公开表示不会辞职。对他的批评，他也理直气壮地回应："作为BaFin主席，肯定是必须要接受批评的。如果接受不了，那只能换份工作了。我是可以接受的。"

哈佛大学毕业、学过法学、做过银行家的胡菲尔德，在一次接受德国某电台采访时曾说，自己儿时的梦想是当一名消防员。他当时还说，消防员最主要的工作就在于"预防和避免火灾"。但是在Wirecard事件中，他并没有做到这一点。他没能阻止重大"火灾"的发生，也没能阻止"火势"变得越来越大。

2021年1月底，德国联邦财政部部长奥拉夫·朔尔茨采取了行动，他把胡菲尔德和BaFin证券监管部主管伊丽莎白·罗盖勒（Elisabeth Roegele）一起解雇了。朔尔茨认为他们应该为BaFin在Wirecard事件中犯下的两个最严重的错误负责。一些恶意的声音说，社民党总理候选人朔尔茨本来是倾向于保下胡菲尔德的，因为一旦联邦选举中涉及Wirecard丑闻，他就可以在必要时一脚踢开胡菲尔德，给自己多一重保障。但是后来BaFin官员被爆出来无节制地利用Wirecard进行投机和赌博，于是胡菲尔德就保不住了。

财政部部长、自诩准总理的朔尔茨[1]又是否能从Wirecard丑闻中全身而退，毫发无伤？人们对此越来越怀疑了。在Wirecard事件中，国家监管部门的失职实在是太严重了，而且朔尔茨和他手下的国务秘书与这件事实在是脱不了干系。另外一位高级政客、经济部部长彼得·阿尔特迈尔也不能高兴得太早，他手下的审计师监管机构Apas也出现了很多滥用权力的情况，让大家看到了政府的无能。

Wirecard胡作非为的特权

多年来，Wirecard在德国一直享受着某种特权。照理说，企业的所

---

[1] 朔尔茨于2021年12月的选举中获胜，正式当选德国联邦政府总理。——译者注

有活动都应该受到德国反洗钱机构、BaFin和其他机构的监督。但事实上这么多年来，Wirecard什么事都没有。相反，监管部门的利剑指向了那些批评Wirecard的人。

早在2008年，监管部门对第一批批评者采取的行动就已经很耐人寻味了（见第3章第1节）。慕尼黑检方没有调查怀疑者对Wirecard提出的指控，而是追查提出批评的人，甚至还动用了Wirecard集团内部的线人，而这些线人显然是站在Wirecard一边的。慕尼黑的空头托比亚斯·博斯勒因为批评性报告而锒铛入狱，Wirecard的管理层却无所畏惧。当时审理案件的检察官之一，现在还成了巴伐利亚州某部长办公室的负责人。

在接下来几年里，监管人员也倾向对批评者采取行动，而不是对Wirecard。2015年12月，慕尼黑检方曾为美国当局提供援助，对Wirecard的办公楼进行了搜查，但这次搜查只是导致了Wirecard高层从此再也不能入境美国。在德国，这次行动没有激起任何反响（见第3章第3节）。

调查人员对待批评者就没那么客气了。英国投资者弗雷泽·佩林——揭露Wirecard丑闻的Zatarra报告的作者之一，因为涉嫌操纵市场而被罚款。还好只是罚了钱，否则现在德国官员们的脸面都不知道该往哪里放了。

德国当局对佩林采取的行动，还能借口说是为了打击可疑的卖空者。但是他们对《金融时报》记者的所作所为就简直可以说是荒谬了。这些批评报道的记者完全激怒了BaFin的工作人员。然而，BaFin不仅没有对报道所批评的Wirecard集团进行更严格的审查，反而还成了Wirecard的帮凶。公众舆论越是批评Wirecard，BaFin就越是袒护它。

BaFin最致命的错误是对《金融时报》记者丹·麦克伦和斯蒂凡妮·帕尔马提起了刑事诉讼。他们起诉的理由都是操纵市场。

BaFin后来指出，部分诉讼是针对"不明人士"的，就是说也可能包括Wirecard集团内部的人。但事实上，BaFin在起诉书中指出了具体的被告人，其中没有Wirecard管理层，却有两位《金融时报》记者。中立的处理方式可不是这样的。BaFin的工作人员怀疑，投机者知道会有批评Wirecard的文章出来，于是发动了空头进攻，操纵了Wirecard股票的价格。

但是在内部人士看来，BaFin的行为从一开始就很奇怪。从起诉书中可以看出，BaFin的人似乎对新闻行业的工作方式完全不了解。例如，他们指责《金融时报》的记者多篇文章间隔几天先后发表。这在新闻界是很常见的，记者需要将收集到的大量信息进行分类，加工成几篇不同的文章。

BaFin还对股市交易活动进行了深入调查，称在第一篇文章发表之前就有人建立了空头头寸。但事实上仔细研究证券交易所的数据就会发现，针对Wirecard股票的空头头寸主要是在第一篇文章发表之后建立的，而不是在之前。

有意思的是，BaFin的起诉到底是由谁负责的？是执行董事伊丽莎白·罗盖勒，她也是BaFin证券监管部的负责人。她的上一份工作是储蓄银行的基金公司Deka的首席法务官，当时她就没给人留下什么好印象。Deka在2010年进行了非法股票交易（Cum-Ex计划[1]），在这些交

---

[1] 指红利剥离或股息剥离。在股票即将分红前购买，获得分红后即将股票售出。这种方法可以减少投资人在税务上的支出。——译者注

易中，银行和投资者牺牲纳税人的钱中饱私囊。罗盖勒对Deka Cum-Ex计划一直都是知情的，她后来说："不管是以前还是现在，我都认为Cum-Ex交易是非法的。"她说Deka银行在她任职期间进行Cum-Ex交易是出于疏忽，不是有意为之，但很多人怀疑这些话的真实性。在BaFin官员眼中，罗盖勒这个人和她所负责的部门也是比较有争议的。2016年，在罗盖勒上任一年后，她部门的人就曾对Zatarra报告背后的批评者做出过惊人的猜测："值得注意的是，嫌疑人……似乎有相当一致的文化背景，他们主要是以色列人和英国人。因此，不排除他们是一个圈子内的人。"怎么能从英国和以色列国籍立马就推断出这是一个犯罪集团，对此BaFin并没有做任何解释。

BaFin的起诉在2019年也确实带来了相应的后果，慕尼黑检察院开始对《金融时报》展开调查，《金融时报》突然就被动了，许多小投资者都松了口气。2019年秋，在新投资方软银集团和新监事会成员托马斯·艾克尔曼的施压下，Wirecard才让毕马威进行了特别审计，这才奠定了后面揭开骗局的基础。

直到2020年9月Wirecard倒闭一段时间之后，慕尼黑检察院对《金融时报》的调查才停止，检方没有发现足够的证据支持BaFin的怀疑。检方表示，两名记者的报道基本上是符合事实的，"至少从当时能获取的信息来看，报道的内容没有不实，没有误导读者"，也没有发现他们和所谓的空头之间有直接联系。

检方承认，两名记者做了本该属于BaFin和安永审计师的工作——通过深入调查，撼动了Wirecard的谎言大厦。慕尼黑检方是因为BaFin的指控才开始针对两名记者进行调查的，在撤诉时也明确提到"BaFin提出的可疑事实"不成立。

预防工作缺失，分类问题致命

然而，德国监管机构的问题不仅仅在于对批评者进行了打压，它们在预防问题发生方面也是失察的。主要有两项疏忽导致了Wirecard可以多年来肆意行骗。第一，反洗钱监管似乎压根就不存在；第二，对Wirecard集团的正式法律分类导致对其资产负债表审计不严。

关于洗钱的问题（见第3章第3节），绿党议会党团的金融专家丽莎·鲍斯（Lisa Paus）认为，德国存在"巨大的执法缺陷"。她说："最晚从21世纪初开始，Wirecard集团就涉嫌洗钱或协助洗钱，并且有很多高风险领域的客户，这是事实。但是10多年来，各部门没有一个人觉得自己有责任去管一下。"

至少Wirecard银行毫无疑问是应该由BaFin负责监管的。但是从Wirecard倒闭后曝光的情况来看，BaFin对Wirecard银行的问题也一直视而不见。最迟在2019年5月，BaFin就掌握了明确的证据，证明Wirecard银行参与了母公司一些不正当的交易。Wirecard倒闭后，BaFin也承认2019年1月底就有人向他们举报Wirecard在新加坡有违规行为。因此BaFin可能在《金融时报》那些批评文章发表之前，就已经知道Wirecard有问题了。

同时，BaFin还审查了Wirecard在其年度财务报表中是否有虚假或误导性陈述。2019年2月15日，BaFin委托德国会计师监督委员会（DPR）进行了审查，但是此事并没有公开。一年之后BaFin才通知检方，Wirecard管理层可能有操纵市场的嫌疑。

财务报表审计表明，德国当局如果好好利用自己的职权，本来是可以对Wirecard进行干预的。BaFin本可以对Wirecard集团及其财务报表进行全面监督，但是它却自愿放弃了自己的权利，因为它将Wirecard集团归类为非金融控股公司。

2017年，BaFin决定将Wirecard集团归类为非金融控股公司，这可能是Wirecard事件中最致命的一个决定。那时，Wirecard早已不是慕尼黑郊区默默无闻的初创企业了。2018年，Wirecard又进入了德国最负盛名的股票指数DAX指数，并成为许多投资指数基金的小投资者的必选。

对于整个Wirecard集团来说，BaFin只负责一般的市场和证券监管，例如当股票价格出现明显波动时。其实BaFin也可以对整个集团进行集中监督，前提是将Wirecard归为金融控股公司，即一家持有多家金融公司多数股权的母公司。这样，BaFin也会有更多的权利对Wirecard的财务问题进行干预。

Wirecard作为一家国际支付服务商，在全球拥有56家子公司，乍一看，它似乎很明显是一家金融控股公司。可是在BaFin看来，这些子公司大多数不是金融公司。因此BaFin官员认定，Wirecard控股公司的主要目的不是为了管理金融投资。这样的分类直到今天看来仍然是站不住脚的。

于是德国联邦财政部宣布，BaFin把Wirecard"和德意志联邦银行一起……归为技术公司，而不是金融控股集团"。BaFin只负责对Wirecard进行证券方面的监管，把财务审计方面的工作交给了私营机构德国会计师监督委员会，而它也完全没有起到应有的作用。

德国财政部预防洗钱和支付交易部门的前负责人米歇尔·芬代森（Michael Findeisen）批评说，不能只怪BaFin，"德意志联邦银行也参与了这些决定，它们根本没有把Wirecard当成一个支付机构进行监督"。BaFin和德意志联邦银行一致认为,"这项业务没有任何风险"。欧盟的监管人员也错误地认为"支付业务的风险实际上是很低的"。

前所未有的卖空禁令

BaFin长期以来对Wirecard的友好态度在一项独特的措施中体现得最为明显,那就是2019年的卖空禁令——它禁止了针对Wirecard股价下跌的投机行为(见第2章第4节)。根据事后曝光来看,做这项决定时德意志联邦银行其实是有顾虑的,但BaFin甚至完全没有理会。

2019年2月18日,BaFin宣布,在1月底以来Wirecard股价出现严重动荡之后,决定采取一项激进的措施:至少两个月时间内禁止净卖空Wirecard股票。这项措施非比寻常,令人意外,投资者们的反应也很明确——Wirecard股价上涨了约15%。

BaFin禁止对Wirecard股价的卖空行为,对已经卖出空头的投资人,也不允许继续扩大空头头寸。该禁令的有效期至4月18日。

在此之前还从未出现过针对单一股票的卖空禁令,类似的措施也只在2008年9月美国雷曼兄弟银行破产后的金融危机中出现过。当时有11家银行的产品被禁止卖空,而不是针对某个单一机构的卖空禁令,而且当时的禁令是为了拯救整个金融体系。当时的局势已经很紧张,投机者不应该再押注价格下跌,使局势更加恶化。但是针对Wirecard的卖空禁令完全是对一家公司单方面的支持行为。

后来我们知道,当时哪怕是德意志联邦银行的人都觉得BaFin的做法很有问题。2019年2月15日,德意志联邦银行发言反对BaFin的卖空禁令,但是伊丽莎白·罗盖勒一意孤行,不顾反对颁布了禁令,导致了极其严重的后果。

这些事实来自德国《商报》获得的一份德意志联邦银行内部备忘录。备忘录中写道："2019年2月15日星期五，BaFin在中午时分通知，可能即将采取限制卖空Wirecard集团股票的措施。"此前由于媒体发表负面文章，已经有人对Wirecard股票开始了投机活动。当天傍晚，德意志联邦银行就收到了BaFin的第一份草案，草案中表示，"由于严重威胁到人们对德国股票市场的信任"，所以计划限制卖空Wirecard集团的股票。

德意志联邦银行的银行家们似乎并不认同BaFin的这一说法。据备忘录中记载，他们"对Wirecard股票进行了各种分析"，包括空头头寸对其他金融公司的证券可能产生的传染效应等，没有发现什么问题。在备忘录中，银行家们多次强调他们的评估结果和BaFin有出入，并对BaFin的提案持"怀疑的观点"。

在傍晚收到BaFin的草案后，双方随即进行了谈话。备忘录中记载："德意志联邦银行随后（晚上8:30左右）通过电话非正式地通知BaFin，它不同意这种评估，而且当时Wirecard的股价走势……不会对德国其他金融股产生溢出效应。"所以金融稳定性可能会受到影响的说法是站不住脚的。按照规定，投资者保护和市场信任这方面其实是不归德意志联邦银行管的，作为德国央行，它只需要维持金融市场的稳定。但是在这次非正式的电话谈话中，联邦银行明确表示，它并不同意BaFin所说的市场信任受到威胁的说法。

根据备忘录记载，随后BaFin"首次"提到，是根据检方的调查结果才计划实行卖空禁令的。德意志联邦银行副行长克劳迪娅·布赫（Claudia Buch）和BaFin的罗盖勒在一次"后续电话谈话"中，也谈到了检方的调查，但没有谈到具体细节。BaFin也没有说明，到底是基于怎样的事实才提出禁止卖空的，很可能事实基础非常薄弱。备忘录中指出："在这种背景下，副行长布赫向罗盖勒明确表示，由于此事本不在联邦银行的职责范围之内，而且缺乏足够的信息，所以联邦银行无法对此事发表意见。"BaFin就放弃了让德意志联邦银行正式表态。

2019年2月18日，BaFin正式颁布了卖空禁令。两个月内，对Wirecard持怀疑态度的投资者都不能再押注Wirecard股价下跌。禁令颁布后，本来交易火爆的Wirecard股票局势平息了一些，这也让很多人对Wirecard恢复了信任，而投资者的信任正是Wirecard这个时候急需的。例如2019年11月，位于布拉格的克鲁帕全球投资（Krupa Global Investments）有限公司就购入了500万欧元的Wirecard股票，并解释说："德国监管机构BaFin和德国政府都全力支持Wirecard的扩张。"

批评者认为，颁布卖空禁令和起诉《金融时报》记者，是BaFin在Wirecard事件中犯下的最严重的两个错误，联邦议院调查委员会也对BaFin进行了严厉批评。绿党议员丹亚尔·巴亚兹说："德意志联邦银行的专家履行了他们的职责，他们有理有据地分析得出明确结论，BaFin禁止卖空的理由是站不住脚的。因此BaFin颁布卖空禁令的决定是违法的。"可惜德意志联邦银行副行长布赫"因为放弃表态，弱化了联邦银行的地位，也影响了联邦银行的声誉"，因此她也应该承担"部分责任"。

不过重点还不在于德意志联邦银行，BaFin发布卖空禁令的法律依据也受到质疑。BaFin对欧洲证券及市场管理局（ESMA）表示，自己是依照欧盟委员会第918/2012号条例第24条c点的规定颁布的卖空禁令。但c点的前提是银行或其他机构的金融工具"对全球金融体系至关重要",并且存在明显的抛售压力和"螺旋式下降"的风险,Wirecard并不符合这两点。德意志联邦银行认为Wirecard"对其他市场参与者没有溢出效应,"也就是说,Wirecard股票的下跌趋势不会蔓延到其他产品。对于全球金融体系来说,Wirecard也没那么重要。尽管如此,BaFin还是为Wirecard铤而走险,颁布了卖空禁令。

BaFin监管人员遭到怀疑

即使在善意的观察者看来,BaFin的行为也令人费解。事情是不是还有内情?BaFin常年以来对Wirecard的放任自流又如何解释?

大家甚至严重怀疑,BaFin的监管人员可能是出于个人原因才对Wirecard放松监管的。目前已经清楚,有几名监管人员也参与了投机。在Wirecard破产前几个月,BaFin的一些工作人员频繁地交易Wirecard的证券。从联邦财政部对绿党提问的回答中可以看出,2020年上半年,BaFin工作人员上报的所有私人金融交易中,2.4%是Wirecard股票或股票衍生品,而在2018年这个比例只有1.2%,2019年是1.7%。

根据财政部数据,2019年和2020年上半年,约有20%的BaFin监管人员报告有私人金融交易。起初的说法是,所有的交易都经过了上级允许,且BaFin监管人员对内幕消息一无所知。2020年上半年,Wirecard股票衍生品的交易中58%是买入,42%是卖出。究竟有多少BaFin监管人员卖空押注Wirecard股价下跌,以及卖了多少,没有具体的信息,无法确定。

具体而言,在2020年上半年总共有56名BaFin员工上报了196项和Wirecard有关的私人交易,而在2019年还只有41名员工、137项交易。也就是说,和Wirecard有关的私人交易数量增加了40%。BaFin员工总人数超过2700人。所以可以说，BaFin员工在Wirecard倒闭前最后一段时间里的交易比以前活跃很多。Wirecard是BaFin员工最频繁交易的一只股票，交易频率远远超过其他股票，而这些私人交易也带来了相应的后果。目前针对BaFin员工在2018年、2019年和2020年上半年与Wirecard有关的金融交易，已经展开了"一项特别评估"。

自民党金融专家弗兰克·舍弗勒（Frank Schäffler）在质询中还问出了一些新的数字。他说："越来越多证据表明BaFin管理不善，所谓国家监管机构自身的治理也有问题。"在许多盎格鲁-撒克逊国家及在欧洲中央银行，监管机构的工作人员都是不允许交易自家机构监管的公司的股票的，德意志联邦银行也有类似的严格规定。然而在BaFin只针对董事会成员有规定，在Wirecard的骗局被披露之前，只有员工掌握内幕消息的情况下，才会被禁止参与交易。

恰恰是在2020年4月底毕马威特别审计报告出来到6月底Wirecard破产的这段时间里，BaFin的员工炒Wirecard的股票炒疯了。在2020年上半年上报的196项交易中，67项发生在5月，75项发生在6月，光是这两个月就占了整个上半年交易次数的70%以上。

2020年上半年BaFin员工频繁使用衍生金融工具的情况也很值得注意。这类工具可用于押注股价下跌，或者对冲现有的股票风险，避免损失。涉及这些衍生品的共有77项交易，占和Wirecard有关私人交易的40%。而上一年，这一比例还只有16%。尤其是在2020年5月和6月，有少数几名员工频繁进行这些衍生品交易。5月和6月上报的142项和Wirecard有关的私人交易中，有68项——大约一半——都是衍生品交易。

但是这些人迟迟没有受到相应的制裁。BaFin原本宣布开除其中一名员工，但是后来又有人爆料说这名员工本来就出于私人原因打算从BaFin辞职。2021年1月底胡菲尔德辞职的前一天，BaFin向斯图加特检察院举报了一名证券监管部门的员工，怀疑他利用内幕消息进行私人交易。BaFin从安永处得知Wirecard的银行对账单是伪造的之后，这名员工在2020年6月17日交易了Wirecard股票衍生产品，下注Wirecard股票价格暴跌。一天之后，Wirecard财务报表19亿欧元的漏洞就被公开了。

德国联邦财政部起初并没有觉得BaFin员工不守道德有什么问题，还称BaFin内部的管控是"严格且适当的"，财政部官员没有报告私人证券交易的义务。但是BaFin主动对舍弗勒说正在"为员工制定补充规定"，现在BaFin已经禁止员工进行这类交易了。

在此之前，内幕交易在BaFin显然是司空见惯的事情。巴登巴登的融资租赁公司格伦克（Grenke）的案例也能说明这一点。2020年夏天，因为Wirecard的批评者弗雷泽·佩林的指控，Grenke也受到了很大压力。这起案件中也发现BaFin员工参与了Grenke股价的投机活动，只不过规模比Wirecard事件小。

复兴信贷银行也存在可疑的私人账户交易。读者可能还记得，复兴信贷银行在最后关头还对Wirecard伸出援手，提供了1亿欧元的贷款（见第4章第3节）。2020年11月底又爆出复兴信贷银行子银行IPEX的员工曾私下交易Wirecard股票，尽管该股票被列入禁止内部交易的股票名单（所谓的"限制名单"）。复兴信贷银行对此事的处理很温和，两名违反内部规定的员工只是受到了警告。它表示自己内部管控体系运转良好，并对此非常满意。

没有牙齿的"会计警察"

本来可以在早期就发现和预防Wirecard丑闻却没有做到的，不止是BaFin，被业界称为"会计警察"的德国会计师监督委员会的行为同样可疑。它让我们看到，德国的会计监管体系也是一塌糊涂。

DPR是一家私营机构，它在两个级别的监督程序中主要负责对公司的财务报表进行抽查。有些问题如果DPR没有检查出来，BaFin还可以再查。只不过BaFin监管着1555家银行、1189家金融机构、551家保险公司和547家资本管理公司，却只有5名自己的审计师。

DPR是由商界成立的，成立的初衷是好的，可因为时任主席埃德加·恩斯特（Edgar Ernst）的一些个人问题等，长期以来一直受到批评。恩斯特自2011年起担任DPR的负责人，负责调查会计丑闻，但他同时也是麦德龙贸易集团、房地产服务商Vonovia和旅游集团途易（TUI）的监事会成员。

也就是说，DPR的员工要审查的公司监事会里，可能正坐着DPR自己的主席。批评者很早就提出，这根本是不可行的。2014年，DPR领导层也因此发生过激烈的冲突。柏林的工商管理专家阿克塞尔·冯·韦尔德（Axel von Werder）和时任德国工会联合会（DGB）董事的公司治理专家特奥多尔·鲍姆斯（Theodor Baums）决定退出DPR。然而，损失两员大将后的DPR还在继续混日子。

2015年是DPR成立10周年，它在柏林宪兵广场旁举行了庆典，当时的联邦司法部部长海科·马斯对DPR还极尽赞美之词，说DPR"提高了人们对资本市场的信任，也使我们的经济秩序得到了加强"。

可是Wirecard事件发生后，这些赞美都显得荒谬了。一位和DPR打过不少交道的管理人员说："经济的自主调节完全失败了。"2020年6月底Wirecard破产后，德国联邦政府也终止了和DPR的合同。

Wirecard事件充分暴露了DPR的无能。DPR对Wirecard的审查持续15个月之久，但直到Wirecard破产，DPR都没交出审查报告。DPR只派了一名员工负责这家DAX指数公司的审查工作，甚至在审查进行到一半的时候换了人。

其实2005年DPR成立的目的就是防止新的会计丑闻发生，加强资本市场对上市公司财务报表的信任程度。此前不久，美国能源巨头安然、意大利食品制造商帕玛拉特（Parmalat）、德国建筑机械制造商FlowTex等企业的重大会计欺诈案震惊了整个国际经济界。这些公司都编造了一些根本不存在的业务，并且蒙骗了审计人员。

这些丑闻出现之后，德国建立了一种两级的监控体系。第一级由新成立的DPR采取抽查的形式对上市公司的财务报表进行审查，或应BaFin的要求进行，或是在有具体迹象表明公司违反了会计规定的情况下，对相应的公司进行审查。BaFin本身则充当下游机构，它的任务是根据DPR的调查结果采取相应的干预措施。

DPR的成立是一个很典型的例子——商界总是希望能在国家监管干预之前，自己先把问题解决掉。DPR在审查中非常依赖企业的配合，即使有关企业已经配合DPR完成审查工作，它们也仍然可以拒绝DPR公开审查结果。也就是说，企业可以阻止"执行"程序而不需要承担任何直接后果，DPR不能采取任何法律手段。

DPR这家私营机构是由德国各大行业协会出资成立的，包括德国工业联合会（DIB）、德国工商总会（DIHK）、德国银行业协会、股东保护团体和会计师工会。Wirecard事件向我们清楚地揭露了这个结构的弊端。

维尔茨堡大学工商管理教授汉斯鲁迪·伦茨（Hansrudi Lenz）批评DPR没有正确评估Wirecard的风险。仅仅是因为众多的批评性报道和公众的高度关注，就应该对Wirecard的审查予以高度重视。还有一点也必须质疑，DPR明明有很严重的人手紧缺问题，BaFin为什么还是把调查Wirecard的工作交给了DPR？根据《德国有价证券交易法》，当DPR的常规审查存在重大疑问时，BaFin是有权利自己进行审查的。但现在我们很清楚，DPR和BaFin两个机构的监管都失败了。

从内部邮件可以看出德国相关部门对Wirecard的财务审查有多么不完善，其中又要提到BaFin时任执行董事伊丽莎白·罗盖勒。邮件显示BaFin在Wirecard倒闭前两个月不到的时候，才把对Wirecard账目的审查工作接管到自己手上，而在此之前，DPR已经查了一年却什么都没查出来。罗盖勒在2020年5月8日给联邦财政部的一封邮件中写道："我们在2019年2月中旬委托DPR对Wirecard 2018年的年中财务报表进行审查，在多次询问恩斯特教授审查进度之后，我们昨天才得知，审查在2019年6月之后就没有推进了。"

罗盖勒抱怨道："先是有人员的变动，导致审查没有继续下去。"2019年10月之后，DPR又借口"要等毕马威特别审计的结果"。罗盖勒说的这些话可信吗？DPR的一份内部备忘录让大家对此产生了怀疑。备忘录中写道，DPR在2019年12月就在一次工作谈话中明确告诉BaFin，"在等独立调查的结果，也就说要毕马威的审计报告出来"。

左翼党金融专家法比奥·德·马西批评说："2019年年底就已经很清楚，DPR的审查不会完成了，除非你把'喝着茶等毕马威的结果'当作是在进行审查工作。"这个过程再一次证明了BaFin监管不力，办事拖拉，罪无可恕。

BaFin和DPR都没有揭穿Wirecard案值十几亿欧元的骗局。商界自己建立财务审查机构的尝试失败了。

审计行业监督机构消极不作为

在Wirecard事件中，不仅是财务监管体系出了问题，德国的审计行业监督机构同样没有起到作用。德国联邦经济部部长彼得·阿尔特迈尔手下的审计行业监督机构Apas也同样面临着巨大的压力。

Apas是德语Abschlussprüferaufsichtsstelle（审计师监督处）的简称，它是位于法兰克福附近埃施博恩的联邦经济和出口管制局下的第六个部门。

Apas的高层领导2020年12月就在Wirecard调查委员会面前丢脸丢到家了。本来这些人是作为证人被传唤的，但是很长时间以来大家都在讨论Apas为什么没有对安永的审计人员进行更严格的监督。准确来说，Apas并不负责审查公司的财务报表，那是前面提到的DPR和BaFin的任务。但是Apas应该检查德国审计师的工作，并揭发财务审计中的违规行为。在Wirecard事件中，它并没有做到。

Apas在Wirecard事件中最大一个问题要数2019年2月和安永的一次电话会议，那时候《金融时报》已经发表了第一批负面文章。安永的审计师在电话里向Apas报告了Wirecard在新加坡的子公司涉嫌欺诈的事情，并且汇报了他们打算采取的审计流程。尽管有很多关于Wirecard的负面消息，但是Apas还是没有干预，也没有向其他部门发出警报。调查委员会的工作人员说："Apas始终认为安永能搞定一切。有文件记录，Wirecard拖延提供信息，安永就这么被搪塞过去了。而Apas显然没有觉得安永的做法有什么问题。"

Apas在电话会议之后没有进行任何调查，也没有向BaFin或DPR等机构汇报。Apas在一次声明中说，当时他们没有发现安永的审计师有任何违反职业规定的行为。

安永方面参加电话会议的有安永德国负责人胡伯特·巴特和负责审计质量的克里斯蒂安·奥特（Christian Orth），Apas方面有负责人拉尔夫·博塞（Ralf Bose）及另外3名代表。博塞曾经是毕马威的合伙人。一位参会人员的笔记向我们透露了会议上发生的事情。安永说Wirecard已经同意安永"查阅所有相关文件"，安永正在力求对Wirecard进行法务审计，以调查不久前《金融时报》提出的新加坡子公司涉嫌欺诈的指控。

电话会议一天前的2019年2月12日，安永的人和Wirecard CEO马库斯·布劳恩见了面。笔记中写道："目前为止，安永没有发现迹象表明Wirecard对指控不够重视或未进行深入调查。"2019年4月底，安永的审计人员在审计报告中提到了有针对Wirecard新加坡子公司涉嫌欺诈的指控，但对其2018年的财务报表还是给出了无保留的审计意见。

Apas的问题在于它和安永交流完之后的做法是否符合法律规定。Wirecard事件让大家看到，德国会计和审计监管体系的职责有多么混乱。Apas虽然直属于德国联邦经济部，但其实经济部对Apas并没有业务上的管理权限。Apas不需要听从任何部门的命令。对于行业内的很多人来说，Apas都像一个"黑盒"，外部很少有人知道它究竟是做什么的。另外，Apas负责人大部分从毕马威会计师事务所的队伍中招聘，另外几大会计师事务所对此一直颇有微词。

每年，Apas都会无故审查上市公司的审计质量，但像Wirecard事件那样事出有因的审查非常罕见。2019年秋，在《金融时报》又一次报道了Wirecard的违规行为之后，Apas才对安永进行了初步调查——还真的只是初步调查。据内部人士说，Apas只是打了电话询问。直到2020年5月，Apas才对两位过去几年负责Wirecard公司审计的首席审计师启动了正规的监管审查程序，原因是毕马威在同年4月发布的特别审计报告表明这两名审计师存在严重过失。

2020年9月，Apas把审查结果交给了检方，怀疑安永有违反法律的不当行为，审计师面临着亏损的投资者的数亿欧元的索赔（见第4章第2节）。安永为自己辩护称Apas故意"断章取义"，用现在的眼光去看当时的事情。

事实上我们真的需要问一下，Apas究竟为什么在Wirecard倒闭前一个月这么晚的时间点才采取行动。审计师指责Apas没有保持中立，这种指责甚至直指联邦政府。

事实上，德国联邦政府的主要政客，包括时任经济部部长阿尔特迈尔和时任财政部部长朔尔茨，都想要维护自己的利益，以便在2021年的选举中获得胜利。他们都很强调审计师的角色而尽量不让民众注意到政府部门的失误——不管是BaFin的还是Apas的。

法比奥·德·马西说："审计行业监督机构Apas必须说明，它是从何时开始发现安永违反了规定的。"德·马西认为，在安永的错误中BaFin也有责任："BaFin驳回了Zatarra的报告，而Apas以安永没有对报告中涉及的问题进行充分审查为由，告了安永。BaFin是财务部部长奥拉夫·朔尔茨手下的，而Apas是经济部部长彼得·阿尔特迈尔手下的。政府不同部门对于Wirecard事件也没有统一的路线。"

有这么多不同的机构、部门，当审计师对自己审计的公司产生怀疑时，究竟应该报告给谁？迄今为止，联邦政府还没有正式确立一个这样的机构。会计师工会认为，政府早在2016年就应该根据欧盟法规指定一个具体的主管部门了，然而到现在还是没有。

在2019年11月给自民党议员的一封信中，德国联邦政府提到审计师可以向检察院报告相关情况。而事实上，审计员即使是对警察也有保密义务。IDW负责人克劳斯-彼得·瑙曼用一个极端的例子说明了这一点：哪怕审计师在审计过程中得知公司老板杀死了情妇，他也不能向警察报告而只能向监事会报告。多么荒唐啊！根据德国对审计师的相关规定，只有当Apas得到对于其他部门——例如BaFin或DPR——而言非常重要的机密情报时，它才有义务把情报转达给它们。

"根据Apas的评估，2019年2月13日和安永的会议没有包含这样的信息。"德国联邦政府为Apas辩护道。这个电话会议是否属于欧盟法律规定的需要报告的内容，至今仍存在争议。像安永这样向Apas发出求救信号的情况其实是极其少见的，但是Apas却没有做出任何反应。

有一点是肯定的：Apas本可以更早地对安永的审计工作发起例行审查，例如在Wirecard多年来不断受到指控的时候。绿党议员丹亚尔·巴亚兹批评说："真要问问，Apas为什么没有早点对Wirecard财务审计中的违规行为进行调查？"

Apas负责人也参与了投机

联邦议院在质询过程中发现，Apas作为一个审计行业监督机构，它的负责人不仅没有好好审查安永，反而自己还用Wirecard股票进行投机。

那是2020年12月的一天，Wirecard调查委员会的会议一直延续到了午夜。然而，一个爆炸性的发言让所有人一下子清醒起来。社民党议员坎塞尔·克齐尔泰佩（Cansel Kiziltepe）问Apas的负责人拉尔夫·博塞，是否持有Wirecard的股票？博塞宣过誓，不能保持沉默，于是说出了真相——是的，他在Wirecard破产之前买卖过Wirecard的股票。议员们几乎无法相信自己的耳朵，法比奥·德·马西说，这真是一件"可怕的事情"，并表示必须解雇博塞。"简直难以置信。"自民党联邦议院代表弗洛里安·通卡说道："Apas现在需要有一个新的负责人来重新开始。"

监管机构的负责人在对安永的审计师提起诉讼的同时，还在交易Wirecard的股票，这对许多专家来说是一件不可思议的事情。基社盟议员汉斯·米歇尔巴赫批评道："审计行业监督机构Apas的负责人在对一家公司的审计情况进行审查时，居然还在交易这家公司的股票，这肯定是不行的。"这显然违反了合规规定。不久之后，博塞宣布辞职。

继BaFin员工在Wirecard破产前的最后几个月里疯狂买卖Wirecard股票之后，博塞又再一次暴露了政府官员的不当行为，简直让人难以置信。德国金融界最重要的几个监管机构的官员似乎都没有意识到，人啊，不是所有没有明令禁止的事情都是能做的。

据博塞自己承认，他在2020年4月28日购买了Wirecard股票。正是在这一天，毕马威发布了特别审计报告。而且根据他对调查委员会的陈述，他又在5月20日将这些股票卖出了。在这期间，Apas正式开始了对安永的监管程序。

弗洛里安·通卡说："联邦经济部部长阿尔特迈尔应该接受指责。Apas的整套规定都很不合适，无法避免利益冲突和内幕交易。""Apas似乎成了'四大'的校友会了。"坎塞尔·克齐尔泰佩补充道，"不能指望他们真的做到什么监管。"

审计行业监督机构的文化氛围是什么样的？合规工作做得怎么样？Apas负责人身上发生的事情究竟能告诉我们些什么？第一个问出博塞投机事情的克齐尔泰佩，想弄清楚这些问题的答案。她在2020年12月给Apas上属的德国联邦经济部写了一封信，经济部的回答无情地揭示了Apas的懒散和马虎。

从经济部的回答来看，对于财务报表正在接受审查的公司，并没有规定禁止相关部门员工买卖它们的股票，只规定了Apas员工"不得披露或利用在工作过程中得知的商业机密"。

除此之外，Apas劳动合同中还包括"严格区分私人利益和工作职责的承诺声明"，"Apas的所有员工在入职时，都要向Apas负责人提交一份书面的独立性声明"。潜在利益冲突会在Apas内部登记，以便安排工作时加以考虑。

但经济部不对Apas进行监督，Apas自行监督自己。员工因为利益冲突而不允许参与某项审查工作的情况出现过多少次？"不知道，因为没有记录。"而且Apas表示"至今没有发现"违规行为。

在避免内幕交易方面，经济部也完全依赖Apas员工自己的诚信。员工需要"自我监督"是否因为持股而可能产生工作上的偏颇，"Apas对员工的私人财产……没有一个总体的记录和评估"。在不确定是否有利益关联的情况下，员工应该"努力"联系Apas负责人。

Wirecard丑闻曝光后，阿尔特迈尔在一开始还肯定了Apas的工作。他在2020年8月曾说，审计行业监督机构Apas"在任何时候都采取了必要和正确的措施"。直到博塞承认交易Wirecard股票之后，阿尔特迈尔才表示他感到"很震惊"。

欧盟批评德国监管不力

而他的同事、时任德国联邦财政部部长的奥拉夫·朔尔茨,如今又是怎么看待他手下的监管机构BaFin的呢?Wirecard倒闭后,朔尔茨的第一个反应是说BaFin一切都做得很好。尽管Dax指数集团发生了财务丑闻,但朔尔茨仍然认为没有必要修改现行法律法规。"我认为,监管机构的工作人员都非常努力。"朔尔茨说道,"他们很好地完成了他们的工作。"然而,可能只有朔尔茨自己这样认为。

后来财政部的态度退了一步,不过他们仍然强调,BaFin在对Wirecard银行进行监管的过程中,也针对Wirecard集团采取了许多措施:BaFin调查了"市场参与者的市场操纵和内幕交易",以及"Wirecard对市场的操纵"。2019年,BaFin曾"因逾期提交财报"对Wirecard集团处以150万欧元的罚款;另外,2019年BaFin还令"DPR对Wirecard财务报表进行检查",并且"在财务报表的问题被发现后,坚决对Wirecard采取了行动,让毕马威进行了特别审计工作";最后还有一点,BaFin还在2010—2019年对Wirecard进行了几次反洗钱审计。不过财政部肯定不会告诉你,这些措施其实根本就没有起到什么作用。

Wirecard集团CEO马库斯·布劳恩被捕之后,朔尔茨的口风又发生了变化。他说:"BaFin已经承认了自己的错误,必须要尽快找到原因并补救。"他也计划制定更加严格的规章制度。"我们必须快点搞清楚,为了对企业进行全面、及时和快速的监督,我们的管理规定要进行哪些修改。"

2020年11月,ESMA也批评说:"德国不仅法规不完善,对法规的解读也存在问题。"

ESMA指责BaFin在Wirecard事件中存在工作疏忽，并且过于依赖德国联邦财政部，缺乏独立性。ESMA在一份报告中指出，因为BaFin和财政部之间有大量接触，所以财政部对BaFin的工作施加影响的风险就增加了，政治干预的风险很高。很多案件中，BaFin在采取行动之前就通知了财政部。

另外，ESMA还批评了德国的财务报表监管体系，指出BaFin和DPR对各自职责的理解可能存在偏差。BaFin没有能够对私营机构DPR的工作做出评价，所以也未能在评价的基础上决定是否应当由自己审查Wirecard的财务报表。

ESMA主席史蒂文·迈约尔（Steven Maijoor）说："我们在对德国监管工作的调查中发现了大量问题，包括效率低下以及法律和程序上的障碍。"他所说的问题包括BaFin缺乏独立性的问题，BaFin和DPR在共同对市场进行监管时如何分配工作的问题，还有财务监管总体效率过低的问题。具体来说，由于存在保密义务，BaFin、DPR和其他部门之间的信息交流受到了阻碍。ESMA还说，BaFin内部的不同团队之间也没有充分协调好。

ESMA和其他金融监管机构的专家共同组成的专家小组在报告中称，对"吹哨人"和媒体提出的严重的Wirecard财务造假指控，DPR没有进行充分分析。此外，DPR和BaFin也没有——或者说没有及时地——对Wirecard 2016—2018年的财务报表进行审查。

没有坚实法律依据的卖空禁令也在欧盟遭到了批评。BaFin为Wirecard撑起保护伞的行为是否违反了欧盟法律？对此，ESMA还需进行调查。

监管不力，国家是否应该负责？

投资者保护协会向ESMA提交了一份法律意见书，这份意见书是由德国曼海姆大学法学教授莫里茨·雷纳（Moritz Renner）编写的。其中提到，投资者可以要求国家为其金融监管的失败负责。"在欧盟法律规定的独立国家责任框架内，BaFin和德意志联邦共和国都应负相应的责任。"尽管很难证明BaFin违反了欧盟法律，但是德国还是必须"为所有国家部门的违反欧盟法律的行为"负责。

在Wirecard事件中，可能违反了国家部门职责的行为包括反洗钱监管人员的失职，银行监管的缺陷，以及当局对Wirecard批评者的公开干预。

具体来说，BaFin简直成了Wirecard的帮手。投资者保护协会认为，其实警告信号很早就出现了，比如资产负债表中应收款项过多，但是BaFin并没有追踪调查这些问题。"在我们看来，如果他们仔细地追查，Wirecard的骗局早在10年前就会暴露出来。"投资者保护协会批评道，"但BaFin没有这么做，相反，他们不停地做出有利于Wirecard的决定，还对批评者提出了指控。"由此，向外界发出了"错误的信号"。检方也"从来没有真正调查过和Wirecard有关的指控"。

有一点很清楚，BaFin的资金很大一部分来自它所监管的企业，只有很小一部分来自国家，所以BaFin受到普遍怀疑不是没有道理的，它急需改善自己的声誉。BaFin员工的名声也很成问题。一些有责任心的员工总是偷偷抱怨，年轻、有责任心的员工工作多得做不完，而很多资历老些的员工却总是在偷懒。机构的监管文化太温柔，缺点"狠劲"，经常不加批判地全盘采纳被检查机构的意见。一个威严的、敢于坚持自己主张的监管机构，不应该是这样的。

那么现在BaFin会受到什么处罚呢？它的上级财政部部长又会怎么样呢？自民党联邦议院代表弗洛里安·通卡总结说："BaFin对记者提出刑事指控，颁布Wirecard股票卖空禁令，完全误导了金融市场。它给投资者和银行造成一种印象：尽管有各种传言，但Wirecard一切正常。所以Wirecard才能从贷款人手上获得数亿欧元的新鲜资金。"

通卡继续说到，BaFin"显然连德意志联邦银行的专业考量都置之不理"，"财政部部长朔尔茨的下属出现了明显的重大失职，他却没有任何反应，我们只能得出一个结论：在颁布对于Wirecard而言无比重要的卖空禁令时，他和Wirecard的诈骗犯是一条船上的。"

从政治的角度来看，通卡认为朔尔茨也应该承担一定的责任。ESMA称，德国联邦财政部在Wirecard事件中的参与是"史无前例的"。此前朔尔茨和财政部称，财政部在DPR对Wirecard进行审查期间没有采取任何行动，这个说法已经不攻自破了。通卡说："现在已经证明，财政部在很大程度上参与其中。"这也使得人们更加怀疑，Wirecard得到了政界的保护。"ESMA怀疑BaFin相对于财政部的独立性，正是基于这一点。"

专业监管机构BaFin和Apas的失职，DPR和FIU体系架构的失败，以及德国联邦财政部和经济部的不端行为——随着案件逐渐厘清，这些都逐渐浮出水面。

多年来，Wirecard从来不必担心在政治领域受到什么阻碍。如通卡暗示的，其中可能还有另外一个原因。在下一节里我们会看到，Wirecard集团在柏林、慕尼黑和维也纳有很多"托"，他们中有几个人因为跟Wirecard的骗子关系太好，可能很快就要完蛋了。

政客——Wirecard在慕尼黑、维也纳、柏林都有朋友

那是一场政界朋友之间的聚会,气氛高涨。2019年9月3日,柏林市中心,气温21摄氏度,夏末的天空几乎没有什么云。对于基社盟成员卡尔-特奥多尔·楚·古滕贝格来说,这是一个重要的日子。他以前是经济和国防部部长,被赶下台之后做了说客,他一直帮支付服务商Wirecard说话。这一天,他有一个高级别的会见。

见面的地点是德国总理府,对象是时任德国总理安格拉·默克尔。距离古滕贝格从默克尔的内阁被剔除出去已经8年了——2011年,大受欢迎的古滕贝格被爆出博士论文很大部分是抄袭的,抄袭的内容包括一些专家给联邦议院的意见,还有《时代》周刊的文章。

但是,应该给犯过错误的人第二次机会。古滕贝格好好地抓住并利用了这次机会,和总理的交谈氛围十分愉悦。"尊敬的总理,亲爱的安格拉。"古滕贝格后来写道,"感谢今天愉快的谈话!很高兴看到你精神状态这么好。"

"这是Augustus AI公司那两个年轻人的地址。"古滕贝格继续写道。他指的是初创公司奥古斯都公司(Augustus Intelligence)的两位专家。这是2018年成立于美国纽约的一家公司,根据公司自己描述,它是提供"端到端、垂直整合的人工智能(AI)解决方案"的。古滕贝格在2019年年初成了这家公司的投资人和董事。后来《明镜》周刊披露,这家公司和德国保守派政客关系十分密切。

例如,德国基民盟青年新星菲利普·阿姆托尔(Philipp Amthor)就曾在经济部部长阿尔特迈尔面前为这家公司说话,还获得了该公司一个董事职位和一些股票期权作为回报。奥古斯都公司还向德国联邦

宪法保卫局的前负责人汉斯-格奥尔格·马森（Hans-Georg Maaßen，基民盟）寻求过联系。奥古斯都公司和古滕贝格自己的咨询和投资公司Spitzberg位于世界贸易中心一号大楼的同一层。

这并不妨碍古滕贝格在"好朋友安格拉"面前为奥古斯都说话。2019年9月3日这一天，除了为奥古斯都，古滕贝格还为另一家公司说了好话，并且游说颇有成果。为了切实保证意思传达到位，谈话结束后，古滕贝格还往默克尔总理的手机发了信息，保险起见还给总理的助理发了邮件，"为了用感谢结束这次愉快的谈话"。

德国议员监督网站[1]的文件显示，这条信息是20:04到达总理府的。古滕贝格在信息中还提到了另外一个人，他就是默克尔总理的首席经济顾问拉尔斯-亨德里克·罗勒（Lars-Hendrik Röller）。古滕贝格在信息的最后写道："我会单独给罗勒先生发一份简讯。永远最诚挚的，你的卡尔-特奥多尔。"

现在大家已经清楚，古滕贝格为什么要特别关注罗勒。古滕贝格在默克尔面前进行游说，并不只是为了支持奥古斯都这一家公司。两个人"愉快的谈话"中还提到了一家慕尼黑附近阿什海姆地区的公司——Wirecard。

面对调查委员会的审问，古滕贝格回忆起他跟默克尔说到，有一家年轻的DAX指数公司想要收购一家中国的支付服务商。如果总理府也支持这个想法的话，对中方进行一下暗示可能会"有所帮助"。

这次谈话大获成功。谈话后古滕贝格告诉罗勒，"Wirecard打算进

---

[1] 德国议员监督网站（abgeordnetenwatch.de）是一个互联网门户网站，允许德国公民公开质疑德国议院代表。这个独立的、无党派的网站旨在增加政府的透明度并深化德国民主程度。——译者注

入中国市场",并附上了一份简要的情况报告。在给罗勒的邮件中,古滕贝格还称要争取在总理的"中国之行框架内为此计划获得支持"。一位政府发言人承认,古滕贝格很快就得到了积极反馈:"默克尔总理的中国之行后,2019年9月8日,罗勒先生就给古滕贝格先生回复了邮件,说在中国之行中提到了这个问题,并承诺会提供进一步的支持。"

默克尔总理率领一个大型代表团前往中国,访问了习近平主席和李克强总理等中国领导人。罗勒也在场。默克尔访问中国之后不久的2019年11月,Wirecard就开始了在中国的收购工作。Wirecard打算收购商银信支付服务有限责任公司(Allscore Payments Services),此次收购将使Wirecard成为中国第一家持有特定支付服务许可证的外国公司。

此举引起很大争议。据中国媒体报道,商银信曾因未能支付债务而被起诉。2020年,中国央行对多家支付服务商进行处罚,商银信因16起"违法活动"被罚款1.16亿元人民币。罚款的主要原因是不遵守相关规定,以及与非法网络平台合作。

在Wirecard签订收购协议时,商银信的问题已经被爆出来了,可是Wirecard仍然准备了1亿欧元资金用于此次收购,确切的收购价格与目标市值挂钩。然而实际上这次收购并没有完成,Wirecard只是购买了一小部分商银信的股份。据内部人士透露,Wirecard持有的商银信股份不到10%。根据合同,Wirecard本来是要购买剩余股份的,但是后来它就破产了。

靠游说工作赚钱得利

古滕贝格肯定从Wirecard拿到了好处。根据《星期日法汇报》的调查,古滕贝格通过他的公司Spitzberg从Wirecard拿到了100万欧元。不过面对调查委员会的审问，古滕贝格说"没有超过76万欧元"。

柏林发出了一片批评声。绿党议员丹亚尔·巴亚兹批评道："古滕贝格利用自己以前作为政府部门部长的身份获取经济利益，甚至不吝为一家已经遭到大量欺诈和洗钱指控的公司说话。"左翼党金融专家法比奥·德·马西称时任德国总理"也为一家严重犯罪的公司出了力"。

面对Wirecard事件调查委员会，古滕贝格宣称自己是受害者，他所做的工作被"曲解"了。他说："Wirecard骗了我们所有人。"Wirecard"骗"了古滕贝格很长时间，不过古滕贝格也从Wirecard获得了不少利益。据古滕贝格自己表示，他的公司2016—2020年断断续续为Wirecard提供过多次服务，服务的形式多种多样。

2020年4月初，古滕贝格在《法兰克福汇报》上发表了一篇客座文章，题目是"一种叫作卖空的病毒"。古滕贝格没有明确点到Wirecard的名字，但是却公开反对空头投机者，并呼吁不要理会市场传言和负面文章，还称尤其是在疫情时代，更不应该相信这些消息。同样受Wirecard委托的公关公司爱德曼（Edelman）此前就为Wirecard提出过一个类似的策划，古滕贝格的这种论证思路和Wirecard把自己营造成空头投机受害者的故事非常一致。

照理说，古滕贝格应该对Wirecard有所警惕。毕竟2019年9月，古滕贝格和默克尔见面时，Wirecard已经不是一张干净的白纸了——《金融时报》和其他媒体的严重指控已经闹得不可开交。此后不久，毕马威就开始对Wirecard进行特别审计了。尽管德国总理府显然认为自己在Wirecard事件中没有任何问题，但是从收购中国企业的例子中就能看到，有些官员确实为Wirecard办了事。

Spitzberg不仅在德国参与了Wirecard的各种行动，据说该公司对德国驻华大使馆也进行了公关,请大使馆支持Wirecard在中国的扩张以及对商银信的收购。长期以来,德国大使馆似乎也起到了促进作用。然而下面这个小插曲让我们看到,对Wirecard说"不"其实多么简单。你只需要有一样东西,那就是骨气。

大使馆对Wirecard起了疑心

尽管德国总理府为Wirecard站台,但是德国驻华大使馆却在一次关键行动中拒绝为Wirecard提供支持,因为一位使馆财务专员在阅读报纸的时候注意到了Wirecard的问题。

那是2019年11月14日,使馆财务专员提醒德国驻华大使克莱蒙斯·冯·葛策(Clemens von Goetze),Wirecard可能有猫腻。这些疑虑都以白纸黑字的形式记录在案。该专员在邮件中写道,考虑到针对Wirecard的各种指控,大使"在这个时间节点上"应该拒绝为Wirecard提供支持,如有必要,大使馆可以在指控被驳回后再行动。

这名专员的意见主要是基于德国《商报》上一篇关于Wirecard的新加坡子公司问题的报道。他具体写道:"关于Wirecard涉嫌财务造假的事情,最近又出现了一些新的疑点。"Wirecard的新加坡子公司在2017财年差点没通过审计,2018年的审计报告也还没出来。

"要么是Wirecard近几年发展太快,没能快速适应合规要求,要么就是它真的有点什么要藏着掖着。"他总结道,"在财务造假指控没得到澄清之前,我建议只在工作层面上推进中国央行的审批程序。"

这大概是古滕贝格很不愿意看到的。此前他的公司Spitzberg曾建议由他亲自出面,在大使的陪同下和中方交涉,然而大使馆阻止了此事。

"德国驻华大使馆的财务专员竟然比德国总理的首席经济顾问

罗勒先生更了解与Wirecard有关的问题,这太令人惊讶了。"左翼党金融专家法比奥·德·马西批评道,"在默克尔总理访问中国、宣传Wirecard之前,总理府应该调查清楚情况才是。我坚信,针对Wirecard的那些严重指控,总理府不可能毫不知情。"

尤其让德国反对党特别恼火的是德国政府的信息政策。它还是老一套的策略,只承认已经清楚不能再否认的东西。德·马西说:"我们在古滕贝格进行游说之后就向联邦政府询问过外交信函的情况,政府方面起初没有透露Wirecard和德国驻华大使馆之间有联系。"

为什么总理府官员像大使馆官员一样起疑心呢?为什么默克尔会在访华会谈时亲自为Wirecard说话?这还得由默克尔自己向调查委员会解释。在议会上德·马西问她时,她很简洁地回应说,她帮许多德国公司说了话。

外事访问是由德国外交部提供后勤支持的,但是关于总理会见谁,谈论哪些问题,触及哪些公司的利益,是由总理府决定的。也许让政府高层决定为Wirecard提供保护和帮助的,不仅仅是古滕贝格和默克尔的那一次谈话。德国联邦政府内部邮件表明,2019年中德高级别财金对话中,Wirecard在亚洲的扩张就已经列入议程很前面的位置了。

这对Wirecard来说简直就是一件天大的好事,因为至今还没有一家外国公司能够在未来最重要的金融市场——中国,提供支付服务。

"联邦政府在海外宣传德国企业是理所应当的。但是默克尔总理在中国为一家受到如此强烈指责的公司牵线搭桥,就完全让人无法理解了。"德·马西说,"德国政府一定是昏了头脑,急于昭告全世界,德国也有一家成功的数字公司。"不管怎么说,Wirecard成功的故事还是吸引了很多的投资者及选民。帮助Wirecard,是不是也是帮助自己呢?

其中另一位政府官员的作用也很关键，他就是奥拉夫·朔尔茨。

遭到怀疑的总理候选人

总理候选人朔尔茨必须给调查委员会一个解释。朔尔茨是社民党人，担任联邦财政部部长和副总理，而BaFin正是财政部下属的单位。因此朔尔茨和他领导的财政部尤其应该对Wirecard进行严格的审查。

事实上，更多人越来越关注的问题是：朔尔茨究竟是什么时候知道Wirecard的问题的？他为什么没有早点进行干预？财政部表示，朔尔茨是2019年2月首次获悉有针对Wirecard的指控的，涉及的内容有财务造假、洗钱和操纵市场。财政部表示："BaFin于2019年2月19日告知联邦财政部部长，计划颁布针对Wirecard的卖空禁令，并正在全方位调查相关的市场操纵行为。"根据财政部的这一说法，BaFin称自己在调查Wirecard的员工。

后来BaFin也确实采取了行动，对Wirecard银行进行了密集的反洗钱监督，并委托DPR对Wirecard的财务报表进行特别检查，不过此事并未公开。相反，BaFin的其他行动却占据了新闻头条，例如对《金融时报》的记者提出个人刑事指控，并颁布史无前例的卖空禁令（见第5章第1节）。

很多措施是由BaFin证券监管部主管伊丽莎白·罗盖勒推动的。罗盖勒对柏林政坛来说并不是个陌生的名字，她多年来一直丑闻缠身。在担任BaFin主管之前，她还担任过Deka的首席法务官，当时Deka银行涉嫌Cum-Ex计划，从不正当的股票交易中避税以获取利益。据了解，朔尔茨没有采取任何行动来限制罗盖勒，相反，2018年8月，罗盖勒还在朔尔茨的庇护下顺利升为BaFin的副总裁。

Wirecard不仅在德国总理府有人脉——古滕贝格不光和默克尔见面一起喝咖啡,在财政部,他也亲自出面进行了交涉。财政部在回答《明镜》周刊的询问时说,国务秘书沃尔夫冈·施密特(Wolfgang Schmidt)2019年6月对中国财政部某副部长谈到,Wirecard有兴趣进入中国市场。施密特2020年12月告诉调查委员会,此前古滕贝格的公司Spitzberg的一位顾问给他打了电话,请他为Wirecard在中国的扩张提供支持。这个人还为Wirecard写了一封给中方的宣传信,施密特只对信的内容稍微做了一点修改就发给了北京的相关部门。

施密特在社民党内是一个很有影响力的人,也是朔尔茨的密友,朔尔茨竞选德国总理是他一手策划的。因此,财政部希望尽可能不让Wirecard的事情影响到朔尔茨的总理竞选。财政部称,和中国政府交涉的事情并没有和朔尔茨讨论过,对于要收购的中国公司也没有进行背景调查。

有一点是清楚的,Wirecard的崩溃给德国政府特别是财政部带来了越来越大的压力。因为财政部的幕后操手不仅有施密特,还有另外一位国务秘书约尔格·库基斯(Jörg Kukies)。他是美国高盛银行德国分行的前负责人,2018年被任命为国务秘书,任务是为法学出身的朔尔茨提供金融财务方面的专业支持。然而事实上库基斯在任期间,朔尔茨支持的德意志银行和德国商业银行大型合并案以失败告终。在Wirecard事件中,库基斯的行为也有诸多疑点。

联邦财政部先是隐瞒,后来又不得不在推特上承认,库基斯提前获悉了卖空禁令的事情,但他没有干预。丹亚尔·巴亚兹批评说:"卖空禁令显然是非法的。联邦财政部应该从法律和业务上对BaFin进行监督,在出现如此反常的事件时,应该仔细研究并进行干预。"巴亚兹批评朔尔茨领导的财政部不仅没有好好协助调查案件，还一心想要掩饰自己犯下的严重错误。Wirecard调查委员会的马蒂亚斯·豪尔也批评说："Wirecard破产前一路得到庇护，和朔尔茨手下的国务秘书库基斯有着密不可分的关系。"

事实上，朔尔茨的密友库基斯完全可以自己去阿什海姆问问，那些针对Wirecard的指控和批评究竟是怎么回事。2019年秋，库基斯和布劳恩进行过两次谈话，财政部开始一直以"利益保密"为由没有披露谈话内容。第一次，库基斯和布劳恩只是一起参加了一个活动，会后礼貌性地寒暄了几句。第二次的2019年11月5日，库基斯到Wirecard阿什海姆总部拜访了布劳恩，而那一天恰恰是布劳恩50岁生日。

调查进展报告中写道："谈话涵盖了很多话题，其中也谈到了Wirecard集团，包括Wirecard涉嫌操纵市场以及毕马威开始进行特别审计。"当天，库基斯还在慕尼黑参加了一个会议，上午10:00和巴伐利亚州银行的CEO史蒂芬·温克尔梅尔（Stephan Winkelmeier）进行了例行会面。和布劳恩的谈话是上午8:30开始的，持续了1个小时。

"很多话题"也包括了布劳恩多年来对于Wirecard未来的设想。他们聊到云计算、加密货币、支付处理的未来发展、技术领域新兴竞争者和德国的创业文化带来的影响。直到今日，德国联邦财政部始终坚称，谈话中没有涉及Wirecard在国际上，例如在中国的扩张问题，也没有提到德国政府为Wirecard提供支持的事。据称，库基斯并不知道当天是布劳恩50岁生日，在谈话过程中也没有做笔记。

许多政界人士并不相信这种说法。就算这些都是真的，人们还是很难理解库基斯作为一位金融领域的专家，看到这么多针对Wirecard的批评和指控，居然没有回绝和布劳恩的谈话，或者至少也应该在谈话中质问他。

在Wirecard奄奄一息之时，朔尔茨的团队还竭尽所能地帮助Wirecard。2020年6月23日，库基斯还给IPEX银行的行长打了电话。两天后，Wirecard破产，IPEX提供给Wirecard的1亿欧元贷款随即损失90%。据《明镜》周刊报道，IPEX行长克劳斯·米哈拉克（Klaus Michalak）立即意识到了这通电话的严重性。

米哈拉克在给复兴信贷银行领导层贡特·布劳宁（Günther Bräuning）等人的邮件中写道，已经有人"提前提醒"过他，联邦财政部和经济部考虑"为Wirecard寻找一个'德国解决方案'"。显然，联邦政府想为Wirecard提供新的贷款，防止它被外国竞争者收购，而Wirecard才刚刚宣布财务报表中那19亿欧元很可能从未存在过，第三方业务也大部分不存在。

"库基斯先生可能想跟我们商量一下，我们是不是可以不仅保持我们已经给Wirecard的贷款，还可以在此基础上增加一些。"米哈拉克向复兴信贷银行领导层解释说，"从风险的角度来看，这对IPEX来说是不合适的。"把复兴信贷银行从纳税人那收来的、用于政治目的的钱拿给一家摇摇欲坠的公司？看起来，财政部高层似乎直到最后一刻都沉浸在要保护Wirecard这个"全国冠军"的想法里。

据路透社报道，在与米哈拉克通话的前一天，库基斯给朔尔茨发送了一份长达9页的备忘录，标明"非常紧急"且"机密"。备忘录中他建议使用复兴信贷银行的资金来拯救Wirecard，称"媒体报道，尽管发生了新冠危机，Wirecard的运营业务仍进展顺利"。这显然极其荒谬，不仅歪曲了事实，也无视了媒体上那么多批评性的文章。

德国联邦财政部很清楚，在最后关头帮助Wirecard是一件多么敏感的事情。他们已经考虑过了所有可能避免无序破产的方法，都因为充分的理由被立刻推翻了。奥拉夫·朔尔茨及财政部认为，应该要有一个人为Wirecard事件负责。

在一份一再推迟的报告中，财政部终于向联邦议院提出了自己对Wirecard事件的看法。报告中，财政部把绝大部分责任推到了长年给Wirecard做审计的安永头上。报告称，Wirecard在2009—2018年每年都提交了"安永出具的无保留审计意见的财务报表和管理报告。审计人员没有提出过任何异议。另外安永还确认，Wirecard 2009—2018年每个财政年度的报表都反映了……公司资产、财务和盈利的真实情况"，审计报告中"没有提到"财务操纵的问题。

财政部还认为，下巴伐利亚区政府对Wirecard控股公司的反洗钱监管力度不够。报告中写道："下巴伐利亚区政府2020年2月25日才首次与BaFin建立联系，称对Wirecard股份公司进行反洗钱监管的事应该由它负责。"2020年5月27日，区政府重申了自己的这一职责。这个信息很重要，因为巴伐利亚州内政部长约阿希姆·赫尔曼后来在州议会上不是这么说的（见第3章第3节）。

反对党对财政部的说法也提出了批评。德·马西表示："联邦政府想把监管不力的责任全部推给安永的审计人员，联邦政府和BaFin的说辞始终都是自相矛盾的。"巴亚兹说："财政部高层显然被所谓的'德国冠军'的光环蒙蔽了双眼，他们相信了Wirecard的谎言，没有认真进行调查。"他认为最大的错误是颁布卖空禁令，他说："卖空禁令最终成了一个犯罪集团的保护伞。对于许多信任BaFin的投资者而言，卖空禁令发出了一个致命的错误信号。"

政界红人构成一张细密的网

多年来,Wirecard在股票市场上一直在讲述自己成功的故事,营造了一个良好的形象。它不仅在编造业务数字方面一流,在政界建立人脉网方面也一样擅长。这些人要让政客都相信,Wirecard集团对于德国金融界是至关重要的,而且德国政界本来就一直渴望在商业软件公司SAP之外,再打造一家属于德国自己的数据技术领军企业。

为Wirecard游说的政要有不少,他们大部分来自保守派阵营。连汉堡市第一任市长欧勒·冯·伯思特(Ole von Beust,基民盟)也曾为Wirecard集团说话。2020年3月,他还给总统府写信,称Wirecard是"全世界金融商务领域成长最快的数字平台"。

据北德广播公司报道,另一位来自遥远北方石勒苏益格-荷尔斯泰因州的前州长彼得·哈里·卡斯滕森(Peter Harry Carstensen,基民盟)从2014年就开始为Wirecard牵线搭桥,使其在线赌博行业的业务能够在政治上得到保障。在卡斯滕森的帮助下,Wirecard接触到了很多基民盟党人。卡斯滕森和Wirecard的CFO布克哈德·莱伊一起在威斯巴登拜访了黑森州州长福尔克·布菲耶(Volker Bouffier,基民盟)。黑森州政府后来解释说,这次谈话并没有什么结果。2015年,由卡斯滕森铺路,Wirecard的人和当时欧盟的数字经济专员根特·欧廷格(Günther Oettinger,基民盟)在布鲁塞尔见了面。欧廷格称已经记不起当时具体谈了什么内容。

据《南德意志报》报道,负责协调德国情报部门工作的前官员克劳斯-迪特·弗里彻(Klaus-Dieter Fritsche,基社盟)也为Wirecard工作,报酬是每天1500欧元。他主要帮助了一家外国投资公司对位于奥伯恩多夫的枪械制造公司黑克勒-科赫进行收购（见第5章第3节）。

前基民盟总理候选人弗雷德里希·梅尔茨（Friedrich Merz）也和Wirecard关系非常好。根据《商报》和《明镜》周刊的调查，梅尔茨和马库斯·布劳恩有过多次接触，第一次是2018年11月在美丽的泰根湖畔的一家酒店，第二次是2019年9月25日在Wirecard集团总部布劳恩的办公室里。

当时，梅尔茨还是世界最大的资产管理公司贝莱德的德国分公司监事会主席（贝莱德总共管理着8.6万亿美元的资金），贝莱德是Wirecard的重要股东。但梅尔茨认为，这中间不存在利益冲突。他解释称和布劳恩谈论的是"资本市场的一般问题"，还称从未在德国联邦政府面前为Wirecard游说。

但有时可能完全不需要游说。联邦经济部部长彼得·阿尔特迈尔没有在其中施加影响，经济部下属的Apas工作本身就足够马虎敷衍，而且Wirecard也不止和总理府以及联邦经济部有直接联系。

例如，联邦外交部部长海科·马斯2018年11月首次访问北京时，就带上了Wirecard CFO布克哈德·莱伊。当时德国驻华大使馆还没有对Wirecard集团产生任何怀疑。此前，古滕贝格的公司也曾在中国为Wirecard进行过游说。目前检方正在对莱伊展开调查，他密切参与了Wirecard集团大量可疑交易。

据《南德意志报》报道，在2019年德国驻华大使馆的财务专员干涉之前，Wirecard和德国驻华大使馆之间的关系已经可以说是亲密无间了。2018年年底，大使馆的一名工作人员感谢莱伊参加在北京的聚会："也非常感谢高档的礼物。香氛已经使用了，在我们的走廊里散发着迷人的香气。"然后，该员工还传达了友好的问候，并祝愿莱伊"在中国生意兴隆"。莱伊则回复道"中国特色菜非常美味"。国务秘书、朔尔茨的密友施密特让德国驻华大使馆向他本人通报Wirecard在中国的情况。

慕尼黑的人脉最为通达

Wirecard不仅在德国的政治中心柏林有很好的人脉网，在慕尼黑的人脉也很广。Wirecard和巴伐利亚州的主要政党基社盟最高层建立了联系，巴伐利亚州政府官员甚至差点就促成了布劳恩与时任总理默克尔见面。如果真的成了，那估计会是布劳恩最大的荣幸了。

巴伐利亚州前州长京特·贝克施泰因（Günther Beckstein）2018年10月曾安排负责数字领域的国务部长、空中出租车的狂热爱好者多萝西·贝尔（Dorothee Bär，基社盟）到阿什海姆Wirecard总部访问。Wirecard希望可以通过贝尔安排布劳恩和默克尔见面，而且差点就成功了。"联邦总理办公室现在请布劳恩博士直接和办公室联系，以便安排会面。"总理府2018年11月22日的文件中写道。但一位疑心的专员介入，建议以"日程排不开"为由取消会面。此前，《南德意志报》曾报道Wirecard为非法网站提供支付服务。

虽然布劳恩未能如愿和默克尔直接见面，但是Wirecard在巴伐利亚州一直如鱼得水，人脉通达。Wirecard的员工在巴伐利亚州警察局了解到了洗钱犯罪预防的有关消息。据机密会议记录记载，巴伐利亚州内政部部长卡尔·米夏埃尔·谢弗勒（Karl Michael Scheufele）在德国联邦议院金融财政委员会上证实了巴伐利亚州警察局官员和Wirecard的人碰过面。谢弗勒说："那是2018年3月在Wirecard，该公司一名代表打听了各种的事情，包括洗钱防范、欺诈防范、恐怖主义融资防范等，还问了一些有关加密货币的问题。"

为这次会面牵线搭桥的是巴伐利亚州警察局前局长瓦尔德马·金德勒（Waldemar Kindler），他卸任后就成了Wirecard的说客，巴伐利亚州政府在给州议会绿党的答复中承认了这一点。金德勒在任期间因为强硬对待团伙犯罪和毒品走私而颇负盛名，可是他也亲自参加了巴伐利亚州警察局官员和Wirecard银行代表的会面。

金德勒在调查委员会面前交代，他主要负责为Wirecard和政界及安全部门"牵线搭桥"，他曾经帮助布劳恩的司机兼贴身保镖从慕尼黑地方办事处弄到了持枪证。金德勒长期为Wirecard办事，不过面对联邦议院调查委员会的询问，他不愿意回忆过多的细节。72岁的金德勒表示，他从来都不是为了钱，所以他现在感到很"受伤"。作为一名退休的公务员，他在长达5年多的时间里每个月从Wirecard公司获得3000欧元。他的所作所为让调查委员会的人感到非常不满，就连他以前基社盟党内的好朋友、巴伐利亚州内政部部长约阿希姆·赫尔曼最后都说，从前的模范警察金德勒的行为，"至少是处在违法的边缘"。

巴伐利亚州议会绿党议员马丁·龙格（Martin Runge）2020年秋也批评说："我们的目光不应该只关注柏林（联邦层面），巴伐利亚是Wirecard集团的所在地，想要知道Wirecard如何与当局相互勾结，在州内有许多事情需要调查清楚。"

不过有一个问题，联邦议院调查委员会的调查期限是从2015年开始，因为检方认为Wirecard最晚是从2015年开始进行财务欺诈的。然而有一些迹象表明，调查期限还是设得太短了。龙格提出，Wirecard在2008年就已经被证实涉嫌欺诈了。虽然针对Wirecard集团的批评和指控一直不绝于耳，但是巴伐利亚州当局却拖拖拉拉不予处理，甚至可以说是完全没有采取行动。

事实上,在Wirecard破产引起轰动之前,慕尼黑检察院几乎没有主动针对Wirecard采取过任何行动。巴伐利亚州司法部的一份清单表明,2010年至2020年6月初,共有20项和Wirecard有关的审查和调查程序记录在案,其中只有一项是当局自己发起的,其他19起都是外界对Wirecard提出的检举和指控,但是都没有得到有力的追究。到2020年9月底,甚至只剩下7项还在处理了(见第3章第3节)。

清单显示,检方在2017年11月曾主动采取过行动。当时他们注意到在线赌场交易,调查了Wirecard"协助非法组织赌博"的嫌疑,但是最终没有进入侦查程序。2019年,大笔资金出现在两名Wirecard董事的账户上,该公司被举报涉嫌洗钱。但Wirecard银行的人安抚了调查人员一番,这份检举也没有处理就被勾销了。

其实,慕尼黑方面压根就不愿意翻出更早时候的一些细节。巴伐利亚州政府称,洗钱等案件的所有数据在结案5年后会从电脑中删除。慕尼黑检察院是否受到了来自政府高层的阻挠?到目前为止,还没有这方面的证据。但是在Wirecard倒闭之前,慕尼黑检方始终没有对Wirecard进行过仔细调查,这实在是很奇怪。Wirecard集团有严密的关系网,上到政府最高层官员,下到各级政府前任领导人和警察局局长,都有Wirecard的人脉。正是因为这些人的存在,Wirecard才能一路顺风顺水。

顾问、说客在其中帮忙沟通

詹姆斯·弗里斯是Wirecard集团的最后一任CEO,2020年6月底布劳恩辞职之后由他接管Wirecard。当他看到拿过Wirecard好处的人员名单时，着实吓了一跳。

Wirecard破产之后，弗里斯报告说Wirecard的工资单上有大量的外部人员，包括顾问、律师、审计师和其他专家，其中不乏"大人物"。"我在接手的头几天就把他们从Wirecard解雇了。"弗里斯说。

这么多年来，Wirecard为关系网中的各路帮手支付的高额报酬，加起来能达到数亿欧元。集团的一份机密清单上，光是2019年，这方面的支出就达到了近4500万欧元，而且这可能还不是全部。一位内部人士透露，Wirecard每年的咨询费用总共可以达到1.2亿欧元。

2019年Wirecard给过好处的人的名单，简直就像是德国咨询业的"名人录"，满满的都是大人物。其中包括安永、普华永道和毕马威的审计师和顾问，斐石律师事务所（Fieldfisher）、吉布森律师事务所（Gibson Dunn）、瑞生国际律师事务所（Latham & Watkins）、巴布·梅明格（Bub Memminger）和博太国际（Baker Tilly）的律师和税务筹划师，以及咨询公司赫林舒珀（Hering Schuppener）、西门罗（West Monroe）、爱德曼（Edelman）和卡多沟通（Cardo Communications）等的公关顾问。

据《明星》（*Stern*）周刊报道，WMP在米夏埃尔·英纳克（Michael Inacker，曾担任《商报》副主编）的领导下，从2016年年底开始为Wirecard提供公关活动，基本报酬是每月3.5万欧元，每年42万欧元。WMP的任务主要是为Wirecard收集一份说Wirecard坏话的记者黑名单，以及一份支持Wirecard的记者的白名单。一份文件中写道："WMP与Wirecard协商确定相关的媒体代表。"WMP还提出了一份名为"龙血"的策划，配图中肌肉发达的齐格弗里德[1]正刺向巨龙。该策划旨在使Wirecard集团"无懈可击"。WMP对Wirecard的服务于2020年年初终止。

Cardo Communications的老板德克·格罗塞-莱格（Dirk Große-Leege）也参与了其中。格罗塞-莱格以前是大众汽车公司的首席沟通官（CCO）。邮件内容显示，他针对批评Wirecard的记者进行了大量背景调查，设计了许多应对措施。在2020年年初给Wirecard首席沟通官的一封内部邮件中，格罗塞-莱格总结道："我把我们12月的工作又梳理了一遍。我们讨论的重点是……如何处理《明镜》周刊以及霍尔特曼先生的报道。为了防止激烈言论进一步扩散，我们讨论了一些新闻法规方面可以采取的措施，更重要的是做了一些背景调查。"

现在，格罗塞-莱格不愿意就他为Wirecard所做的工作发表任何意见。他和许多其他人一样，被问及时总是拒绝回答。

甚至在2020年倒闭前不久，Wirecard还在积极寻找新的帮手。也许那个时候Wirecard已经走投无路了，只能想办法再次扭转舆论的方向。他们把《图片报》前主编、现公关顾问凯·迪克曼（Kai Diekmann）拉拢了过来。2020年5月14日，迪克曼还给布劳恩发信息道："亲爱的布劳恩博士，媒体的呈现完全不符合事实情况，真是太令人震惊了。您一定要挺住啊！"6周之后，Wirecard就宣布破产了。2020年年初，迪克曼曾给布劳恩发过信息："只要您有心事，我随时奉陪。"据西德广播公司、北德广播公司和《南德意志报》报道，Wirecard想让迪克曼利

---

[1] 齐格弗里德，中世纪中古高地德语史诗《尼伯龙根之歌》的英雄，理查德·瓦格纳著名歌剧《尼伯龙根的指环》的主角，以屠龙闻名。在史诗中，他杀死了巨龙法夫纳，帮助勃艮第的国王龚特尔成功娶到布伦希尔德。——译者注

用其在柏林的人脉——包括和两名国务秘书的关系，促成BaFin再次对Wirecard股票实施卖空禁令。

然而这件事情已经没有希望了。Wirecard倒闭之前，就连德国政界最高层的人脉也无法阻止事态发展了。

Wirecard在维也纳的朋友圈

Wirecard不仅在德国人脉四通八达，在奥地利也有许多有影响力的朋友，毕竟马库斯·布劳恩和扬·马萨利克都是奥地利人。特别是在维也纳，Wirecard有很多可信赖的政府高层支持者。布劳恩经常参加维也纳上流社会的聚会，很受欢迎。他总是在奥地利首都维也纳最好的餐厅用餐，例如只有圈内人士才知道的第一区博格纳加斯的黑骆驼餐厅，还有圣斯蒂芬大教堂附近的豪华意大利餐厅Fabios，布劳恩常常为整桌人买单。

2018年，捷克总理安德烈·巴比什（Andrej Babiš）在维也纳的非洲–欧洲高级别论坛上认出了Wirecard CEO布劳恩，用德语向他打招呼道："你好，布劳恩先生。"一位内部人士表示，这对于布劳恩来说算得上是件大事："他总是很在乎面子的。"

在维也纳上流社会的聚会活动中广受欢迎的，还有一位年轻的政治家，不过当时他的权力和影响还没有那么大。他就是现任奥地利总理塞巴斯蒂安·库尔茨（奥地利人民党）[1]。布劳恩是在一次花园聚会上认识库尔茨的，库尔茨把布劳恩纳入了自己的智库"Think Austria"，为他在竞选中提供建议。据奥地利《标准报》（*Standard*）披露，布劳

---

[1] 库尔茨于2021年10月宣布辞职。——译者注

恩疯狂地给各个政党捐钱。库尔茨的保守派人民党2017年就从布劳恩那里拿到了7万欧元，而自由派政党新奥地利党在2014—2016年总共从布劳恩那里收到了12.5万欧元。

库尔茨称，布劳恩是德语国家"数字领域最成功的管理者之一"，所以很重视他的建议。Wirecard破产后不久，库尔茨曾表示针对布劳恩的"指责"需要调查清楚。至于这些指责是否属实，他表示并不了解。

右翼民粹主义的奥地利自由党立即对库尔茨提出批评，并且一并追究了Wirecard监事会成员史蒂芬·克莱斯蒂尔的责任。史蒂芬·克莱斯蒂尔是奥地利前总统的儿子，父亲当选后，他就离开了奥地利去国外上学。据说他是布劳恩特别亲密的知己（见第4章第1节）。

亚洲区董事马萨利克在奥地利自由党内也有熟人。据《克朗报》（*Krone Zeitung*）报道，他和布劳恩都是设在维也纳的奥地利–俄罗斯友好协会的"参议员"。马萨利克经常吹嘘自己跟奥地利的特工很熟，他们都为他办事（见第5章第3节）。

2017年4月，一个与马萨利克关系密切的基金会在高级餐厅Käfer举办了一场私人晚宴。德国巴伐利亚州前州长埃德蒙德·斯托伊伯（Edmund Stoiber，基社盟）和奥地利前总理沃尔夫冈·许塞尔（Wolfgang Schüssel，奥地利人民党）都参加了晚宴。

当然，Wirecard事件还是对德国的影响最大。正是因为有柏林和慕尼黑政界提供保护和支持，Wirecard才能一路畅通，不受监管机构的阻挠。CEO布劳恩没能亲自在默克尔面前宣传自己的公司，只是因为有一名专员没有被迷惑双眼。

那些说客、现任和前任高层政治家、部长和官员就不同了。

Wirecard给了他们大笔的钱，显然将他们给蒙蔽了。比如古滕贝格就在调查委员会面前推诿说，他和他的公司如果知道Wirecard的商业模式是基于欺诈，"那么我们是绝对不会为这家公司提供咨询的"。不过还是那句话，用今天的眼光去看当时的事情，肯定是不一样的。

关于Wirecard公司和政界的纠葛，还有许多问题仍然没有得到解答，可能还会爆出更多惊人的内幕。在柏林，民众的目光都集中在调查委员会，期待看到在2021年的剩下几个月能查出来些什么。预计在2021年年底，慕尼黑检方将会对主要嫌疑人提起公诉。朔尔茨肯定在祈祷他手下的部门不要再被爆出有什么问题。在联邦议院选举的最后阶段，他最不需要的就是这样的"惊吓"。

绿党金融专家丹亚尔·巴亚兹多次批评财政部不愿意提供信息。他说："这显然违背了财政部部长奥拉夫·朔尔茨自己的会积极推动调查进程的说辞。"弗洛里安·通卡认为，由联盟党和社民党组成的联合政府，是不可能调查清楚Wirecard事件的，需要议会施压。通卡说："特别令人不安的是，国家监管完全失利，但至今为止没有任何人被追究责任。"

按照联盟党和社民党高层的想法，Wirecard事件最好不要对2021年的联邦议院选举造成什么影响，调查委员会最好能够尽早完成调查工作。然而除了德国和奥地利政界，还有其他人在为Wirecard打掩护，并且他们的所作所为更加令人震惊。他们就是情报人员。

下一节将会讲到，许多专业的机要人员在暗地里为Wirecard挖掘情报，还在Wirecard倒台之后帮助部分管理层逃脱。

特工——暗中为Wirecard提供保护

2020年年末，慕尼黑摄政王街61号马萨利克的别墅久无人居，荒凉无比。屋子里很冷，只有几个电暖气片散发着一点热量。与马萨利克相关的一家公司IMS每月为这栋华丽的奠基时代[1]别墅支付5万欧元的租金，别墅的使用者是在逃的Wirecard亚洲区董事。据说，马萨利克在这栋别墅里建立了他在Wirecard之外的公司帝国。参观一下这所房子就可以了解到，从前这里是怎样一番光景。

这座豪宅很大，房间宽敞，天花板上都有石膏花饰。调查员进去寻找线索时，踩得木地板咯吱作响。会议室巨大的隔音板向世人诉说着马萨利克当时如何想方设法避免被窃听。人们在房子二楼发现了毕马威审计师的文件，文件显示毕马威曾为毛里求斯一只可疑的基金提供过服务（见第4章第2节）。

楼梯的中间，一架现代的玻璃电梯通向顶层。顶层角落里的一个房间是马萨利克的"爱巢"。房间漆成黑白两色，地上放着大大的床垫，马萨利克喜欢在这里度过喝醉之后的快乐时光。这里一点都不像DAX指数企业高管的房间，更像是一个学生公寓。不过话说回来，马萨利克的所作所为本来就和其他德国优质企业高管大相径庭。

离别墅3分钟路程的地方是马萨利克最常去的餐厅Käfer，许多秘密谈话也曾在这里进行。马萨利克喜欢吃这里的维也纳炸肉排，因为他腰椎间盘突出，所以总是会要一个特别的坐垫。餐馆的斜对面是俄罗斯领

---

[1] 奠基时代指19世纪德国和奥地利工业化开始后到1873年股市大崩盘之前的时期，这一时期的建筑有自己独特的风格。——译者注

事馆，有目击者说看到过马萨利克从那里进出。

现在回想起来，这一切似乎都很离谱。马萨利克的别墅外没有门铃，只有一个黄铜色的牌子，上面写着3家公司的名字。其中两家公司从Wirecard得到过六七位数的资金。据一位知情人士介绍，这对于马萨利克来说就是"芝麻大的小钱"，"1亿欧元以下的数额他基本上都不感兴趣"。

在摄政王街61号，估计我们不会再看到扬·马萨利克的身影了。别墅正在重新装修，不久，新的租户就要搬进来了。马萨利克现在成了重金通缉的对象——自从2020年6月18日被Wirecard解雇，第二天他就躲起来了。内部人士怀疑他现在在俄罗斯，受到很好的保护，德国检方抓不到他。

德国经济界应该不会有第二个马萨利克了，他的故事实在是太离奇了。2020年夏，德国各大机场、主干道和地铁站都挂着他的通缉令。慕尼黑警察总部和德国联邦刑事警察局在通缉令上写着"骗取数十亿欧元的欺诈犯""你能提供扬·马萨利克的下落吗……他目前在逃"。

两名主要嫌疑人之一居然逃掉了。在Wirecard事件中，德国当局出的丑已经够多了，马萨利克的脱逃更是让德国政府丢脸丢到家了。2020年6月18日，Wirecard宣布其资产负债表总额的1/4不存在时，检方没有立即逮捕马萨利克，而是把他放走了，但他们本应该多留个心眼。马萨利克和世界上一半的情报机构关系好得不得了，这些机构显然早就已经把马萨利克的逃跑过程计划好了。

马萨利克在消失前一天晚上还和奥地利情报局的一名前特工见过面。这个人第二天安排了一架私人飞机，把马萨利克接到了白俄罗斯首都明斯克。据内部人士透露，马萨利克从明斯克又去了俄罗斯，俄罗斯联邦对外情报局的特工接待了他，并为他提供了安全的住处。

马萨利克的这些人脉不是2020年6月底才开始发挥作用的，他在很早之前就建立起了一个可以信赖的特工关系网。多年以来，他一直和情报机构走得很近，其中也包括西方国家的情报机构，很多情报人员与他私交甚笃。这就引发了许多新的问题：情报人员在政治中究竟起到什么作用？监管人员何在？不过对这些问题，我们还是得一点一点来说。

马萨利克对机密情报的嗜好并不是什么秘密。聊天记录显示了他在逃跑前还直言不讳地向人吹嘘自己和很多特工关系很好。

秘密的聊天记录和虚假的踪迹

马萨利克发信息最喜欢用一个俄罗斯人开发的软件Telegram，他自己在这家公司也有投资。在Wirecard集团，他也让大家都用Telegram。据说他逃亡之后仍然从Telegram公司获利。

2020年6月5日，马萨利克买了一部新的智能手机。"我的新号码。"他在16:30给一位密友发信息道，"私人的号码，不是工作号码。"不到两周后，马萨利克就被认为可能是Wirecard数十亿欧元操纵案的主谋，安永称此案是一场"世界各地"多方人士"精心策划的欺诈"。

许多线索都汇集到了马萨利克身上。他作为Wirecard亚洲区的负责人，掌管着让人琢磨不透的第三方业务（见第2章第2节）。从他与一位密友——他的私人公关顾问——的聊天信息中可以看出，他很清楚自己的处境。Wirecard崩溃后的那个周日，他在信息中写道："总有一个人要承担责任，而我是最显而易见的那个。"

马萨利克发出了数千条信息。在这些信息中，他展现出了两副面孔：一方面，他是这起大型欺诈案的幕后操手，了解很多的内情，一直维持着表面形象；另一方面，他又是一个逃犯，随时有生命危险。碰到不好回答的情况，他就开玩笑打哈哈或者保持沉默。这个时候，哪怕他再不情愿，也只能任人摆布了。

一位他的熟人称，40岁的马萨利克是他见过的"最难以接近、最老奸巨猾的人"。Wirecard的一位管理人员把他称作"幽灵"。马萨利克估计会很喜欢这些评价，他喜欢保持神秘感。在聊天中，他吹嘘自己和FBI、以色列摩萨德等情报机构都有联系。

例如，马萨利克在信息中写道：Wirecard为特工提供信用卡的传言"并非完全是假的"。当被问到他入境菲律宾需不需要进行新冠隔离时，他回复道："我不用，安排我入境的机构会帮我搞定的。"而且他自称有多本护照，像每个优秀的特工那样。"不过也不知道有没有哪一本护照的身份是名誉领事，我已经让人去帮我弄张假照片了"。

情报机构的这些朋友显然可以给他带来安全感。马萨利克还一副以金主自居的样子，逃跑时他在信息中写道："诚挚地邀请你到海滩上来喝一杯，不过我觉得现在最好还是先等几个月，等风暴平息了再说。私人飞机的钱我们现在也付得起（讽刺的表情）。"

当审计人员的调查威胁到Wirecard时，马萨利克立即告诉了情报专家。"我还在跟毕马威通电话。"Wirecard崩溃前4天，马萨利克给一位密友发信息说，"他们刚要请情报机构去调查我3月3日到5日在马尼拉做了什么。就是安永和毕马威的人去马尼拉调查我们的那几天。"

正是在菲律宾首都马尼拉这个地方，2020年6月18日发布年度财报这一天，先是马萨利克出了问题，随后整个Wirecard集团也倒下了（见第2章第4节）。上午7:30，气氛十分紧张。"好一个早晨。"马萨利克在信息中写道,"别问(笑脸表情)(小猴子表情)。"他告诉密友,不安在蔓延,签名的真实性遭到了怀疑,"现在什么都有可能发生。在这里绝对不会感到无聊"。

马萨利克说:"我们在彻底的灾难和什么事都没有之间徘徊,我们在等一家银行交东西。如果顺利就一切都好了,如果东西一直不来,安永就要疯了。"快到10:30的时候,可以肯定已经无力回天了。"准备好迎接坏消息吧,是真的很坏的消息。"马萨利克在信息中写道。没过多久,Wirecard就发布了临时公告,称马尼拉信托账户上的19亿欧元是伪造的。股价立即崩盘了。

马萨利克仍然假装满怀希望,保持着表面上的平静,但背地里他早就开始准备逃走了。"虽然肯定很快就会澄清,但是局势已经比较紧张了。"他写道,"我们同时还在跟有关银行谈判,有可能今天就会发另一版公告。那我们就真的成为全德国的笑柄了。"当被问到Wirecard是否被受托人骗了时,马萨利克称:"老实说,我目前还无法真正评估到底是怎么回事,安永是两天前带着问题找上门来的。"现在我们已经知道马萨利克的这句话是在撒谎,安永在几周前就已经对信托账户的证明提出过怀疑了。马萨利克说自己一直在给受托人和银行打电话,他说如果19亿欧元没有找到,那么后果很清楚:"我猜,那我们就完蛋了,我们就会成为一起神奇的经济丑闻",而且"我可能会被停职"。

他说的没错。2020年6月18日当天,马萨利克就被解除了职务,不久就被无限期解雇了。这一天同事们最后一次见到他们的亚洲区董事,当天他还向密友承诺周末会见面:"我明天会调查一下事实情况,处理一下法律问题,周末可以见面。"但这又是一个谎言,发这条信息时马萨利克其实已经在赶去机场的路上了,目的地是明斯克。

6月20日周六，马萨利克进入俄罗斯势力范围后才发信息说他"目前一切都好，非常感谢！正在忙于制订计划……"，"今天到山里去……希望你们不要介意，我们暂时先找个地方躲一阵子……"。

由于情报人员的帮助，马萨利克成功地躲了起来，一直到今天都没有人知道他的行踪。在他人面前，他还装作自己对CEO布劳恩忠心耿耿。6月22日，当被问到Wirecard崩溃时布劳恩是否受到了惊吓时，马萨利克回答道："如果他没有，那就糟糕了。""首先要保护公司、员工和客户。简单的叙事可能会有所帮助。"他指出，"所以总要有个人出来承担责任，而我完全符合条件（眨眼笑表情）。"虽然目前很难联系到布劳恩，但是他说："我也不否认这些指控。"

在逃亡期间，他还装出一副仁慈的长老的样子。他说，重点是"要保护和维持公司健康的核心。这一部分都是些真正不错的人，拥有优质的客户和卓越的技术"。马萨利克口中"健康的核心"指的是Wirecard的欧洲业务。事实上，这部分业务从2015年就开始亏损了，只不过马萨利克这些年来一直在其他地区活动。知情人士说，马萨利克对自己的人脉网特别自豪，总说自己在政界、商界高层和情报部门都有熟人。

即使是在失踪之后，马萨利克仍然操纵着许多事情。他让人把聊天记录从谈话对象的手机上删除了，估计是在Telegram公司的朋友的帮助下完成的。这对检方造成了很大的困扰，他们只能找到马萨利克发的信息中很少的一些片段。还好一些知情人士提前做了备份，可以让我们窥探到：马萨利克和半个地球的特工都有接触，他讲的笑话一点都不好笑，以及他真的有很多很多钱。

马萨利克很懂得怎样偷偷躲起来不被发现。逃跑后的头几天，他像一名优秀的特工一样布置了很多假线索,包括在和密友交谈时故意释放了很多假信息。2020年6月21日,他在信息中写道:"有可能我会去马尼拉,去查清楚那里究竟发生了什么。那样检方可能就会陷入恐慌了。"他假称受托人今天联系了Wirecard,并保证账户是真实存在的,而不是像公开声明中说的那样不存在。他还说这一次调查之旅风险很大,但是"不然的话就不会有人来管这摊子事了"。集团内部现在人人自危,都在相互攻击。"下面这些只是为了做个记录:我本来强烈要求合规部门派个人,或者甚至是让詹姆斯·弗里斯本人跟我一起到菲律宾来,但是没有人愿意。"马萨利克称,"我只是不确定,如果我能找到那19亿欧元,我会不会把它转给Wirecard(眨眼笑表情)。"

接下来几天里,马萨利克的信息时而充满自信,时而挖苦讽刺。他的昼夜节律似乎发生了变化,表明他在亚洲时区,而事实上他在东欧。他铺设了很多假线索。他贿赂了菲律宾海关官员,让他们为他伪造假的入境信息,显示他潜逃到了中国。在聊天中,马萨利克没有具体回答有关其下落的问题,而是拿见面开玩笑:"我们再见面的时候估计要么是在监狱里,要么就是在(我的)某个加勒比海岛上,如果我找到了那19亿欧元的话(眨眼笑表情)。"

2020年6月22日,高级检察官希尔德加德·鲍姆勒-霍斯尔(Hildegard Bäumler-Hösl)领导的慕尼黑调查人员申请了国际逮捕令。马萨利克在6月24日发信息写道:"Wirecard现在可能要无限期地把色情和赌博行业的客户剔除出去了。不幸的是,这肯定会对企业的盈利造成影响。今天有几个人打电话给我表示震惊,好像明天就要'睡在大街上了'一样。一位利比亚的客户还说,Wirecard明天就要冻结14万人的卡了……好了,我要去健身房了。"

6月24日，马萨利克还在虚张声势："目前的计划是，我周末就会回来和检方见面。"但第二天他的说法就变了："我要么明天回去，要么和我的朋友留在这里。我还没有决定。"当朋友表示担心马萨利克可能会做出什么伤害自己的事情时，他安慰道："你现在真的不必为我担心。"他还说，"我在这里不会有事的。如果出现紧急情况，我就像我来的时候一样出去"，即乘坐私人商务机。

马萨利克倒是开心了，他还拿媒体上的谣言开起了玩笑："他们说我有一名菲律宾妻子（笑脸表情）。我还在想，我是在中国吗？还是从中国到了俄罗斯（笑脸表情）？"只有一次当被问到他现在所处的地方政治制度是否足够稳定时，他做出了明确的回答。6月29日他回复道："是的，仍然还是25年前的那些人在掌权。"全世界符合这个条件的只有少数几个国家，其中一个就是白俄罗斯——1994年以来，白俄罗斯总统一直是亚历山大·卢卡申科（Alexander Lukaschenko）。马萨利克的律师也拒绝回答和马萨利克的下落有关的任何问题。

马萨利克也切断了和他的私人公关顾问的联系，顾问在6月30日最后一次收到马萨利克的信息。德国时间17:00，他问马萨利克："你躲起来了吗？"马萨利克回复道："晚上好啊先生！算是吧（笑脸表情）。"后来的信息，顾问都没有收到任何回复了。第二天，马萨利克在通信软件上就显示不在线了，并显示"很久以前上线过"。

和情报人员的关系带来丰厚利益

在慕尼黑，最后一个见到过马萨利克本人的是马丁·W.，许多线索都与他联系到了一起。W.是奥地利人，在马萨利克摄政王街的别墅里有一间办公室。2020年6月18日马萨利克被免除职务那一天，二人还一起吃过饭，而他也最终帮助马萨利克逃到了东欧。他可能仍和马萨利克保持着联系。

有意思的是，W.并不是马萨利克的一名普普通通的同伙，他以前是奥地利的特工。随着他的出现，关注点一下子聚焦到了马萨利克和情报机构的关系上。

在加入Wirecard之前，W.是奥地利国内情报机构联邦宪法保护和反恐办公室（BVT）的一名高级官员。他是第二行动部的负责人，负责处理极端主义、恐怖主义和特工活动。他在情报界有很好的人脉，对政界也不陌生。

作为最为敏感的第二部门的负责人，W.原本认为自己有希望晋升，成为BVT的主任。他想依靠在奥地利右翼政党自由党内的人脉——当时自由党将从2017年年底开始领导内政部一年半的时间，然而后来，一名竞争对手当上了BVT主任。据一位熟悉他的前同事透露，在那之后W.的行为就越来越反常了。W.陷入了阴谋论中，觉得到处都是他的敌人。

此后不久，奥地利记者和调查人员收到一份奇怪的文件，文件把BVT的官员描述得痴迷于权力，腐败不堪。这份文件的作者可能正是W.，但是他至今仍坚决否认这一点。根据官方记录，W.自2016年以来一直休病假，2018年之后更是"暂时停职"了，也就是无薪休假。据说他从那时起就开始为马萨利克工作了。

在BVT没有受到重用的W.在Wirecard找到了用武之地。W.是马萨利克人脉网中的一位关键人物，据说他和BVT的一名前技术人员一起指导了马萨利克在迪拜的项目。据一位内部人士透露，两人甚至分析了那里的色情网站的支付处理数据，并有意借此敲诈勒索。

维也纳检方认为，W.和其他几名BVT员工过去几年一直在"兼职为Wirecard工作，负责考察色情网站的偿付能力"。据称，他们还利用职务之便，"纯粹为了获得私人利益"，从官方登记册中读取了"个人数据"，并将其发给了Wirecard。

逮捕令显示，W.是马萨利克在BVT内部的眼线。但是不仅仅是W.帮马萨利克办事，他们之间的这条线显然还有另一个方向。据奥地利《新闻报》（*Presse*）报道，很多年来马萨利克也一直是BVT的线人，而且他也和W.一样与奥地利自由党关系密切。马萨利克曾多次通过一位中间人，把从BVT和内政部获得的机密信息传递给自由党人。因此，奥地利共和国"二战"以来最大的一次危机，可能也有他的参与。马萨利克提供的信息加剧了自由党对当时与其联合执政的人民党的不信任。2019年5月，两党执政联盟最终因奥地利副总理、自由党领袖海因茨-克里斯蒂安·斯特拉赫（Heinz-Christian Strache）的伊维萨事件[1]而分崩离析。

奥地利《新闻报》称曾偶然地发现了马萨利克的踪迹。报社首席记者安娜·塔尔哈莫（Anna Thalhammer）本来在研究伊维萨案。2019年夏，斯特拉赫多年的密友、奥地利自由党议会党团前任主席约翰·古德努斯（Johann Gudenus）的手机被没收，维也纳的调查人员发现古德努斯和某位叫作弗洛里安·S.（Florian S.）的老朋友有过交谈，S.向古德努斯提供了一些内政部和BVT的敏感信息。

---

[1] 伊维萨事件或称伊维萨门，是2019年5月爆出的一宗奥地利政治丑闻，斯特拉赫涉嫌贪腐的视频被德国媒体爆出。视频拍摄于2017年7月，视频中，斯特拉赫和一名助理在伊维萨岛会见一名据称是俄罗斯商人的女子，该女子希望在奥地利投资，斯特拉赫提供秘密协议，承诺提供政府合同以换取竞选资金。——译者注

聊天记录中可以多次看到S.的大部分内幕信息是"从扬那里得来的"。《新闻报》称，这个"扬"就是扬·马萨利克，他在奥地利自由党的朋友面前也很喜欢吹嘘自己和许多国际情报机构有联系。而弗洛里安·S.则是奥地利-俄罗斯友好协会的秘书长，马萨利克和布劳恩都是该组织成员。

马萨利克究竟希望从他的情报联络人那里得到些什么呢？仔细观察一下就会发现，他们可以给马萨利克带来以下几个好处。

首先，马萨利克没有高中文凭，情报界的人脉是他提高自己地位的方法之一。例如2018年3月在伦敦，马萨利克就拿着一份文件炫耀，文件中载有神经毒剂诺维乔克的绝密配方[2020年俄罗斯反对派领袖阿列克谢·纳瓦尔尼（Alexei Navalny）也差点死于这种毒剂]。该配方来自禁止化学武器组织（OPCW）一份50页的机密报告，报告中还包括一份国家元首们几个月后才会看到的PPT。

马萨利克很可能是从BVT的联系人那里拿到这份OPCW报告的。德国联邦司法部在2020年秋表示："我们怀疑这名BVT工作人员将OPCW的4份绝密报告泄露给了马萨利克。"据称，马萨利克想展示报告中的内容以打动那些给Wirecard股价施压的投资人。

其次，马萨利克还利用情报界的人脉为其具体业务铺路。《新闻报》获得的聊天记录显示，马萨利克让人安排他跟奥地利石油天然气集团（ÖMV）CEO莱纳·西勒（Rainer Seele）见面。马萨利克在利比亚投资了一些石油项目和一个混凝土工厂，因此想跟西勒谈谈这些项目。据称这次会面未能成功。

马萨利克在中东地区的商业活动是在与许多人员联系的基础上建立起来的，其中一个重要人物是利比亚的前特工。此人在穆阿迈尔·卡扎菲（Muammar al-Gaddafi）政权被推翻后，担任利比亚临时政府情报部门的负责人，后来他成了Wirecard公司的投资人，并在伦敦对Wirecard的批评者进行监视。空头尼克·G.的录音也是出自他之手（见第3章第1节）。马萨利克另一个最爱的项目也在利比亚——他曾多次向高层政要建议建立民兵团，阻止难民涌向欧洲。如果该计划得以实施，马萨利克可以从中赚很多钱。

Wirecard也从马萨利克的人脉中受益。据维也纳的调查人员推测，BVT的多名员工兼职为Wirecard调查客户背景和偿付能力，并收取了Wirecard的贿赂。据称，有些服务还被正式出售给了国家安全部门。据奥地利《标准报》报道，马萨利克想基于Wirecard的技术开发一个"难民App"卖给巴伐利亚和奥地利内政部。奥地利前副总理米夏埃尔·施平德勒格（Michael Spindelegger，人民党）曾在德国见过马萨利克，因为奥地利国防部有意在利比亚设立一个"发展援助项目"。

马萨利克许多远大的计划最终石沉大海。不过，马萨利克之所以如此热衷于和世界各地的情报人员打交道，还有第三个原因——这些人相当于马萨利克的一层保险。2020年6月18日马萨利克被免职的这一天，他们的作用就显现了出来。

维也纳方面协助马萨利克逃脱

就在2020年6月18日星期四晚上，马萨利克在慕尼黑市中心的意大利餐厅Il Sogno吃了饭，餐厅的老板对此还有印象。在场的还有马萨利克的一位密友萨宾娜·E.（Sabine E.）和BVT前特工W.。

在《商报》的询问下，W.的律师证实了W.当晚确实和马萨利克共进了晚餐，不过她强调W.对马萨利克的逃跑计划毫不知情。W.说，马萨利克当晚一直在说想要去菲律宾把事情搞清楚。但根据现在的调查结果来看，W.对他的律师撒了谎。从奥地利当局发布的逮捕令来看，W.密切参与了马萨利克的逃跑计划。

事实上，马萨利克在这次晚饭后的第二天就逃到了明斯克。6月19日星期五晚，马萨利克乘坐出租车、带着行李箱和行李包到达了沃斯劳-科廷布伦的私人机场。这座机场位于维也纳以南35分钟车程处，规模不大，隐藏在一个工业区后面。马萨利克登上了已经在那里等候的塞斯纳野马公务机，用现金支付了约8000欧元的飞行费用。凌晨前，他就到达了明斯克，成功躲过了德国当局的逮捕。

协助马萨利克逃跑的W.引起了奥地利当局的注意，他甚至还被拘留了一个周末。据说W.在拘留时指认了其他几名嫌疑人，并透露了有关马萨利克商业交易的一些细节。据说W.在德国也交代了一些事情。

随着调查的深入，大家越来越清楚马萨利克在维也纳的人脉有多么广了。除了W.，据说还有第二个人也帮助过马萨利克，他就是奥地利国民议会议员、右翼民粹主义政党自由党的成员托马斯·谢伦巴赫（Thomas Schellenbacher）。谢伦巴赫和另外一名已被调离BVT的工作人员都已被捕。

从奥地利的逮捕令来看，W.、谢伦巴赫以及塞斯纳飞机的两名飞行员很有可能"对扬·马萨利克2020年6月19日的逃跑计划是知情的，并且故意协助其成功逃脱"。谢伦巴赫承认，W.让他帮马萨利克安排一架飞机，6月19日W.又给他打电话说马萨利克来晚了，出租车司机找不到机场的入口。"我们当然听说了Wirecard的事。"审讯笔录中谢伦巴赫说道，"我都已经吓尿了。"但是出于和W."良好的业务关系"，他还是安排了飞机。

德国联邦议院的议员对特工和Wirecard以及在逃董事会成员马萨利克之间的关系很感兴趣。德国检方在马萨利克逃跑之后才下达了逮捕令，而马萨利克在奥地利情报人员的帮助下躲过了德方的追捕，也成为一起政治丑闻。

左翼党议员法比奥·德·马西想知道"奥地利情报部门在德国领土上搞些什么？为什么马萨利克先生2020年6月19日仍然能够畅通无阻地离开德国，而且前一天晚上还能和W.一起悠闲地散步到意大利餐厅吃饭？"绿党议员丹亚尔·巴亚兹希望调查委员会指定的特别调查员沃尔夫冈·维兰德（Wolfgang Wieland）能把事情调查清楚，他说："我们想从马丁·W.身上了解更多关于扬·马萨利克的事情：他在Wirecard事件中究竟扮演什么角色？他和情报机构究竟有着怎样的联系？以及他究竟是如何逃跑的？另外我们还想知道，德国的安全是否受到了损害？"

目前为止，德国联邦政府对马萨利克和情报人员的关系一直表现得一无所知。时任德国总理默克尔自称没有向奥地利保守派人民党总理塞巴斯蒂安·库尔茨打听过BVT前官员的活动。

"扬·马萨利克与奥地利现任和前任政要及公务人员保持着密切联系，甚至还贿赂了其中一些人。"弗洛里安·通卡批评道，"这就让人不由得想问，如果不把所有细节都搞清楚，德国和奥地利政府能安心吗？"

而且，马萨利克离境在德国的系统里没有显示。德国联邦内政部在回答德·马西的议会询问时说："扬·马萨利克先生的过境没有记录，联邦政府并不知情。"

德国联邦检察院关于马萨利克是否在德国为奥地利从事间谍活动

的所有调查,出人意料地于2020年12月终止了,检察院称没有相关证据支持这一说法。但检察院在10月的时候还不是这样说的。当时,联邦司法部称"有迹象表明,奥地利公民扬·马萨利克是奥地利BVT一名官员的线人"。

维也纳政界对这起丑闻感到无比震惊。2002年成立的BVT是奥地利3个情报部门之一,主要负责研究极端势力例如右翼极端主义可能造成的危险。但因为发生了协助马萨利克逃跑等各种丑闻,BVT现在已经声名狼藉,外国情报机构也在尽可能减少和维也纳方面的合作。

基社盟情报协调员遭到怀疑

不仅仅是马萨利克和维也纳情报人员的关系引发了许多棘手的问题,在德国,基社盟成员克劳斯-迪特·弗里彻的活动也遭到了很多怀疑。2018年年初之前,弗里彻一直是联邦总理府的国务秘书,也负责联邦情报部门,可以说,他就是德国特工的最高头目,一些员工也称他为"007秘书"。

但是面对Wirecard的重金诱惑,弗里彻也没能坚守住立场。他退休后曾为奥地利内政部长工作过一段时间。2019年7月起,Wirecard集团每天向弗里彻支付1500欧元的固定费用,让他的人脉为Wirecard发挥作用。

2019年8月,弗里彻曾找过德国总理府,想为Wirecard争取一次和默克尔的经济顾问拉尔斯-亨德里克·罗勒谈话的机会。同年9月11日,Wirecard CFO亚历山大·冯·克诺普以及他的前任布克哈德·莱伊都参加了与罗勒的会面。总理府称,当时Wirecard汇报了他们"在亚洲地区的商业活动"。同年9月6日,默克尔在北京的国事访问中也宣传了

Wirecard。

弗里彻在这中间扮演了什么角色呢？德国联邦政府在2020年8月底对《商报》表示："总理府就前国务秘书弗里彻与Wirecard有关的活动进行了调查，调查结果显示这些活动不在必须上报的范围之内"。公务人员退休后所做的工作如果和以前的职务内容有关，按照法律规定是需要上报的。

弗里彻2018年曾给时任奥地利内政部部长赫伯特·基克尔（Herbert Kickl，自由党）做过顾问。虽然奥地利自由党内部批评基克尔"与俄罗斯关系太近"，而且由于自由党信誉受损，该国情报部门和国外的合作也受到了影响，但是德国总理府显然对此事并没有提出什么异议。德国国务部部长亨德里克·霍彭斯泰特（Hendrik Hoppenstedt，基民盟）教训金融财政委员会的人说，基克尔的行为虽然不符合他个人支持的政党的主张，但是不管怎么说，奥地利是德国在欧盟的友好伙伴，德国很乐意在自己的能力范围内为奥地利提供帮助。

弗里彻还在其他方面为Wirecard提供过帮助。2019年10月14日，他同莱伊和一位法国投资人尼古拉·瓦莱夫斯基（Nicolas Walewski）见过面，三人谈了足足两个小时，讨论收购位于奥伯恩多夫的枪械制造公司黑克勒-科赫公司（HK）。这可能是过去几年里最敏感的军火交易之一。

法国人瓦莱夫斯基想收购HK，并在寻找合适的监事会人选。德国前国务秘书弗里彻向他推荐了当时任Wirecard公司顾问的莱伊，而弗里彻在两个月前刚与Wirecard集团签订了一份游说和咨询合约。当时的HK让德国军工产业很伤脑筋：2018财年HK亏损800万欧元，总共背负着2.3亿欧元的巨额债务。据说，瓦莱夫斯基也是背后的大贷款人之一。HK几十年以来一直是德国联邦国防军的首选装备商,对于德国国家安全而言,重要性非同一般。外国人想要接管HK超过10%的股份,是需要联邦政府同意的。

2019年年中之前,瓦莱夫斯基已经和德国联邦经济部进行了18次交涉,但没有什么突破性进展,然后他就找来了一个特别的帮手——布克哈德·莱伊。在莱伊的电子邮箱里发现了一些照片,是他和瓦莱夫斯基2015年在印度的照片,当时瓦莱夫斯基作为基金经理到访了Wirecard在印度金奈的办公室。莱伊还亲自安排了瓦莱夫斯基的一名亲戚到Wirecard实习。5年来,莱伊同瓦莱夫斯基及其员工互通了150余封电子邮件。

2019年年中,瓦莱夫斯基因HK的事情请求莱伊帮忙时,莱伊没有拒绝。作为Wirecard公司的顾问,莱伊有一个Wirecard的邮箱账号。大量关于收购HK股份的信息都是从这个邮箱地址发出去的。从邮件中可以看出,律师们当时认为,收购最大的风险在于德国经济部可能会反对瓦莱夫斯基位于卢森堡的公司CDE收购HK的股份。

针对这种情况,法务专家制定了一个替代方案,而这个方案的焦点正是莱伊:他们可以成立一组结构复杂的公司,由莱伊担任总经理,这个计划后来被命名为"Y计划"。根据这个计划,律师们打算把股份转让给"BL"(布克哈德·莱伊名字首字母缩写),这样他就可以独立行使投票权。而瓦莱夫斯基的CDE作为这家公司的"有限合伙人",就可以保留股份的"看涨期权"。

最终,"Y计划"未能实现。根据CDE的说法,德国经济部及时提出未来再做决定。CDE称,弗里彻"在任何时候都没有影响过"官方审查程序,也没有从CDE或瓦莱夫斯基那里得到过任何好处。

尽管如此，弗里彻据说还是在HK获得了一个监事会的职位。2020年7月，德国经济部批准了HK的股权转让事宜。HK在2020年9月17日宣布，弗里彻因为在"治理和合规"方面的出色能力，被任命为新的监事会成员。然而这个时候Wirecard已经破产了，弗里彻的影响力也大不如前。获得任命几天后，他在向德国总理府汇报自己计划出任HK监事会成员时意外地遭到了反对。总理府通知："对于您出任HK公司监事会成员事宜存在异议，不予批准。"而此前，弗里彻所有的副业从未遭到过反对。

Wirecard的客户BND

乐于和Wirecard管理层打交道的不仅有外国情报机构和大投资人，德国联邦情报局（BND）也利用Wirecard为自己服务。到目前为止，关于Wirecard和BND之间的合作，我们掌握的情况还比较少，但是不排除后续会有更多的秘密被揭露出来。

事实上，Wirecard曾为BND处理过近2.2万欧元的付款。《商报》从熟悉Wirecard事件审理过程的人员处获悉，该信息出自德国联邦政府应金融财政委员会的要求做出的一份机密声明。

这是官方首次证实大家一直以来的推测：德国情报机构和丑闻缠身的Wirecard公司之间存在直接联系。由此，我们再一次看到支付服务商的各项业务对于情报机构来说是很有用处的。Wirecard可能也为BND人员签发过信用卡，至少马萨利克是这么说的。

长期以来，德国反对派政客一直怀疑德国联邦政府可能为Wirecard集团提供过支持。绿党金融专家丽莎·鲍斯说："消息证实了BND和Wirecard之间有联系，这再一次证明了Wirecard对情报部门来说有多么重要。联邦政府还想搪塞过去,不让深入调查此事。"

仅仅是马萨利克迅速消失这件事情,就足以说明情报机构为Wirecard提供了便利。德国自民党联邦议院代表弗洛里安·通卡说:"这些事情在企业经济学里可是学不到的。"现在的问题是,是不是连德国的情报机构也为马萨利克提供了保护和援助?到目前为止还没有这方面的证据,但Wirecard为BND处理付款的情况,德国联邦政府之前也是一直在议会上表示并不知情的。

刚开始,德国联邦政府说:"BND没有关于Wirecard股份有限公司的情报信息。德国联邦宪法保卫局和BND没有关于扬·马萨利克的情报信息。"它很狡猾地隐瞒了BND和Wirecard之间的支付往来,然而最终真相还是浮出了水面,哪怕只是一点一点地。

Wirecard倒闭后,检方在调查时还发现了另一个奇怪事件。首席产品官苏珊娜·施泰德交代,马萨利克在2019年夏曾来找过她,说他需要把年度数据给BND。据施泰德自己说,她照做了,给了他一份Wirecard年度交易数据。显然,Wirecard的人没有考虑什么数据保护,也不担心商业机密泄露。马萨利克拿着这么大量的数据究竟做了什么,是真的交给了BND,还是用来冒充第三方业务,或者用于其他什么阴暗目的?至今仍不得而知。

然而调查过程中,最重要的线索并没指向柏林或维也纳,而是指向了莫斯科。

向往之地

"我待在这里,和我的朋友们一起。"这是马萨利克最后发出的消息中的一条。他所指的显然是俄罗斯的朋友。据知情人透露,马萨利克2020年夏曾待在莫斯科西面的一处房产里。目前他在哪里，我们仍然不清楚，俄罗斯否认与此案有任何关联。

马萨利克在逃跑之前做足了准备。他先是得到了俄罗斯军事情报部门格勒乌（GRU）的支持，然后又得到了俄罗斯联邦对外情报局（SWR）的支持，现在他就处在俄罗斯联邦对外情报局的保护下。这个消息是马萨利克在莫斯科的熟人透露的，他们出于自身安全的考虑不愿意透露姓名。

这些人还说，SWR坚持把马萨利克从白俄罗斯带出来，因为在俄罗斯首都附近"比那里更安全"。SWR向马萨利克保证他不会被引渡。马萨利克的律师不愿意对此发表评论，仅表示："我和我的委托人仍然保持着联系。"

Wirecard事件在莫斯科也引发了广泛讨论。与情报部门关系密切的报纸*Versija*确信："这起重大间谍事件不是已经结束了，而是才刚刚开始。这甚至比棱镜还要严重。"俄罗斯著名调查记者罗曼·多布罗乔托（Roman Dobrochotow）也坚信，马萨利克至少与俄罗斯情报部门有过合作。他告诉《商报》，马萨利克可能当过"俄罗斯的支付使者"。

Wirecard对于俄罗斯情报部门而言，可能在多个层面发挥过作用。马萨利克的熟人透露，他会说一口流利的俄语，在莫斯科有极好的人脉。据说他曾帮助俄罗斯转移资金，用于国外的一些敏感活动，例如在利比亚等国家秘密投资，以及支付叙利亚、乌克兰和非洲国家的雇佣兵费用。

外交圈人士称，数以千计的雇佣军总要有资金支持，而且支付渠道必须隐蔽，毕竟俄罗斯通常否认使用雇佣兵。如果马萨利克真的帮俄罗斯搞定了这些资金转移的问题，那么他对于俄罗斯政府来说就"特别有价值"。因此，他肯定知道大量顶级机密，也和莫斯科首脑圈的人很熟。

马萨利克在俄罗斯商业界也有强力的支持者。俄罗斯媒体一致报道，马萨利克通过Wirecard为俄罗斯在线赌场和赌博网站铺路，而这些行业在俄罗斯是被法律禁止的，俄罗斯的金融服务商不能为他们处理付款。因此，Wirecard可能为这些非法网站提供了一条出路。

在线调查机构Bellingcat从马萨利克的入境文件中发现（用很少的钱就能从腐败的俄罗斯官员手里买到这些文件），40岁的马萨利克在过去10年中至少到过俄罗斯60次，使用过近10本护照。2017年9月，马萨利克不得不留在莫斯科，让他的公务机空着飞回去，因为情报人员想要深入了解他的业务联系。

此前不久，丑闻缠身的银行家罗伯特·穆辛（Robert Musin）被逮捕。他是俄罗斯的Tatfond银行CEO、俄罗斯联邦鞑靼斯坦共和国的议员和财政部前部长。鞑靼斯坦共和国对于普京的统一俄罗斯党而言意义非凡。同年，Tatfond银行的执照就被吊销了。正是在这段时间，马萨利克频繁到访鞑靼斯坦共和国首府喀山和俄罗斯城市下诺夫哥罗德，并且比往常停留得更久。下诺夫哥罗德位于伏尔加河畔，是Radiotech银行的所在地。根据俄罗斯公司注册系统SPARK-Interfax显示，这家公司95%的股份由穆辛持有。

根据俄罗斯在线杂志"钟声"（The Bell）报道，马萨利克主要就是通过穆辛的银行为赌博行业提供付款服务。据说他还向俄罗斯的业务伙伴提供更廉价的服务，让他们通过Wirecard及2019年成立的莫斯科Wirecard分公司处理付款。不过，2019年Radiotech银行被吊销了执照。

此后不久，马萨利克又和另一家机构建立了联系，它就是RFI银行，不过据说该银行不久就宣布退出了。反贪污腐败组织"透明国际"（Transparency International）莫斯科分部的副主席伊利亚·舒马诺（Ilja Schumanow）将RFI银行归为情报组织。2020年8月时，RFI银行曾因"使用加密货币等手段为非法赌场处理高风险交易"被VISA罚款50万美元。

一边是情报特工，另一边是赌博网站，马萨利克在这中间如鱼得水。正是因为如此，许多情报机构才会想利用他。

马萨利克是双面间谍？

Wirecard是一家非常特别的公司，这早就不是什么秘密了。大规模处理赌博和色情交易让它遭到了一些人的批评，但也正是因为这些交易，Wirecard对情报部门的意义变得非比寻常。

马萨利克虽然很把自己当回事，但他其实算不上什么专业的情报人员。他总是过于明目张胆地吹嘘自己的人脉，比如俄罗斯的一位知情人士就回忆说："扬说Wirecard为各种情报机构办理信用卡，提供付款信息，告诉他们各项交易背后的人是谁。"

马萨利克在慕尼黑的圈子里也跟人炫耀说，自己每天都和情报部门有联系。他的伙伴包括"五眼联盟"，即美国、英国、加拿大、澳大利亚和新西兰的情报机构。另外据他自己说，他还和以色列情报和特殊使命局（摩萨德）以及德国的BND合作。

据说，马萨利克在逃跑前经手的最后一个大项目是计划由Wirecard接管土耳其公路收费站系统的支付处理业务。因此在Wirecard倒闭前的几个月里，马萨利克曾多次前往中东地区的金融中心土耳其。

有没有可能，马萨利克也为德国情报机构服务，是一个双面间谍呢？德·马西认为Wirecard和BND之间可能存在合作，他说："这个推测是有可能的。毕竟前情报协调员弗里彻为Wirecard游说过，而且他和奥地利情报部门关系也很好。我觉得维也纳、慕尼黑和柏林的情报机构不会放着马萨利克这样一个间谍爱好者和Wirecard的财务数据不用的。"

德国联邦政府是否在认真调查此事？反对派对此表示怀疑。例如，目前还不清楚时任外交部部长海科·马斯2020年8月11日访问俄罗斯时，是否在俄罗斯外交部部长谢尔盖·拉夫罗夫（Sergej Lawrow）面前提起过马萨利克。在后来的新闻发布会上，拉夫罗夫针对记者的提问回答道："我不认识扬·马萨利克先生，他的活动我也几乎都不了解，他不属于我们外交政策讨论的对象。"

德国联邦外交部不想对秘密外交会谈的内容发表评论，还称不清楚俄方对马萨利克的逮捕令（所谓的"红色通缉令"）的执行情况如何。

"我完全不能理解，外交部为什么要隐瞒马斯在俄罗斯有没有提到Wirecard事件。"德·马西批评道，"如果马萨利克真的在俄罗斯，那么联邦政府有必要与俄方讨论此事。"显然联邦政府在这方面不够上心。虽然联邦刑警局2020年夏分发了通缉海报，"但是如果说马萨利克先生真的人在俄罗斯，那就应该向俄方提出引渡"。

然而就算时任总理默克尔亲自给普京打电话，估计俄方也不会很快交出马萨利克。

逃脱、死亡和回归

一些知情人士已经在担心马萨利克是否还活着。其中一个人说：

"我们假设他自己藏有3亿欧元,但是所有朋友都认为他坐拥19亿欧元。这样的话,他就可能有生命危险。"而马萨利克又很喜欢开玩笑吹嘘自己有钱,所以他的处境可能会更加危险。他在跟人发信息聊天时开玩笑说,他可以轻轻松松回到慕尼黑:"19亿欧元,可以把施坦贝尔格湖[1]都买下来了。"

事实上,在Wirecard历史上,相关人员已经出现过几起离奇的死亡,例如Wirecard在菲律宾的负责人克里斯托弗·B.(Christopher B.)就于2020年7月27日死于马尼拉。他是Wirecard事件中的一个关键人物。他的家人在德国一份地区性报纸上发了讣告,配图是一个看起来友好、乐观的年轻金发男性,还"竖着大拇指"。B.时年44岁,他的家人也不知道他的真正死因。他父亲说:"他没有生病,我们被告知他是晕倒了。"有传言他是自杀,或是受到了外部压力,不过这些说法都没有根据。

B.其实已经好几年没有在Wirecard集团活动了,但他仍然是Wirecard重要的商业伙伴。他和他的妻子经营着菲律宾支付处理公司PayEasy,Wirecard在亚洲地区的营业额很大一部分就是通过PayEasy获得的。德国联邦警察和反洗钱部门都在菲律宾对B.进行了调查。在B.跳槽单干之前,他一直是Wirecard菲律宾分公司的总经理。

内部消息显示,B.是马萨利克的一位亲密好友。在2020年财务审计的最后阶段,B.越来越少露面。PayEasy作为Wirecard集团第三大的第三方合作伙伴,阿什海姆总部向他询问业务信息时,他也没有回复。

---

[1] 施坦贝尔格湖位于德国巴伐利亚州首府慕尼黑市的西南面,是德国面积第五大的湖。——译者注

安永要求测试转账时，局势愈加升级。2020年5月13日，信托管理人给B.写邮件说："Wirecard让我们取1.1亿欧元的现金。"而B.给扬·马萨利克回复道："你们现在脑子都糊涂了吗？"

据说，B.也是Wirecard和巴德利·帕塔卡齐什维利（Badri Patarkazischwili）与鲍里斯·别列佐夫斯基（Boris Beresowski）之间的联系人，这两个人都因为涉嫌洗钱和其他罪行受到国际各方的调查。帕塔卡齐什维利曾担任格鲁吉亚奥委会主席，于2008年去世，享年53岁。别列佐夫斯基2013年在英国流亡期间去世，情况不详。据说克里斯托弗·B.曾帮助这些人洗钱。Wirecard内部人士称，B.的公寓里囤积了200千克的现金。

B.的死亡是否和这些肮脏的交易有关？他是不是亲手将自己推进了坟墓？这件事情可能还有另外一种解读。世界上没有任何一个地方比在菲律宾更容易伪造死亡，死亡证明和假冒身份拉去火化的尸体花几百欧元就能搞到。内部人士猜测，B.可能压根就没死，而是和马萨利克一样逃走了。

马萨利克可以依靠他在俄罗斯的人脉获得安全保障。情报圈子里大家讨论的一种说法是这样的：俄罗斯情报机构在全球各地都有线人，这些人会得到各种各样的奖励——金钱、精神刺激、像詹姆斯·邦德一样众星捧月的地位，以及一种保障，即在最坏的情况下，一旦东窗事发，他们可以回到俄罗斯的势力范围内躲起来。

如果俄罗斯交出了马萨利克，那么这最后一重保障在国际情报交易圈里就不值钱了。因此，马萨利克在俄罗斯及其周边地区逗留应该会非常安全。要让俄罗斯交出马萨利克，除非德国提出让俄罗斯无法拒绝的交换条件。

不过，就算德国真的提出了交换条件，马萨利克可能也早就到其他的地方去了。马萨利克有很多副面孔。以前人们看到他的时候他留着络腮胡，现在再看到就不一定能认得出来了。知情人士推测，他可能通过整形手术或其他手段改变了自己的样貌，而且他有多本护照，可以坐着私人飞机在世界各地畅通无阻。

Wirecard和扬·马萨利克的结局甚至有可能会非常狗血。在德国，商业团伙欺诈罪的有效期是20年，这意味着逃跑时40岁的马萨利克，2040年60岁的时候可能会毫发无损地出现在慕尼黑机场，不再会受到任何刑事追究。检察官们也在担心这个问题。

为了逃避民事赔偿，马萨利克应该把他的资产放在了一个安全的地方。这对于加密货币和洗钱专家马萨利克来说，不是什么难事。

20年后，德意志联邦共和国曾经的头号通缉犯可能会在各大访谈节目里高谈阔论，讲述他和他的同伙20年前是怎样让德国金融体系颜面扫地、心甘情愿被骗得团团转的。尽管这种结局听起来十分荒唐，但是调查人员确实已经在讨论这种可能性了。

第 6 章

哪些真相已浮出水面，
哪些秘密仍不为人知：
Wirecard 败落后的调查进程

这是一座庄严的房子。这座新艺术风格的住宅位于德国慕尼黑博根豪森富人区一条安静的街道上，对面1905年建成的养老保险办公室是受保护的文物。穿过黄铜的双扇门，大理石楼梯通向五楼——我们要找的人的公寓。公寓四周都有阳台，层高也很高，有充足的阳光射进房子里。一楼还有另一间公寓也是他的，给保姆居住。

门铃上，他的姓名还清清楚楚写在那里，但是2020年年底时已经没有人来开门了，只有一个邻居问是来找谁的。当他听到我们要找的人时，嘲讽地回答道："那个人搬走了，搬到奥格斯堡去了。"

这座房子的主人是Wirecard CEO马库斯·布劳恩，而邻居口中的奥格斯堡其实指的是奥格斯堡-加布林根惩戒所。2020年7月底之后，布劳恩一直在这里羁押待审。他的财产被没收，牢房面积9.2平方米。2021年2月底，慕尼黑地方法院决定继续延长羁押时间。检方打算在2021年下半年对布劳恩提起诉讼，涉及多项犯罪嫌疑，包括虚假陈述罪、市场操纵罪、商业团伙欺诈罪和失信罪。

布劳恩羁押期间的日常活动都有明确的规定：早上6:00起床吃早饭，11:00吃午饭——通常都是很简单的饭菜，只有在圣诞节的时候监狱厨房才提供炖牛肉，16:00就吃晚餐。布劳恩独自一个人在牢房里进餐。他的探视时间受到严格限制，只有他的律师可以定期见他。他也不能上网，21:00便是睡觉时间。

毫无疑问，布劳恩的遭遇是史无前例的。他是罪有应得吗？他周围的人并不这么认为。他们认为布劳恩是无辜的，他是被他手下的亚洲区董事扬·马萨利克给骗了。可以说，他是Wirecard事件的另一名受害者。

2020年夏，奥地利《新闻报》是这样写布劳恩的："他没有游艇，没有私人飞机，没有令人陶醉的派对。"他只是一个朴实的梦想家，带领着他的公司从色情行业发展成为交易支付领域真正的领头羊。作为奥地利的重要媒体，《新闻报》在Wirecard倒闭之后还在夸赞布劳恩的功绩。

《新闻报》称，布劳恩"干净得像一张白纸"。站在布劳恩这边的人称他为人"朴素""对物质不感兴趣"。一位和他关系亲密的熟人形容他是一个内向、敏感的人。"他比较孤僻，只有一个很小的朋友圈子。家庭对他来说非常重要。"

工作上有创见，生活中接地气，这就是布劳恩给人的印象。他很晚才有孩子，40多岁时女儿才出生，他很享受和妻子女儿在一起的幸福生活。布劳恩与他的妻子是在Wirecard集团认识的，21世纪初结婚。

很多年来，布劳恩在周围人面前一直营造着这样的形象。这个说法也不完全是错的，他确实是一个大梦想家，一个有自闭症特征的书呆子。他的博士生导师形容他"很有野心"。很可能羁押中的布劳恩也认为自己只是个无辜的囚犯。

甚至在联邦议院调查委员会面前，布劳恩也仍然在扮演一个受害者的角色。

受害者CEO的故事

2020年11月,布劳恩在联邦议院2600大厅表示,他相信慕尼黑检方能查清事实,找出Wirecard被"盗用"的资金的下落。至于盗用了十几亿欧元的人是谁,他没有说,但是在场所有人都知道他指的是——扬·马萨利克。但布劳恩掩盖了一个事实,就是这十几亿欧元很可能从来就没有存在过,检方和破产管理人目前都是这样认为的。

布劳恩称其他所有机构部门都没有责任:"我可以说,我从来没有看到当局、监管机构和政要官员有任何行为不端、违反职责或任何形式的违法行为。"根据他的说法,Wirecard监事会和审计人员也是被骗的。所以他"无法理解",为什么高高在上的监管部门需要为此事负责。

然后他就没有再继续发言了。议员们问他的各种问题,他都是同样的一个回答,顶多在表述上稍微变化一下。

您博士论文的题目是什么?

——"我不想对这个问题发表评论。"

您和监事会是否有良好的合作?

——"除了我声明的内容,我不会做任何进一步的回应。"

您作为Wirecard的首席执行官,是否犯过什么错误?

——"我有权保持沉默。"

坎塞尔·克齐尔泰佩设法撬开布劳恩的嘴。她想到布劳恩毕竟是奥地利公民,于是说:"您应该清楚,您给我们德国的经济带来了很大的损失吧？您知不知道，您的沉默会把其他人拉下深渊？您觉得Wirecard的商业模式是符合道德伦理的吗？"但对于这些问题，布劳恩仍然用那一套标准的说辞来回应。

当被问到第三方业务究竟是如何运作的，布劳恩解释道："我认为，我还是应该在检方面前交代。这些事实涉及诉讼程序，检方正在进行调查。"当议员们重复问同一个问题时，他还教训他们说，这个问题已经问过了。当他又一次宣布"关于这个问题我不能发表评论"时，法比奥·德·马西实在是受不了了，生气地说道："您不是不能说，您只是不愿意说。"甚至在被问到他有没有女儿这么简单的问题时，他都说："我觉得这不是今天调查的主题。"

布劳恩就是布劳恩，哪怕是在调查委员会面前，他还是那副样子。他只是脸色稍微有点苍白，消瘦了一些，除此之外跟往常没什么两样。他依旧保持着做CEO时的习惯，穿着黑色高领毛衣，搭配休闲西装，没有系领带。他很死板，又极其注重自己的身份地位。看得出来，他很不情愿接受议员的问话。

议员们很快就达成了一致：布劳恩觉得自己不应该是被告，而应该是受害者——受骗的梦想家，朴实的书呆子。布劳恩和他的律师编造的这个故事只有一个问题——它隐去了大部分事实。

马库斯·布劳恩的另一副面孔

员工口中的布劳恩是另一副模样。进入Wirecard公司后不久，布劳恩就把身上的衣服从店里卖的普通西装换成了高级品牌。"他只穿阿玛尼、Eton衬衫、带有名牌的杜嘉班纳、戴名贵的手表。"一名员工说，

第 6 章 哪些真相已浮出水面，哪些秘密仍不为人知：Wirecard 败落后的调查进程

"他的地位意识越来越强烈了。"

在担任CEO的前几年，布劳恩经常去维也纳人民公园，后来则只去一些更贵的地方。他是名流聚集地黑骆驼餐厅及圣斯蒂芬大教堂附近的豪华意大利餐厅Fabios的常客。据回忆，他周末常常请人到那里吃饭，为一整桌的人买单，开的都是两三千欧元的烈酒。布劳恩会在阿尔陶塞湖畔的传统酒店Zum Hirschen庆祝奥地利啤酒节，穿着皮裤和传统服饰坐在VIP区喝酒。他会到基茨比厄尔的阿尔卑斯山参加滑雪活动，或是和一群人一起在法国蓝色海岸沐浴阳光。

布劳恩在阿什海姆的生活也非常不错，从他办公室的装潢就可以看得出来。办公室主要是他妻子布置的，显然遵守了风水的原则。一位管理层说："她挂的是500欧元的钟，家具是维特拉（Vitra）的，沙发也花了好几千欧元。财务主管都看不下去了。"一位同事回忆起布劳恩的妻子总是到茶水间把员工的保鲜盒都扔了，她说："她最讨厌看到塑料餐盒了。"

据证人描述，这也是布劳恩的另一个典型特征，他的工作和私人生活总是交织在一起的。一位知情人士说："我这么说吧，做同样的工作，有些女员工被派了公务车，而有些没有。"

受到布劳恩特殊对待的其中一个人是桑德拉·B.（Sandra B.，化名）。2018年年底，她突然被提升到管理职位，让很多人都感到非常意外。内部邮件显示，有同事提醒布劳恩不要这么做，桑德拉·B.没有什么业绩，客户已经抱怨过了。"鉴于这样的情况，我对任命她有所顾虑。"邮件中写道，"我担心，这将对我们的部门、对我们的业务增长和外部声誉造成不良影响。"

尽管如此，桑德拉·B.还是被提拔了，她晋升后的年薪是17.2万欧

元,还有奖金和公务用车。"我觉得这非常不公平,简直让人失去了工作的动力。"一位女员工在给CFO亚历山大·冯·克诺普的信息中写道。但是这样的抱怨也无济于事。被问及此事时,布劳恩的律师表示,他认为薪资是恰当的。

内部人士报告说,布劳恩早就把公司当成自己家,不区分公司的和私人的了。这一点也引起了检方的注意,一位发言人说:"我们肯定会追究贪污公款、假公济私的行为。"调查人员描述Wirecard有着"严格的等级制度,对布劳恩要绝对地忠诚和服从"。

"布劳恩可能很善于操控别人。"最后一任监事会主席托马斯·艾克尔曼说,"他从不大声说话,无论和谁交谈,总是能找到合适的说话方式。但是他不管到哪儿,都带着大股东和CEO的那份威严,其他人还是能感受到他的气场。"

"不管是董事会的任命还是任何一笔小的开支,布劳恩决定着集团的所有事情。他把公司当作自己的财产对待,像一个庄园主一样管理着一切。"一位管理层说,"他一手遮天,毫无节制,完全不把钱当回事,一般的约束和规定在Wirecard根本不起作用。"

布劳恩其实很早就过惯了大手大脚的生活。2004年,他将自己的资金交给名下企业MB投资公司管理。2006年,他在维也纳豪华富人区席津区买了一栋带挑高天花板、灰泥外墙和花园游泳池的奠基时代别墅。房子隐藏在高高的树篱后面,周围都布置了监控摄像头。布劳恩每个周末都会来这里。

工作日,布劳恩会住在慕尼黑博根豪森的新艺术风格公寓里。2013年,布劳恩还在奥地利基茨比厄尔购置了另一处房产,合同上的价格是1170万欧元。他很喜欢滑雪,基茨比厄尔的这栋房子是他的度假寓所。它坐落在一个山坡上，是一条风景优美的小路尽头的最后一处房产。

布劳恩在法国也有房产，他在圣特罗佩湾的拉马蒂埃勒买了一栋带泳池和可伸缩玻璃幕墙的房子。2018年8月10日，布劳恩在这里成立了第二家投资公司拉马蒂埃勒（Ramatuelle）。根据法国国家商业登记册登记的信息，这家公司是专门从事"土地及其他不动产租赁"的，布劳恩是唯一的执行董事。据他的律师称，这家公司没有经营，也从未持有任何资产。布劳恩在法国南部备了两辆汽车，自己开一辆奔驰GLC，还有一辆奔驰V级商务车用于接送朋友。

如果Wirecard的财务数字没有问题，布劳恩是可以负担得起这样的生活的。2014年，布劳恩向他的私人投资公司注入了3400万欧元的固定资产，一年以后，资产增加到了5700多万欧元。他还通过另一家名为Holy Ghost的公司投资初创企业。

2017年夏天被Wirecard员工称为"没有董事会的夏天"。财务董事布克哈德·莱伊和往常一样长期度假，布劳恩和马萨利克也见不到人影。一位高管说："集团有几个星期都处于自动驾驶状态。"布劳恩去哪了呢？答案可以在船舶登记册中找到。布劳恩的游艇当时叫"Lady S"，后来改名为"Lady E"。它生产于2006年，有74米长，配备有各种外挂设备，包括一个巨型充气滑梯。这艘游艇包括工作人员的开支，一个星期要近50万欧元的租金。

《商报》在2017年夏追踪了这艘游艇的动向。据报道，布劳恩在8月的前两周沿着梦幻海岸线航行，从法国南部沿着安提布到埃兹、戛纳、圣玛格丽特岛、圣特罗佩、拉马蒂埃勒，然后再返回。据内部人士透露，布劳恩于8月13日在"富翁聚集地"安提布靠了岸。

在Wirecard倒闭之前，布劳恩前往他在法国南部的住所以及商旅出差时，基本上只乘坐私人飞机。知情人士说，布劳恩觉得客机很拥挤，而且他也不喜欢和陌生人坐在一起。在维也纳，他也有专人接送。他经常星期一早上从维也纳去慕尼黑，星期四晚上回来，由他的司机驾驶迈巴赫轿车接送。

布劳恩经常独自做决定，集团里没有人可以限制他。2019年11月，美国有人对Wirecard提起集体诉讼，文件就要送到投资人们那里去了，但布劳恩直接对首席法务官说："请确保诉讼文书不会送达生效，并且我希望你不要再不跟我商量就把这些邮件发给董事会。""董事会"指的是执行董事会全体4个人。首席法务官回复说，会想想办法。紧接着布劳恩又写道："你们看看是否有一些创造性的解决方案，比如文书没有办法接收，员工说自己没有权限盖章之类的。"

2019年11月，布劳恩还在慕尼黑的时髦交际场所"Hearthouse"隆重庆祝了一番50岁生日。就在6个月前，160名警官带着缉毒犬突击了这里的一个聚会，没收了20克可卡因。布劳恩是这家私人俱乐部的会员，这家俱乐部的老板之一是布劳恩的朋友，布劳恩甚至还有他妻子时装公司40%的股份。

离职两天后，布劳恩仍然显露着想要掌控一切的驯服者本性。2020年6月21日，在他第一次被捕的前一天晚上，布劳恩给监事会主席托马斯·艾克尔曼发了一条WhatsApp信息："如果你有需要，或者跟银行很难谈的话，我认为我可以利用个人关系筹集到20亿欧元，外加10亿~20亿欧元的资金。亲切的问候，马库斯。"

这正是Wirecard资产负债表中缺的那20亿欧元。如果能筹到这么多钱，马库斯辞职后的一切都不会发生了。但艾克尔曼没有回复布劳恩，而是把信息转发给了检方，他已经不相信布劳恩说的任何话了。

双重真相

一个熟悉布劳恩的人说："他这个人有两副面孔。"实际上可以说，有两个马库斯·布劳恩。一个是脚踏实地的梦想家，有着朴素的父亲形象，另一个是热爱权势的花花公子，追求公司不合逻辑的疯狂增长，私下里花钱也大手大脚。然而这两个身份又密不可分地联系在一起。"只有其中一面而没有另一面的布劳恩是不存在的。"

为什么两面都很重要？工作以外的生活在布劳恩生命中扮演着怎样的角色？事实上，要了解布劳恩究竟是一个什么样的人，就一定要知道他在工作以外的生活中是什么样子。布劳恩的这一面在Wirecard倒闭之后才渐渐为人所知。

而且，不止是有两个布劳恩，还有三个Wirecard：一个是正经经营的企业，客户也都是一些正经的大公司，从连锁超市ALDI到芥末酱生产商Händlmaier[1]，这也是Wirecard对外展现的那一面；第二个是赚脏钱的支付处理商，客户来自色情、赌博和投资行业，合法的、不合法的都有；第三个是虚构的Wirecard，它在纸面上为Wirecard集团带来了最大的增长，而事实上只存在于一些伪造的Excel表格。

现实与虚构、揭示与隐藏，在Wirecard身上总是交织在一起。Wirecard集团虽然已经倒闭，但这一丑闻还将影响德国很长一段时间。接下来一节将讲到，我们现在知道什么，还有哪些问题仍然有待回答。

---

[1] 德国食品中常用的甜芥末酱的主要生产商。——译者注

Wirecard事件中受到打击最为严重却常常被忽略的一个群体，是Wirecard的员工。Wirecard哪些是真实的，哪些是谎言，他们才是最重要的证人。

破产处置，员工离职

Wirecard在媒体上的形象已经是一个彻头彻尾的犯罪集团了，这对很多员工造成了不小的困扰。事实上，这种一刀切的做法是很不公平的，毕竟在集团里工作的员工有很多都是诚实肯干的人，尤其是底层员工，他们对欺诈行为根本就不知情。但是，他们却需要承担Wirecard破产带来的后果，不仅丢了工作，经济上受到影响，老东家的坏名声也给他们的求职之路蒙上了一层阴影。

Wirecard倒闭前，控股公司和50多家子公司共有员工近6000人。虽然外国子公司列出的员工是否真实存在是存疑的，有可能员工的数字也被夸大了，但是有一点是可以确定的，2020年6月底，Wirecard慕尼黑总部有近1600名员工在工作，他们中只有约350人留到了2021年春天。另外，迪拜还有40多个人，印度金奈还有30多个人。剩下的人不是被辞退，就是随着子公司一起被卖掉，或者是自己找了别的工作。

破产管理人米歇尔·贾菲在变现公司资产方面还是取得了很不错的成绩。2020年11月，他将Wirecard在慕尼黑的欧洲核心业务以1亿欧元左右的价格出售给了西班牙国际银行。西班牙国际银行显然为了安全起见，接手了Wirecard的员工和技术，但是没有保留以前的那些客户。Wirecard全球各地的其他部门也已经成功出售，或正在挂牌出售。

2020年8月，Wirecard巴西分部和英国的部分业务被出售。9月罗马尼亚子公司，12月南非子公司也相继转手，收购价格不详。奥地利子公司也以不到400万欧元的价格出售，100多名员工被裁员，25人留任。莱比锡的呼叫中心的150名员工情况比较好，他们基本上全部被转到慕尼黑的一家初创公司了。

最大的一笔出售金额来自北美业务部，它在法律上和运营上都比较独立，因此受到的影响较小。贾菲在2020年10月以超过3亿欧元的价格把它卖了出去。2500家零售商、4000台信用卡终端被竞争对手德国移动支付平台Unzer（以前的Heidelpay）接手，购买价格没有对外公布。Unzer还接手了几十名Wirecard员工。

贾菲在2020年秋说，印尼和越南的子公司也有人想买，不过谈判陷入了僵局。只有Wirecard银行找不到买家，西班牙国际银行不想要它，大约剩余25名员工在做破产清算工作。德意志银行曾在2020年夏慷慨地表示会提供支持，但他在破产程序还没完成就挖走了一些优秀员工，后来就再也没有表示进一步的兴趣了。

出售价格已经清楚地表明，Wirecard收不回来多少钱了。贾菲要尽可能地多卖出一些钱还给债权人。这不是什么简单的任务，因为Wirecard背着32亿欧元的债务，目前已经出售的部分大概只够这个数额的1/6。另外，股东还有数十亿欧元的股本损失，赔偿问题尚未解决。

不仅是Wirecard的财务状况一塌糊涂，德国作为金融中心也受到了很大的牵连，许多机构对德国失去了信任。由于很多疑团还没有揭开，负面影响可能还会持续。

初步结果

光是数据和证人数量之多,就足以让Wirecard成为一个巨大型的案件。破产管理人贾菲正主持对Wirecard全球各地的数据进行备份,并寻找罪魁祸首。这个过程的艰难程度简直让人无法想象。

他要求所有员工保留一切电子和实体文件,小心起见,他把Wirecard总部所有的碎纸机都拆除了。截至2020年6月19日,他们已经备份了Wirecard 58家公司10个数据中心2PB的数据,全都打印出来的话有1万亿页,要用大约1.2万千米长的货架才能把它们装下。

贾菲担任破产管理人后不久,就开除了17名员工,另外还有14名管理岗位的员工被撤职。

慕尼黑检察院的档案馆现在全都被占满了,足足有200个文件夹。调查人员已经进行了400多次审讯,嫌疑人数量达到了两位数,3名管理人员被审前拘留,对逃跑的马萨利克也在全力搜捕。第三方合作伙伴Senjo公司背后的夫妇已被新加坡当局逮捕,还需接受德国调查人员的审问。关于菲律宾第三方合作伙伴PayEasy已故的老板,也可能会有新情况曝光出来。

2021年下半年,检方计划在慕尼黑对第一批被告提起诉讼。起诉书应该会包含初步的调查结果,很多事情我们现在已经比较确定地知道了。

比如,破产管理人贾菲已经根据过去几年的销售额和利润,确定了Wirecard公司的数据到底有多少水分。(见第4章第2节)

《金融时报》提供的数据也可以让我们有一个直观的了解。据它报道,2017年上半年Wirecard全球营业额的一半来自大约100名客户。

但是2017年10月，Wirecard内部文件却显示其总共有约10.7万名客户。同年，Wirecard对外宣称客户有3.3万家中大型企业和17万家小商户。

对外报道的379亿欧元处理支付交易数额中，也只有180亿欧元是真的。这些业务产生的实际营业额，只有2.29亿欧元，而不是6.16亿欧元。Wirecard的大客户包括维兹航空、网上银行Monzo，以及塞浦路斯的投资公司Rodeler和Hoch Capital。色情网站给Wirecard带来了大量利润，利润率大约可以达到15%。

由此可见，2017年Wirecard整个业务中有近一半是"假的"。根据2019年和2020年"每月支付和风险报告"中的月度交易清单，Wirecard到倒闭前，造假情况不仅没有好转，还愈演愈烈（见第2章第3节）。

这对于我们理解Wirecard集团意味着什么呢？媒体记者很喜欢把Wirecard描述成一个"波将金村"[1]。波将金村的"房子"只有外立面，Wirecard至少还有"一两层楼"，毕竟它还是有一部分真实业务的——不管是来自正派的还是不太正派的客户。

可能正是因为真假业务混杂，才使得Wirecard集团能够坚持这么长时间。它不完全是凭空捏造的，而是一个成功的洗钱机器，所以财务报表中那些肮脏的、虚假的业务才能很好地隐藏起来。

负责建造Wirecard"二楼"以上空中花园的没有几个人。然而却有许多人，从Wirecard基于虚假数字的惊人崛起中，获取了个人利益。

比如，集团CEO布劳恩。对他来说，Wirecard的股价涨得越高，他

---

[1] 波将金村出自俄罗斯的一个历史典故。俄罗斯帝国女皇叶卡捷琳娜二世的情夫波将金官至陆军元帅、俄军总指挥，波将金为了使女皇对他的领地有个富足的好印象，在女皇必经的路旁建起一批只有外立面的豪华假村庄。于是，波将金村成了做表面文章和弄虚作假的代称，常用来嘲弄那些看上去冠冕堂皇实际上却空洞无物的事物。——译者注

那7%的股份就越值钱，他也就可以获得更高的贷款额度。公司利润不断增长，也增加了他的分红，因为他的董事会奖金也是和集团的增长挂钩的。这些当然都没能逃过检方的法眼。布劳恩对Wirecard的业绩做手脚，个人也能从中得到好处。

其他高管也一样。当然，首要的就是亚洲区董事马萨利克。据估计，他和他的一大帮帮手可能从Wirecard分去了数亿欧元资金。马萨利克有一次喝醉时跟朋友说，他有3亿欧元身家。这是真的吗？不清楚，不过真实数字不会差太远。

事实上，上千名普通员工也从Wirecard的增长中获益。"Wirecard就像一个大家庭一样。"一名员工说道，"20年来我们从来没有过过缩手缩脚的日子，待遇一直越来越好。"

最后一任CEO詹姆斯·弗里斯尤其批评了这一点。他说，高层管理人员和监事会的人都中饱私囊。他们被蒙蔽了双眼，看不到"事情在其他地方并不是这样的。Wirecard缺少一个全新的视角，没有这样一个人能够站出来说，'我不相信我们没有监管机制'，或者'嗨，你们看看其他机构，不是像我们这样的呀'"。

和检方一样，弗里斯也认为只有少数人参与了Wirecard的非法活动，但是有很多人选择了睁一只眼闭一只眼。"有些人甚至来找我，跟我说，他们曾指出问题，表达了疑虑。"弗里斯于是问他们："那你们为什么没有抗议？为什么没有和那些事情保持距离？""这是所有人都能做到的事情，无论是员工、合规负责人还是外部的咨询顾问。"每个人本都可以成为"吹哨人"。

许多问题仍然没有答案

许多人仍然在守护着Wirecard。他们要么主动为Wirecard说话,要么睁一只眼闭一只眼,不多追究。许多谜团仍未解开。

比如,目前我们还是不清楚,第三方业务的财务造假究竟是何时开始的,都有谁参与其中?Wirecard究竟有多少钱真的存放在新加坡华侨银行?审计人员和公司的财务专家为什么没有仔细看看?

我们还需要搞清楚,布劳恩和马萨利克之间的关系究竟有多么紧密,二人是从何时开始知道Wirecard可能撑不下去的。马萨利克的一位朋友透露,马萨利克在Wirecard破产前一年突然变得很小气,他自己公司的一些开支,被助理驳回了。"这让我感到非常吃惊。"

另外一个人则表示,布劳恩2019年还称Wirecard没有任何问题,至少他对外是这样说的。"我认识他20年了。"这位知情人士说道,"我们当然聊过公司的事。但是布劳恩从来没有表现出公司有任何的问题。当别人问他那些媒体报道是怎么回事,他说:'唉,负面报道总是有的。'"

布劳恩和亚洲区董事马萨利克之间的关系,可能是理解Wirecard事件的关键。但是布劳恩一直保持沉默,马萨利克又消失了。内部人士透露,他们二人之间的关系随着时间发生了变化。以前他们经常一起坐在慕尼黑Käfer餐厅同一张桌子上吃饭,点350欧元一瓶的香槟,有时还给服务员100欧元的小费。但在Wirecard的最后几年里,他们私底下没有再一起吃饭了。

但是,他们之间的商业联系从未中断。员工称,布劳恩和马萨利克经常通电话。如果老板布劳恩想找"扬",但是马萨利克没接电话的话，布劳恩会让秘书不停地拨他的号码，甚至一分钟拨一次。当涉及敏感内容时，布劳恩从不在员工面前讲电话。"这些时候他总是会跟马萨利克说：'我一个小时后到家，等我到家后我们再谈。'"

两个人之间显然有许多事情需要讨论。关于两个人的私人生意，有很多问题还没有搞清楚。2019年2月的一封反洗钱举报信称，布劳恩借给了马萨利克5000万欧元，这笔钱是布劳恩从德意志银行贷出来的。他为什么要把钱给马萨利克？布劳恩方面否认这笔钱的用途和Wirecard有关系。

布劳恩知不知道，这笔贷款中有一部分是绕了几个弯子拿Wirecard的钱还的？他知不知道马萨利克有关的公司从Wirecard弄走了成千上百万欧元？对于这些问题，布劳恩的律师都给予了否认。

帮助马萨利克逃脱的都有谁？马萨利克现在人在何方？

对于应该严格保密的最终审计结果，为什么有些人知道得多一些，有些人少一些？德意志银行在这当中扮演了什么角色？"Lilalaunebär"背后究竟是谁？

还有，他们原本计划的策略是怎样的？如果马萨利克很早就计划逃跑了，那么他为什么没有为他自己的公司做更好的安排？如果布劳恩对他多年的伙伴马萨利克欺诈十几亿欧元的事情真的毫不知情，为什么他的Telegram聊天记录大部分消失了？

还是说是像心理学家推测的那样，他们压根就没有制定什么策略？20年来，他们一直无法无天，没有受到任何阻碍，这是否导致他们觉得自己的处境十分安全？

调查人员还有许多亟待解决的问题。巴伐利亚州已指派顶级刑事调查员、高级检察官希尔德加德·鲍姆勒-霍斯尔负责此案，她是处理复杂经济刑事案件的专家。她认为，一名优秀的检察官最重要的是："倾听，先建立起信任，等对方露出马脚就乘胜追击。"曾经有一次鲍姆勒-霍斯尔在审讯犯人的时候，因为氛围太放松、太舒适，犯人吃着饼干喝着茶就把贿赂5000万欧元的事情秃噜了出来，最后坐了8年多的牢。

Wirecard十几亿欧元的破产案，可能是57岁的鲍姆勒-霍斯尔遇到的最棘手的案子了。调查委员会已经提出了明确批评，检方早就该对Wirecard而不是对《金融时报》的记者采取行动了。鲍姆勒-霍斯尔在联邦议院为自己进行了辩护：犯罪现场不在德国，犯罪嫌疑人也不是德国人，德国检方无法进行调查。她还说，2019年起诉《金融时报》的是BaFin。在2021年，首要任务是收集足够多的证据起诉Wirecard负责人，把他们送进牢里。

不过，刑事调查只能解决一半的问题。另外一半政治方面的调查，将由德国联邦议院调查委员会完成。

有组织的不负责任的行为

联邦议院调查委员会的工作已经取得了很大成效。若不是议员们一再逼问拉尔夫·博塞私人股票交易的情况，他可能还在Apas负责人的位子上坐着呢。若不是他们坚持不懈地要求各部门提供信息，许多机密文件的内容永远不会被曝光。在2021年联邦议院选举这么重要的年份里，如果没有他们的施压，各部委肯定还会更加拖拉，耽搁调查进度。

现在大家特别寄希望于调查委员会任命的独立特别调查员。一位情报活动经验丰富的特别调查员，已经在调查Wirecard和各个情报机构的关系。他不是负责监督情报部门的议会调查委员会的成员，但是相信他会为本案的调查做出很大贡献。基民盟议员马蒂亚斯·豪尔还想任命一名特别调查员，调查安永和毕马威在Wirecard事件中起到的作用。

2021年是德国大选之年，不排除德国政府部门可能还会有更多人被追责或被迫辞职。目前，Wirecard事件的追责过程进行得非常缓慢。唯一向股东道歉的人，也是检方的关键证人，就是财务欺诈案的组织者之一——奥利弗·B.。

目前为止，费利克斯·胡菲尔德和伊丽莎白·罗盖勒已经因为Wirecard事件引咎辞职，但是他们并没有公开承认自己的错误。造成严重后果的卖空禁令和起诉《金融时报》记者一事，都是由罗盖勒负责的。

被免职的还有审计行业监督机构Apas的负责人拉尔夫·博塞，因为他在毕马威进行特别审计期间交易过Wirecard股票。DPR主席埃德加·恩斯特在2021年年底也打算辞去职务——DPR对Wirecard一直不温不火，没有认真审查。

除此之外，还没有其他重要人员离职的情况。安永德国负责人胡伯特·巴特虽然在2021年2月曾表示将会辞去职务，但他不仅没有离开安永，反倒被提拔了，他将在2021年夏出任安永欧洲西部事务所的负责人。在较低层级上，还有3个人事方面的变动。裕信银行的一名员工离职——他曾帮马库斯·布劳恩管理私人资产；德国商业银行那名臭名昭著的分析师（就是说那些批评Wirecard的报道是"假新闻"的那位），也离职了；另外，德意志银行监事会成员亚历山大·许茨也辞去了职务（他曾建议布劳恩把《金融时报》"干掉"）。

德国几十年来最大的一起经济犯罪，就这么点人受到惩罚，够吗？很多人对此表示怀疑。Wirecard误入歧途不仅仅是个人的错误，德国的整个体系都丢脸丢到家了。

因此，在政策上，现在最重要的是进行改革，在审计人员管理、金融监管、会计结算和反洗钱方面，都需要进行改革。改革的成效将直接决定德国还会不会出现第二个Wirecard。

当然，这些不能只是在竞选中说说而已。下一章会讲到，要阻止Wirecard 2.0发生，需要切实实行哪些深刻的改革。

第 7 章
Wirecard 是整个德国金融体系的问题：现在需要做出哪些改变？

Wirecard前CEO在坐牢，前董事之一在逃。240亿欧元的股票市值灰飞烟灭，德国政要和监管人员脸面全无，金融界对德国的信任荡然无存。

　　我们不需要列举更多的事实就能看出，Wirecard事件对德国整个体系的震荡有多大。随着位于阿什海姆工业园区的Wirecard的破产，德国数字企业冲向世界顶尖水平的希望也破灭了。许多小投资者倾家荡产，不知道退休之后靠什么生活。更重要的是，Wirecard事件向我们揭示了德国金融市场的监管情况有多么糟糕。

　　Wirecard事件是众多因素共同导致的。它能成功坑蒙拐骗20年，绝不是巧合。从前面几章的内容已经可以看出，这是多方面的失败导致的结果。没有德国金融体系的支持，Wirecard是不可能骗到十几亿欧元的。

　　可以肯定的是，如果我们现在不做出改变，Wirecard事件就可能再次发生。骗子可以利用的漏洞太多，金融界贪心太重，如果继续这样下去，还会有精明的企业家把大家骗得团团转。我们的金融市场是时候做出改变了，要杜绝一切洗钱和财务操纵行为，给盲目的贪婪和有组织的推卸责任画上一个句号。

为了防止Wirecard 2.0的出现，制止无良的企业管理者，笔者在下面提出10条可以迅速实行的措施。

1. 保护批评者

对股市本来就持怀疑态度的德国公众可能会不理解，有人对某家公司的商业行为提出尖锐的批评，并不是什么坏事。恰恰相反，它是很有益处的。当然，有些卖空者会追求自己的经济利益，导致不公平的情况发生，但是批评有助于增强市场的自我净化能力。这一点必须反映在法律和行政管理中：检方对记者和投资人进行调查，需要有更高的门槛；BaFin起诉批评者，应该有更加明确的规定；应在德意志联邦银行设立一个国家举报办公室，该办公室在组织和人员方面应独立于其他监管机构，并有权对其他国家机关发出指令、进行调查，办公室应由来自不同国家的工作人员组成，积极与线人会面，并遵循美国证券交易委员会（SEC）的做法，给予举报人经济上的奖励。

2. 普及金融知识教育，促进独立媒体发展

为了更好地保护私人投资者，提防金融市场陷阱，应在德国16个联邦州都将经济学作为学校的必修课程。任课教师最好有相关的实践经验，能为学生讲解重要的经济学理论，全球经济体系，银行、股市、税收和投资实践的相关知识。德国商品测评基金会应由政府拨款资助，每年6000万欧元。这样，基金会就可以免费提供和消费者保护有关的出版物，尤其是《金融检测》（*Finanztest*）杂志。要促进网络和公共广播电视媒体多对金融和投资主题进行报道，尤其是批评性的报道更应该大

力支持。

3. 解散FIU，加强检察机关的权限

应解散税务机关下属的FIU，取而代之的应该是一个中央反洗钱专案检察官，由德国16个联邦州共同提供人员和资金，使用统一的数据库。删除目前反洗钱条例中对个别职业团体和行业的豁免规定，一视同仁。为各级检察机关调查经济犯罪增加人手，审计人员发现违规行为时，应首先联系检察机关。增加德国联邦总检察长的权限范围，在出现重大的、可能危及国家体系的经济犯罪时，由总检察长进行调查。应在德国联邦检察院设立秘密调查部门，加强对联邦情报部门的管理。秘密调查部门对监督情报部门工作的联邦议院议会控制委员会负责。

4. 调整公司内部控制体系

废除德国目前有限公司区分执行董事会和监事会的二元体制，学习瑞士模式，建立"单层制"或"一元制"的公司体制，将执行董事会和监事会合并成一个由运营和管控人员共同组成的管理委员会。这样，管控人员就可以更加深入地参与决策和实际业务。管理委员会主席代表股东利益，和负责日常事务的CEO相比，地位能得到加强。内部审计和合规部门只向管理委员会主席汇报。强制设立内部举报部门，也只向管理委员会主席汇报。由于有多重监管，人员的权利能得到限制，监管也更加严格。法律规定管理委员会人员必须多样化，必须有更多的女性，更多的少数群体代表，以及用新视角看待德国企业的国际专家。

5. 对审计工作进行全面改革

欧洲的审计工作必须进行根本性的改革。欧盟境内经营的审计机构和咨询公司必须在法律上、组织上和人员上拆分开来。设置冷静期，避免审计人员从一家事务所调到另一家事务所，对同一家公司进行审计。所有公司轮换会计师事务所的期限缩短为5年，确保审计人员持续更换。废除会计师事务所的责任限额，同时为审计行业设立安全机构处理诉讼事宜，保护中型会计师事务所不至于因为潜在的赔偿风险而压力过大。应在法律中规定，Dax企业必须使用大型和中小型事务所进行联合审计。废除DPR，权限移交给BaFin的两个继任机构其中之一。

6. 将银行业务和分析业务分开

禁止银行为外部客户分析个别股票，将银行的分析业务划分出去，交给法律上独立的公司。这些公司可以由一家或多家银行持有，但人员和组织必须是独立的，原则上只对支付费用的客户负责，提供咨询服务。这样可以将利益冲突降到最低。在建立客户关系之前，银行有义务向德国联邦各州新成立的检察机关查询目标公司是否存在可疑的洗钱行为。银行内部反洗钱部门必须根据银行的营业额和交易量，配备足够的人员和设备，将破产公司的股票自动从证券交易所的指数和基金中剔除。

7. 将BaFin拆分，增加监管人员

应根据美国模式，将BaFin拆分成两个部门，一个负责监督银行和保险机构，另一个负责监督金融市场和证券。只有在德意志联邦银行明

确同意的情况下，BaFin才能实施卖空禁令。BaFin继任机构的调查权限将被扩大，它将会获得类似监察机关的权限，工作人员数量需要大幅增加，优先考虑聘用有金融市场实际经验的人员。BaFin继任机构的资金不再来源于被监管公司缴纳的行政管理费用，而是税收。要彻底推翻原有的机构文化，明确职责和任务，建立"敢于咬人的金融监管机构"，必要时敢于采取行动。将审计行业监督机构Apas归到联邦经济部下，并且保证Apas和BaFin的继任机构之间保持密切的交流。欧盟相关监管机构的权限也应该得到进一步的扩大，并须增进国际协商。

8. 限制政治游说

应效仿美国、加拿大和爱尔兰等国长期实行的标准，在全国范围内对政治游说者进行登记。德国大联合政府目前的计划还远远不够。所有游说者必须登记他们花了多少钱，为谁、在哪个方面进行游说，如何影响了政治决策，所有信息必须公开透明。德国联邦议院要登记，总理府和各部委也要登记。所有联邦议员、部委官员和内阁成员与游说人员的会面都应该登记在案，储存在中央数据库里，记者和普通公民都可以搜索查阅。为防止政客和政府高级官员利用职权谋求私利，将离职后的限制期延长到3年，期满后才允许其为私营公司和组织工作。议员的所有副业收入必须透明公开。

9. 提供充足的资金

以上列举的措施很多都需要资金的支持，这些资金将通过征收"数额不小"的金融交易税来筹措。应修补国内和国际税收漏洞，使资本收入与劳动收入的税一致，资本收入将按个人所得税税率征税。同时，还应引入适度的财富税。有了财富税之后，普遍的所得税率可以降低。

10. 不能宽松对待大型企业和数字企业

Wirecard之所以能够成功地运营这么长时间，也是因为它受到了各种官方和非官方的特别对待。这种情况应该杜绝。所有从事金融业务的数字公司，整个公司都应受BaFin继任机构的监督。该规定也适用于在德国经营的硅谷企业。虽然合作银行、小型私人银行及储蓄银行可以免于此要求，但是对大型金融和数字集团，应制定明确的法律规定。必须从根本上杜绝逃税、洗钱、监管套利和可疑的游说活动，对所有市场参与者一视同仁。

这个措施清单看起来可能有点长，但是这些建议绝不是乌托邦式的，而是切实可行的。其中许多措施，其他国家已经进行了尝试，德国可以在较短的时间内实施。

可以想见，利益群体会对这些改革提出强烈抵制，但是所有这些措施都是为了加强，而不是为了削弱德国和欧洲在金融领域的地位。政府必须抓住这个机会进行全面改革，否则，下一个Wirecard事件、下一个大的危机还是会出现，只不过是时间早晚的问题。

大型装置中的那枚小齿轮

当然，Wirecard事件也不仅仅是体制的失败。体制是建立在个人基础之上的，个人的不当行为才最终导致了系统性的错误。Wirecard事件中也有幸运和巧合的成分，同样的事情发生在其他公司，公司可能早就完蛋了。

Wirecard让我们清楚地看到，当制度出现问题时，个别人的行为可能会造成很大的影响。

是的，我们这个时代的金融资本主义，在外人看来就像一台冰冷的机器、一个大的钟表装置，是金钱和权力的游戏，个人的力量似乎改变不了什么。但是每个钟表匠都知道，哪怕任何一个最小的齿轮脱了轨，整个装置就会陷入停滞。在Wirecard事件中有许多齿轮运转不畅，然而只有一个，最终让整个装置停摆。

不过，Wirecard事件中也不乏一些积极的例子。投资人、投资者保护协会会员托比亚斯·博斯勒和埃尔弗里德·西克斯特等人没有被蒙蔽双眼，他们揭开了Wirecard洗钱沙龙的内幕。丹·麦克伦和海因茨-罗格·多姆斯等记者很早就对Wirecard的财务数据提出了疑问。杜塞尔多夫和慕尼黑的个别银行家勇敢地和Wirecard保持了距离，没有屈服于利益。

德意志联邦银行和德国驻华大使馆的专员勇敢地提出应拒绝为Wirecard提供支持。新加坡的那些有良知的审计人员，没有通过Wirecard的审计报告。法比奥·德·马西等政治家在Wirecard衰落之前就提出了疑问。

最后，是Wirecard新加坡子公司的一名合规员工决定不再保持沉默，他联系了《金融时报》，让记者们展开了调查，最终导致Wirecard停摆。

扬·马萨利克在2020年2月与我的谈话中，还明确提到过这个新加坡人。马萨利克说，他是合规部门的一位员工，因为对一名女同事爱而不得而变得反叛、疯狂。马萨利克称这名员工已经离开了Wirecard公司，该人的话不值得信。然而，马萨利克的话和Wirecard的许多故事一样，都是谎言。我和马萨利克这次谈话后不到4个月，Wirecard就成为历史了，那名员工说的确实都是真的。

　　这名新加坡员工的例子告诉我们，金融资本主义这个装置虽然看起来如此强大，如此冷漠，但是任何一个小的齿轮，都可能推翻整个犯罪体系。

　　我们需要的只是做正确的事情的勇气。

致 谢

如果没有多方的慷慨相助,本书不可能完成。我要感谢所有为我提供信息和线索的人,没有你们就没有这本书。出于各种原因,不方便透露他们的姓名。另外我还要感谢《商报》在我搜集资料的过程中为我提供支持,并在过去几年里一直为我抵挡各种攻击。我还要特别感谢我的同事克里斯蒂安·施内尔(Christian Schnell)、松克·艾沃森(Sönke Iwersen)、雷内·本德(René Bender)、沃尔克·沃茨迈尔(Volker Votsmeier)、伯特·弗朗霍夫(Bert Fröndhoff)、马蒂亚斯·皮尔(Mathias Peer)、马蒂亚斯·布鲁格曼(Mathias Brüggmann)、伊娜·卡拉巴斯(Ina Karabasz)和迈克尔·麦施(Michael Maisch),以及《商报》的整个金融和调查团队，另外迈克尔·赫德斯图克（Michael Hedtstück）、雅各布·布朗姆（Jakob Blume）、马克西米利安·大卫（Maximilian David）和X先生（Mr. X）也提出了宝贵的意见。最后，我还想感谢我的家人和朋友在困难时期对我的支持。

美因河畔法兰克福

2021年3月

姓名索引及更多相关信息见www.westendverlag.de/wirecard。